ANTHOLOGIE DES TEXTES FONDATEURS

ÉTUDE DES ŒUVRES PAR
ANNIK-CORONA OUELLETTE ET ALAIN VÉZINA

Achetez
en ligne ou
en librairie
En tout temps,
simple et rapide!
www.cheneliere.ca

COLLECTION
PARCOURS D'UN THÈME
SOUS LA DIRECTION DE MICHEL LAURIN

Beauchemin
CHENELIÈRE ÉDUCATION

Le Vampire : anthologie des textes fondateurs

Choix de textes

Édition présentée, annotée et commentée par Annik-Corona
Ouellette et Alain Vézina, enseignants au cégep de Saint-Jérôme

Collection «Parcours d'un thème»

Sous la direction de Michel Laurin

© 2014 TC Média Livres Inc.

Conception éditoriale : France Vandal
Édition et coordination : Johanne Losier
Révision linguistique : Josée Dufour
Correction d'épreuves : Catherine Baron
Conception graphique : Josée Bégin

Œuvre de la couverture :
Le Vampire, Edvard Munch, 1895.

Le matériel complémentaire
mis en ligne dans notre site
Web est réservé aux résidants
du Canada, et ce, à des fins
d'enseignement uniquement.

L'achat en ligne est réservé
aux résidants du Canada.

**Catalogage avant publication
de Bibliothèque et Archives nationales du Québec
et Bibliothèque et Archives Canada**

Vedette principale au titre :

　Le vampire : anthologie des textes fondateurs
　Comprend des références bibliographiques.

　Pour les étudiants du niveau collégial.

　ISBN 978-2-7616-6121-8

　1. Vampires – Anthologies. 2. Littérature fantastique – Thèmes, motifs.
3. Vampires dans la littérature. I. Ouellette, Annik-Corona, 1975- .
II. Vézina, Alain, 1970- .

PN6071.V3V35 2013　　　808.8'0375　　　C2013-942013-4

CHENELIÈRE ÉDUCATION

5800, rue Saint-Denis, bureau 900
Montréal (Québec) H2S 3L5 Canada
Téléphone : 514 273-1066
Télécopieur : 514 276-0324 ou 1 800 814-0324
info@cheneliere.ca

ISBN 978-2-7616-6121-8

Dépôt légal : 1er trimestre 2014
Bibliothèque et Archives nationales du Québec
Bibliothèque et Archives Canada

Imprimé au Canada

1　2　3　4　5　M　17　16　15　14　13

Nous reconnaissons l'aide financière du gouvernement du Canada par
l'entremise du Fonds du livre du Canada (FLC) pour nos activités d'édition.

Gouvernement du Québec – Programme de crédit d'impôt pour l'édition de
livres – Gestion SODEC.

REMERCIEMENTS

Nous exprimons nos plus chaleureux remerciements à toute l'équipe éditoriale, en particulier à madame Johanne Losier, à madame France Vandal et à monsieur Michel Laurin.

La publication de cette anthologie témoigne de notre vif et indéfectible intérêt pour toute littérature où intervient le surnaturel. À ce titre, nous adressons un clin d'œil complice à nos collègues et amis qui ont su, à de nombreuses reprises, enrichir nos analyses grâce à leurs remarques et discussions passionnantes sur les vampires, revenants et monstres en tous genres. Qu'ils en soient remerciés et puissent-ils continuer à nourrir de leurs propos pertinents notre réflexion sur le sujet.

Annik-Corona Ouellette
Alain Vézina

TABLE DES MATIÈRES

La Fiancée de Corinthe, Félix Jobbé-Duval, 1852.

Ce tableau, inspiré du poème éponyme de Goethe, illustre un motif récurrent dans les récits de vampires : la séductrice est une prédatrice.

INTRODUCTION

Soif d'humanité

Depuis la fin du XVIIIᵉ siècle, le thème du vampirisme ne cesse d'inspirer écrivains et scénaristes. On ne compte plus le nombre de variations littéraires, cinématographiques et télévisuelles sur ces morts-vivants empruntant les traits les plus divers. Faire le tri de toutes ces œuvres pour n'en retenir que les plus significatives n'est certes pas une tâche aisée. Néanmoins, certains textes fondateurs ont su, à l'instar des êtres immortels qu'ils mettent en scène, survivre à la modernité et offrent ainsi au lecteur d'aujourd'hui la chance de découvrir les sources littéraires du mythe.

Le vampire vit en marge des lois édictées par Dieu et les hommes. Son essence subversive ne pouvait que séduire les poètes et auteurs romantiques qui en ont fait un symbole d'émancipation. Le succès du roman de Bram Stoker, *Dracula,* paru en 1897 dans une Angleterre étouffant sous une orthodoxie morale et religieuse, a de quoi surprendre. Les lecteurs, loin de s'indigner ou de se formaliser de toutes les allusions sexuelles de l'œuvre, y ont vu un dérivatif sans conséquence à leur mode de vie rigoriste. Il est vrai que le mal n'émane pas directement de la société anglaise, car le comte Dracula est un étranger et sa destruction consacre la victoire du puritanisme sur la dépravation. Mais il n'en demeure pas moins que ses prédécesseurs et lui, qu'il s'agisse de Lord Ruthven, de Clarimonde ou encore de Carmilla, se comportent comme de séduisants tentateurs, faisant naître en nous cette envie, aussi fugace soit-elle, de transgresser les interdits pour nous laisser happer par de nouvelles et enivrantes expériences. Il suffit qu'à la faveur de la nuit une belle amante d'outre-tombe implore un amour perdu pour que le jeune voyageur du poème de Goethe se laisse subjuguer, tout comme le poète chez Baudelaire, grisé par les charmes factices et éphémères d'une vampire. Aussi longtemps que des créatures de son espèce tendront le fruit défendu, des hommes chercheront leur compagnie, peu importe le prix à payer.

L'évolution de la psychologie du vampire, au cours des ans, constitue un autre facteur de sa pérennité. Du prédateur assoiffé de sang à l'image des monstres dépeints par Tolstoï, Mérimée et Hoffmann, la figure du vampire s'est nuancée à travers une gamme d'émotions souvent contradictoires, tissant entre lui et les hommes un lien d'envie mutuelle. L'être humain le redoute certes, mais jalouse son pouvoir de séduction et son immortalité.

Le vampire d'aujourd'hui, lui, regrette son humanité perdue et se plaît à croire qu'il en porte peut-être encore des traces. Rongé par le doute, il se rapproche de l'Homme et devient progressivement pour celui-ci une figure d'identification. Son altérité surhumaine se mue en fardeau existentiel, et le lecteur-spectateur en vient à éprouver une véritable empathie à son endroit. Témoin de l'évolution des mœurs, mais aussi des croyances, le vampire se montre désormais indifférent aux symboles religieux et craint davantage les maladies du sang que le crucifix. Aspirant à une vie discrète que lui impose sa condition, il vide les banques d'hémoglobine ou se nourrit de sang synthétique au lieu de s'abandonner à ses bas instincts, mais n'en perd pas pour autant sa monstruosité. En lutte constante avec cette part d'humanité qu'il essaie d'entretenir en lui, le vampire sait qu'à tout moment sa véritable nature peut refaire surface. Que ses réserves de sang viennent à s'épuiser, qu'une jolie mortelle s'offre trop lascivement à lui et la bête surgit.

En essayant de réprimer ses penchants immoraux, le vampire affiche une nature conflictuelle qui est le lot de tout être, qu'il soit immortel ou non. En ce sens, il devient notre alter ego et, s'il peut se dominer en dépit de sa sauvagerie latente, il restaure notre confiance dans le fait que la nature humaine peut en faire autant.

DOM AUGUSTIN CALMET

(1672-1757)

***DISSERTATION SUR LES REVENANTS EN CORPS, LES EXCOMMUNIÉS, LES OUPIRES OU VAMPIRES ET BRUCOLAQUES* — 1746**

Essai (extrait)

Quand l'essai nourrit la fiction

LA PREMIÈRE édition du traité de dom Augustin Calmet, parue en 1746, a un énorme retentissement, sans doute parce qu'il s'agit de l'œuvre la plus controversée qu'il ait jamais écrite. Ce moine bénédictin, dirigeant de l'abbaye de Senones, en Lorraine, bénéficie jusqu'alors d'une notoriété internationale que lui ont apportée ses ouvrages d'érudition sur la Bible. Mais voilà qu'à 74 ans, cet illustre théologien se penche sur les histoires de vampires qui se répandent un peu partout en Europe. Pour ses détracteurs (dont le célèbre Voltaire), le constat est limpide : le religieux n'a plus toute sa tête ! Mais force est d'admettre que Calmet accomplit un travail colossal en répertoriant une multitude de cas présumés de vampirisme, qu'il considère toutefois avec une réserve perplexe. Ses conjectures rejoignent du reste celles de plusieurs hommes de science (inhumation précipitée, nature de certains sols propice à la conservation des corps…), mais le théologien en lui doit aussi admettre que des prodiges sont toujours possibles, qu'ils soient l'œuvre de Dieu ou du diable (et la Bible en fournit plusieurs exemples). Dom Calmet croit-il aux vampires ? On lui a reproché d'entretenir une certaine ambiguïté sur cette question. Toutefois, il condamne fermement cette croyance dans la troisième édition de son traité, publiée en 1751.

DISSERTATION SUR LES REVENANTS EN CORPS, LES EXCOMMUNIÉS, LES OUPIRES OU VAMPIRES ET BRUCOLAQUES

Préface

Dans ce siècle, une nouvelle scène s'offre à nos yeux depuis environ soixante ans dans la Hongrie, la Moravie[1], la Silésie[2], la Pologne. On voit, dit-on, des hommes morts depuis plusieurs années, ou du moins depuis plusieurs mois, revenir, parler, marcher, infester les villages,
5 maltraiter les hommes et les animaux, sucer le sang de leurs proches, les rendre malades et enfin leur causer la mort. De sorte qu'on ne peut se délivrer de leurs dangereuses visites et de leurs infestations qu'en les exhumant, les empalant, leur coupant la tête, leur arrachant le cœur ou les brûlant. On donne à ces revenants le nom d'oupires, ou
10 vampires, et l'on en raconte des particularités si singulières, si détaillées et revêtues de circonstances si probables et d'informations si juridiques qu'on ne peut presque pas se refuser à la croyance qu'on a, dans ces pays, que ces revenants paraissent réellement sortir de leurs tombeaux et produire les effets qu'on en publie. […]
15 J'entreprends de traiter ici la matière des revenants ou des vampires de Hongrie, de Moravie, de Silésie et de Pologne, au risque d'être critiqué, de quelque manière que je m'y prenne. Ceux qui les croient véritables m'accuseront de témérité et de présomption, de les avoir révoqués en doute ou même d'en avoir nié l'existence et
20 la réalité ; les autres me blâmeront d'avoir employé mon temps à traiter cette matière, qui passe pour frivole et inutile dans l'esprit de bien des gens de bon sens. De quelque manière qu'on en pense, je me saurai bon gré d'avoir approfondi une question, qui m'a paru importante pour la religion : car si le retour des vampires est réel,
25 il importe de le défendre et de le prouver, et, s'il est illusoire, il est de conséquence pour l'intérêt de la religion de détromper ceux qui

---

1. Moravie : région d'Europe centrale faisant partie aujourd'hui de la République tchèque.
2. Silésie : région d'Europe centrale située à la frontière de trois pays : à l'ouest de la Pologne, à l'est de l'Allemagne et au nord-est de la République tchèque.

le croient véritable et de détruire une erreur qui peut avoir de très dangereuses suites. [...]

VII
Revenants de Moravie

J'ai appris de feu M. de Vassimont, conseiller de la Chambre des
30   comptes[1] de Bar[2], qu'ayant été envoyé en Moravie par feu S.A.R. Léopold Ier, duc de Lorraine[3], pour les affaires de Monseigneur le prince Charles, son frère, évêque d'Olomouc et d'Osnabrück[4], fut informé par le bruit public qu'il était assez ordinaire en ce pays-là de voir des hommes décédés quelque temps auparavant, se présenter
35   dans les compagnies et se mettre à table avec les personnes de leur connaissance sans rien dire, mais faisant un signe de tête à quelqu'un des assistants, lequel mourait infailliblement quelques jours après. Ce fait lui fut confirmé par plusieurs personnes et entre autres par un ancien curé qui disait en avoir vu plus d'un exemple.

40   Les évêques et les prêtres du pays consultèrent Rome sur un fait si extraordinaire, mais on ne leur fit point de réponse, parce qu'on y regardât apparemment tout cela comme de pures visions ou des imaginations populaires. On s'avisa ensuite de déterrer les corps de ceux qui revenaient ainsi, de les brûler ou de les consumer en quelques
45   autres manières. Ainsi l'on s'est délivré de l'importunité de ces spectres, qui sont aujourd'hui beaucoup moins fréquents qu'auparavant dans ce pays. C'est ce que disait ce bon prêtre.

---

1. Sous l'Ancien Régime, la Chambre des comptes était chargée de vérifier les finances de la France. On en trouvait une dans chaque province du royaume.
2. Le duché de Bar fait partie aujourd'hui de la région de Lorraine, soit à la frontière du Luxembourg et de l'Allemagne.
3. Son Altesse Royale Léopold Ier (1679-1729) est le fils de Charles V et d'Éléonore d'Autriche. Duc de Lorraine et de Bar de 1690 à 1729, il porte le prénom de son célèbre parrain, son oncle Léopold Ier de Habsbourg, empereur du Saint Empire romain germanique de 1658 à 1705.
4. Charles-Joseph de Lorraine (1680-1715), frère de Léopold Ier, cumule effectivement les titres ecclésiastiques les plus prestigieux dès l'âge de 15 ans. La ville d'Olomouc, *Olmütz* en allemand, est la capitale de la Moravie, tandis que la ville d'Osnabrück est située au nord-ouest de l'Allemagne.

VIII
Précis d'un livre intitulé **Magia Posthuma**

Ces apparitions ont donné occasion à un petit ouvrage intitulé *Magia Posthuma*, composé par Charles Ferdinand de Schertz, imprimé à Olomouc en 1706 et dédié au prince Charles de Lorraine, évêque d'Olomouc et d'Osnabrück. L'auteur raconte qu'en un certain village une femme étant venue à mourir, munie de tous ses sacrements, fut enterrée dans le cimetière à la manière ordinaire. Quatre jours après son décès, les habitants du village ouïrent[1] un grand bruit, un tumulte extraordinaire, et virent un spectre qui paraissait tantôt sous la forme d'un chien, tantôt sous celle d'un homme, non à une personne, mais à plusieurs, et leur causait de grandes douleurs, leur serrant la gorge et leur comprimant l'estomac jusqu'à les suffoquer. Il leur brisait presque tout le corps et les réduisait à une faiblesse extrême, de sorte qu'on les voyait pâles, maigres et exténués. Le spectre attaquait même les animaux, et l'on a trouvé des vaches abattues et à demi-mortes. Quelquefois, il les attachait l'une à l'autre par la queue. Ces animaux, par leurs mugissements, marquaient assez la douleur qu'ils ressentaient. On voyait les chevaux comme accablés de fatigue, tout en sueur, surtout sur le dos, échauffés, hors d'haleine et écumant comme après une longue et pénible course. Ces calamités durèrent plusieurs mois.

L'auteur que j'ai nommé examine la chose en jurisconsulte et raisonne beaucoup sur le fait et sur le droit. Il dit que, supposé que ces troubles, ces bruits, ces vexations viennent de cette personne qui en est soupçonnée, on peut la brûler, comme on fait des corps des autres revenants, qui sont nuisibles aux vivants. Il rapporte plusieurs exemples de pareilles apparitions et des maux qui s'en sont suivis. Comme d'un pâtre[2] du village de Blow, près de la ville de Kadam, en Bohême[3], qui parut pendant quelque temps et qui appelait certaines

---

1. Ouïrent : entendent. Le verbe « ouïr » existe toujours aujourd'hui, mais il ne s'emploie que dans les temps composés.
2. Pâtre : berger.
3. Jusqu'au début du xxᵉ siècle, le royaume de Bohême se situait à l'ouest de la Silésie et de la Moravie. La ville de Prague, aujourd'hui capitale de la République tchèque, en faisait partie.

personnes, lesquelles ne manquaient pas de mourir dans la huitaine[1].
Les paysans de Blow déterrèrent le corps de ce pâtre et le fichèrent en
terre avec un pieu qu'ils lui passèrent à travers le corps.

80 Cet homme en cet état se moquait de ceux qui lui faisaient souffrir
ce traitement et leur disait qu'ils avaient bonne grâce de lui donner
ainsi un bâton pour se défendre contre les chiens. La même nuit, il se
releva et effraya par sa présence plusieurs personnes. Il en suffoqua
plus qu'il n'avait fait jusqu'alors. On le livra ensuite au bourreau,
qui le mit sur une charrette pour le transporter hors du village et l'y
85 brûler. Ce cadavre hurlait comme un furieux et remuait les pieds et
les mains comme un vivant. Et lorsqu'on le perça de nouveau avec
des pieux, il jeta de très grands cris et rendit du sang très vermeil et
en grande quantité. Enfin, on le brûla et cette exécution mit fin aux
apparitions et aux infestations de ce spectre. […]

IX
Procédure contre les corps des vampires

90 Toutefois on n'y procède pas sans forme de justice. On cite et on
entend les témoins, on examine les raisons, on considère les corps
exhumés pour voir si l'on y trouve les marques ordinaires attestant
que ce sont eux qui molestent les vivants, comme la mobilité, la sou-
plesse dans les membres, la fluidité dans le sang, l'incorruption dans
95 les chairs. Si ces marques se rencontrent, on livre les corps au bourreau, qui les brûle. Il arrive quelquefois que les spectres paraissent
encore pendant trois ou quatre jours après l'exécution. Quelquefois,
on diffère d'enterrer pendant six ou sept semaines les corps de certaines personnes suspectes. Lorsqu'elles ne pourrissent point et que
100 leurs membres demeurent souples et maniables comme s'ils étaient
vivants, alors on les brûle. On assure comme certain que les habits
de ces personnes se meuvent, sans qu'aucune personne vivante ne les
touche, et l'on a vu depuis peu, à Olomouc, continue toujours notre
auteur, un spectre qui jetait des pierres et causait de grands troubles
105 aux habitants.

---

1. Huitaine : dans les huit jours qui suivent.

X
Morts de Hongrie qui sucent le sang des vivants

Il y a environ quinze ans qu'un soldat, étant en garnison chez un paysan haidamaque[1] à la frontière de la Hongrie, vit entrer dans la maison, comme il était à table auprès du maître de la maison, son hôte, un inconnu qui se mit aussi à table avec eux. Le maître du logis
110 en fut étrangement effrayé, de même que le reste de la compagnie. Le soldat ne savait qu'en juger, ignorant de quoi il était question. Mais le maître de la maison étant mort dès le lendemain, le soldat s'informa de ce que c'était. On lui dit que c'était le père de son hôte, mort et enterré depuis plus de dix ans, qui était ainsi venu s'asseoir auprès de
115 lui et lui avait annoncé et causé la mort.

Le soldat en informa d'abord le régiment et le régiment en donna avis aux officiers généraux, qui donnèrent commission au comte de Cabreras, capitaine du régiment d'Alandetti Infanterie[2], de faire information de ce fait. S'étant transporté sur les lieux avec d'autres
120 officiers, un chirurgien et un auditeur, il ouït les dépositions de tous les gens de la maison, qui attestèrent d'une manière uniforme que le revenant était le père de l'hôte du logis et que tout ce que le soldat avait dit et rapporté était dans l'exacte vérité. Ce qui fut aussi attesté par tous les habitants du village.

125 En conséquence, on fit tirer de terre le corps de ce spectre et on le trouva comme un homme qui vient d'expirer, et son sang, comme d'un homme vivant. Le comte de Cabreras lui fit couper la tête, puis remettre dans son tombeau. Il fit encore information d'autres pareils revenants, entre autres d'un homme mort depuis plus de trente ans,
130 qui était revenu par trois fois dans sa maison, à l'heure du repas, avait sucé le sang au cou, la première fois, à son propre frère, la seconde à un de ses fils et la troisième à un valet de la maison, et tous trois en moururent sur-le-champ.

Sur cette déposition, le commissaire fit tirer de terre cet homme
135 et le trouvant, comme le premier, ayant le sang fluide comme l'aurait

---

1. Au XVIIIe siècle, les haïdamaks formaient une milice composée principalement de paysans ukrainiens. Ils s'insurgeaient contre les pouvoirs de la noblesse polonaise.
2. Infanterie : dans une armée, ensemble des troupes qui combattent à pied.

un homme en vie, il ordonna qu'on lui passât un grand clou dans la tempe et ensuite qu'on le remit dans le tombeau. Il en fit brûler un troisième, qui était enterré depuis plus de seize ans et avait sucé le sang et causé la mort à deux de ses fils. Le commissaire, ayant fait
140 son rapport aux officiers généraux, on députa à la cour de l'empereur, qui ordonna qu'on envoyât des officiers de guerre, de justice, des médecins et des chirurgiens et quelques savants pour examiner les causes de ces événements si extraordinaires. Celui qui nous a raconté ces particularités les avait apprises de M. le comte de Cabreras, à
145 Fribourg-en-Brisgau[1], en 1730.

Source : Dom Augustin Calmet, *Dissertations sur les apparitions des anges, des démons et des esprits et sur les revenants et vampires de Hongrie, de Bohême, de Moravie et de Silésie,* Paris, Chez De Bure l'Aîné, 1746, p. 249-250 ; 253-254 ; 270-284.

---

1. Fribourg-en-Brisgau : ville d'Allemagne située à la frontière de la France.

JOHANN WOLFGANG VON GOETHE

(1749-1832)

La Fiancée de Corinthe — 1797

Poésie (texte intégral)

ALLEMAGNE

Noces macabres

Pour les poètes romantiques, la mort ne constitue en rien un obstacle infranchissable à l'amour. Le célèbre poème *Lenore* (1774), de Gottfried August Bürger, met en scène le revenant d'un chevalier tombé au combat qui kidnappe son épouse pour la punir d'avoir proféré des blasphèmes contre Dieu dans un moment d'égarement provoqué par le chagrin du deuil. Dans *La Fiancée de Corinthe* de Goethe, poème inspiré d'une histoire de l'écrivain grec Phlegon de Tralles, c'est le rejet des dieux païens et la conversion au christianisme qui expliquent le retour d'une jeune fille du tombeau. Ni la mort ni les prières ne peuvent freiner son ardent désir de partager la couche nuptiale de celui à qui elle était promise. Même si Goethe n'en fait pas formellement un vampire, elle n'en possède pas moins plusieurs de ses attributs, à commencer par le pouvoir de séduction et la malédiction qu'elle transmet à son amant. On peut dès lors la considérer comme l'égérie de toutes ces femmes vampires à l'affût de fougueux prétendants trop prompts à céder à leurs charmes. Nous devons cette première version poétique du mythe à l'auteur d'une œuvre colossale, qui a marqué à jamais la culture contemporaine avec *Les Souffrances du jeune Werther* (1774), *Le Roi des aulnes* (1782), *L'Apprenti Sorcier* (1797) et le mémorable *Faust* (1808-1832).

LA FIANCÉE DE CORINTHE

Un jeune homme d'Athènes à Corinthe[1] est venu.
C'est la première fois. Cependant il espère,
Chez un noble habitant, vieil hôte de son père,
Entrer comme un ami trop longtemps inconnu.
5 Les deux pères, rêvant d'une seule famille,
Fiancèrent jadis leur fils et leur fille.

Mais ne paiera-t-il pas bien cher ce bonheur ?
Doit-il même prétendre à des faveurs si hautes ?
Il est encore païen, comme en Grèce ; et ses hôtes ;
10 Des premiers baptisés ont toute la ferveur.
Où germe un nouveau culte, hélas ! l'amour s'effraie,
Et souvent meurt, détruit comme la folle ivraie.

Déjà, dans la maison, tout reposait sans bruit,
Le père et les enfants. La mère seule encore
15 Veillait ; elle reçoit le jeune homme, et l'honore
De la plus belle chambre, où, rêveur, il la suit.
Des mets lui sont servis avec le vin qui mousse ;
Puis, elle lui souhaite une nuit longue et douce.

Mais les gâteaux dorés, le vin frais et vermeil,
20 N'éveillent point ses sens que la fatigue enchaîne,
Encore tout habillé, sur la couche prochaine
Il se jette, et bientôt s'abandonne au sommeil ;
Lorsqu'en criant, voilà que la porte pesante
S'ouvre, et qu'un hôte étrange à ses yeux se présente !

25 Aux lueurs de la lampe, une pâle beauté
S'avance ; un bandeau noir où l'or brille en étoile,
Règne autour de son front ; l'albâtre[2] d'un long voile
De sa tête à ses pieds tombe de tous côtés ;
Et, comme elle aperçoit l'étranger qui se penche
30 Hors du lit... elle étend et lève sa main blanche :

---

1. Athènes et Corinthe : villes de Grèce.
2. Albâtre : d'une blancheur éclatante, en référence au gypse blanc qui ressemble au marbre.

« Suis-je dans la maison étrangère à ce point,
(Au fond de ma cellule, aux ennuis réservée)
Que d'un hôte nouveau j'ignore l'arrivée ?
La honte me surprend ici. Ne bouge point ;
35 Que ton calme sommeil sans trouble continue,
Moi, je sors promptement, comme je suis venue.

— Demeure, belle fille, et d'un pied triomphant
Le jeune homme a poussé la couche qu'il déserte ;
Vois, Bacchus[1] nous sourit ; Cérès[2] nous est offerte ;
40 Toi, tu conduis l'Amour[3] avec toi, chère enfant.
Es-tu pâle de peur ?... Viens voir, de nos délices,
Viens éprouver combien tous ces dieux sont complices !

— Jeune homme, reste loin. Eh ? Qu'oses-tu m'offrir ?
Va, je n'appartiens plus à l'amour, à la joie ;
45 Le dernier pas est fait dans la pénible voie,
Par le vœu d'une mère, hélas ! qui, pour guérir,
Crut devoir à son Dieu, me donnant en pâture,
Enchaîner la jeunesse et tromper la nature.

Le culte de nos dieux n'est plus ce que tu crois ;
50 Leur troupe a fui, brillante ; et dans ces murs funèbres,
On n'adore qu'un être entouré de ténèbres,
Et qu'un Dieu misérable, expirant sur la croix ;
On épargne et taureaux et brebis, mais l'on mène
À l'autel, tous les jours, quelque victime humaine. »

55 Il pèse de ces mots le sens mystérieux,
Puis, interroge encore, et rêve : « Est-il possible ?
Eh quoi ! Dans cette chambre, à cette heure paisible,
Ma douce fiancée est là, devant mes yeux !
Vierge, c'est toi, c'est moi !... Le serment de nos pères
60 Nous rend l'hymen[4] facile et les destins prospères.

---

1. Bacchus : nom romain de Dionysos, dieu de l'ivresse et de l'extase dans la mythologie grecque.
2. Cérès : nom romain de Déméter, déesse de l'agriculture et de la fertilité dans la mythologie grecque.
3. Amour : allégorie représentant Cupidon, dieu de l'amour dans la mythologie romaine.
4. Hymen : union, mariage.

— Ô bon ange, jamais tu ne m'approcheras !
À ma seconde sœur, au cœur simple et crédule,
On te marie, et moi, dans ma froide cellule ;
Je dois languir... Ami, pense à moi dans ses bras ;
65 Moi qui pense à toi seul, moi qui t'aime et qui pleure...
Et que la terre, hélas ! cachera tout à l'heure.

— Par ce flambeau propice aux chastes entretiens,
Pour le bonheur, pour moi, non, tu n'es pas perdue !
Dans ma maison d'Athènes, ô déesse attendue !
70 Viens enchanter mes jours en y mêlant les tiens ;
Viens ici, chère enfant, par les dieux amenée,
Célébrer sans témoin le festin d'hyménée[1]. »

Ils échangent déjà les gages de leur foi ;
Elle offre à son époux la chaîne d'or fidèle ;
75 D'une coupe d'argent, rare et parfait modèle,
Lui veut la doter... « Non ! Elle n'est pas pour moi,
Dit-elle ; seulement, en signe de mémoire,
Donne de tes cheveux, donne une boucle noire. »

Et l'heure des esprits vint à sonner ; alors
80 Elle fut plus à l'aise ; avidement dans l'ombre,
Avec sa lèvre pâle, elle but un vin sombre,
De la couleur du sang... qui traversa son corps.
Mais vite, elle écarta de sa vue inquiète
Le pain de pur froment[2], sans en prendre une miette.

85 Des lèvres du jeune homme elle approche à son tour
La coupe, qu'il épuise avidement comme elle ;
Mais au repas du soir bientôt l'amour se mêle,
(Car le cœur du jeune homme était souffrant d'amour)
Et, comme elle résiste, indocile et farouche,
90 Lui, pleurant et priant, retomba sur la couche.

---

1. Hyménée : dans la Grèce antique, chant sacré qui accompagnait la cérémonie nuptiale. Le terme renvoie même explicitement au nom de la divinité païenne qui présidait aux mariages.
2. Pur froment : farine tirée des meilleurs grains de blé.

Elle y vint près de lui. « Mon Dieu, que j'ai regret,
Dit-elle, d'attrister ainsi tes fiançailles,
Mais, hélas ! touche un peu mes membres... Tu tressailles !
Tu connais maintenant mon funeste secret :
95 Blanche comme la neige et comme elle glacée,
Beau jeune homme, voilà quelle est ta fiancée ! »

Il l'enlève et la serre entre ses bras nerveux,
Avec toute l'ardeur de la mâle jeunesse :
« Il faut, sous mes baisers, que ta chaleur renaisse,
100 Fusses-tu de la tombe envoyée à mes feux[1] !
Brûlez, torrents d'amour ! Douce et cuisante extase ! ...
Tiens, tiens, ne sens-tu pas tout mon corps qui s'embrase. »

De douleurs en plaisirs, de plaisirs en douleurs.
L'un par l'autre, tous deux semblent mourir et vivre ;
105 Du nectar des baisers, muette, elle s'enivre ;
Son désespoir sourit et sa joie a des pleurs.
Mais parmi ces transports, cette ivresse chagrine,
On ne sent point de cœur battre dans sa poitrine.

La mère, cependant, qu'attire un bruit confus,
110 Retourne sur ses pas ; elle écoute avec crainte,
Elle écoute longtemps un murmure de plainte,
De rires effrénés et de vagues refus,
Et ces mots inconnus, et ces accents étranges,
Ces cris, que l'homme emprunte aux voluptés des anges !

115 Immobile, à travers la porte au bois épais,
Elle distingue enfin mille expressions folles,
Et les plus grands serments du monde, et des paroles
D'amour, de flatterie et de tristesse. « Paix !
Le coq s'éveille, adieu ; mais, demain au soir, tâche ;
120 Reviens !... » Et les baisers se succèdent sans relâche.

La mère, en ce moment, sans craindre aucun danger,
Ouvre avec violence et referme la porte :

---

1. Feux : désirs.

« Est-il dans la maison des femmes de la sorte,
Qui se rendent si vite aux vœux d'un étranger ? »
125 Elle parlait ainsi ; la rage en ses yeux brille ;
Elle approche, elle voit..., grand Dieu ! sa propre fille !

Le jeune homme d'abord, de frayeur agité,
Sous les voiles épars qu'il rassemble et tourmente,
Et sous l'ample tapis veut cacher son amante ;
130 Mais elle, hors du lit, fantôme révolté,
Avec force s'échappe, et se dévoilant toute,
Longtemps et lentement grandit jusqu'à la voûte.

« Ô ma mère, ma mère, où pénètrent vos pas ?
Pourquoi me disputer[1] ma belle nuit des noces ?
135 Enfant, j'ai du malheur goûté les fruits précoces ;
Ma tendre mère, eh quoi ! Ne vous suffit-il pas
De m'avoir, sous les plis de ce pâle suaire,
Étendue avant l'heure en mon lit mortuaire !

« Mais un arrêt fatal, de ma sombre prison
140 Me tire, spectre ardent, jeté parmi les êtres.
Vos prières, les chants murmurés par vos prêtres,
N'ont tous aucun pouvoir, hors de cette maison.
Malgré le sel et l'eau[2], le cœur ne peut se taire ;
Ah ! L'amour ne s'est point refroidi sous la terre !

145 « Ce jeune homme est à moi. Libre, on me le promit,
Quand l'autel de Vénus[3] brûlait près du Permesse[4] ;
Ma mère, deviez-vous trahir votre promesse,
Pour je ne sais quel vœu dont la raison frémit.
Aucun Dieu n'a reçu les serments d'une mère
150 Qui refusait l'hymen à sa fille. Chimère !

---

1. Disputer : être en conflit, se quereller.
2. Le sel et l'eau ont des vertus purificatrices dans nombre de religions.
3. Autel de Vénus : lieu sacré dédié à la déesse de l'amour et de la beauté dans la mythologie romaine. Dans la Grèce antique, elle est plutôt connue sous le nom d'Aphrodite.
4. Permesse : source de la Béotie dans la Grèce antique. Elle était consacrée aux Muses et à Apollon.

Fanatisme insensé !... Je m'enfuis des tombeaux
Pour goûter les plaisirs qu'on m'a ravis, et comme
Pour éteindre ma soif dans le sang d'un jeune homme.
Si ce n'est lui, malheur ! D'autres sont grands et beaux ;
155 Et partout la jeunesse épuisée et livide
Succomberait bientôt à mon délire avide.

Jeune Grec, tu ne peux vivre longtemps encore.
Tu vas languir ici : je t'ai donné ma chaîne ;
Et j'emporte avec moi dans ma prison de chêne
160 Ta boucle de cheveux, tardif et vain trésor !
Regarde là. Demain tu blanchiras, et même
Tu ne reparaîtras brun que là-bas... Il m'aime !

Il pâlit !... Entendez au moins mon dernier vœu.
Ma mère : ouvrez le seuil de ma demeure étroite,
165 Élevez le bûcher que mon ombre convoite ;
Placez-y les amants... Quand brillera le feu,
Quand les cendres seront brûlantes, il me semble
Que vers nos anciens Dieux nous volerons ensemble ! »

Source : Émile Deschamps, *Études françaises et étrangères,* Paris, Urbain Canel, 1828, p. 29-39.

GEORGE GORDON BYRON
(1788-1824)

Le Giaour — 1813

Poésie (extrait)

ANGLETERRE

L'infidèle damné

Dans les nombreux conflits séculaires qui les ont opposés, chrétiens et musulmans se sont toujours considérés réciproquement comme les suppôts du mal. Que l'un d'eux puisse devenir un vampire s'inscrit dans une surenchère d'imprécations haineuses et avilissantes destinées à diaboliser jusqu'à outrance l'ennemi juré. *Le Giaour,* c'est le nom par lequel le Turc désigne le chrétien abhorré qui, ici, venge Leïla, sa bien-aimée, esclave d'un émir et exécutée sur son ordre une fois son infidélité découverte. Mais en expirant, le musulman lance une terrible malédiction sur le giaour, faisant de lui un monstre condamné par-delà la mort à se repaître du sang de ses proches. Pour Byron, le vampire incarne cet être romantique, rongé par la mélancolie et contraint à une errance maudite. Sous les mots durs de sa poésie se cachent des actions encore plus dramatiques. Le célèbre poète anglais à la réputation sulfureuse meurt lui-même tragiquement, à l'âge de 36 ans. Il est reconnu en Grèce comme un héros national pour avoir pris part à la guerre d'indépendance contre l'oppression turque. En France, il est vénéré par Hugo et Lamartine, qui le considèrent comme un pionnier de l'esprit romantique, notamment grâce à son poème *Le Pèlerinage de Childe Harold* (1812-1818).

Le Giaour, Alexandre-Marie Colin, 1826.

Peintre important de l'école romantique, Colin a souvent
illustré des scènes littéraires, notamment celles
de William Shakespeare et de Victor Hugo.

LE GIAOUR

Mais toi, tu te tordras en proie à la souffrance,
Sous la faux de Monkir[1] qu'aiguise la vengeance,
Ô perfide infidèle ! Et tu n'échapperas
À ces tourments affreux que pour porter tes pas
5 Sur ces rives où trône en ses états horribles
Eblis[2] le réprouvé. Des feux inextinguibles[3]
À l'entour, au-dedans habiteront ton sein.
Nulle oreille mortelle, aucun langage humain
N'est capable d'entendre ou bien ne pourrait dire
10 De cet enfer du cœur la torture en délire.
Ton corps sera d'abord à sa tombe arraché
Et tu seras sur terre en vampire lâché,
Dans ton pays natal en spectre pour paraître
Et du sang de ta race enfin pour te repaître.
15 De ta fille, ta femme ainsi que de ta sœur
Tes lèvres, à minuit, boiront avec ardeur
Les sources de la vie. En vain ta bouche avide
Répugne à ce banquet ; ton cadavre livide,
Et vivant cependant, ainsi doit se nourrir.
20 Tes victimes pourtant avant que de mourir
Reconnaîtront leur maître à tes traits de vampire ;
Maudit, ta bouche aussi s'ouvrira pour maudire
Et tu verras tes fleurs sous toi s'étioler.
Mais une que ton crime aussi doit immoler,
25 La plus jeune et de plus de toutes la plus chère,
Seule te bénira du nom si doux de *père*.
Ce nom d'un trait de feu te percera le cœur !
Mais tu devras finir ton œuvre avec rigueur,

---

1. Monkir : dans la religion musulmane, il est un ange exterminateur et tortionnaire, car il a pour mandat de mettre la foi des défunts à l'épreuve.

2. Eblis : nom donné au diable dans la mythologie islamique. Parce qu'il n'a pas voulu reconnaître les hommes que Dieu avait créés, ce dernier l'a renié. Tout comme le Satan des chrétiens, il est considéré comme le chef suprême des démons.

3. Inextinguibles : qui ne peuvent être éteints.

Voir mourir dans son œil la dernière étincelle,
30 Voir le dernier éclat sur sa face mortelle,
Voir son dernier regard immobile et vitreux
S'éteindre et se glacer dans l'azur de ses yeux ;
Dans ce moment alors, impie et furibonde[1]
Ta main arrachera sa chevelure blonde,
35 Dont, vivant, tu portais comme un gage bien cher
La boucle qui tomba sous le tranchant du fer ;
Mais tu n'emporteras désormais plus ce gage
Que comme un souvenir de supplice et de rage ;
Tu grinceras des dents ; ta lèvre avec horreur
40 Partout dégouttera de ton sang le meilleur.
Retourne alors errer sur l'infernale plage ;
Aux Goules[2], aux Afrites[3] va-t-en porter la rage.
L'Enfer reculera d'épouvante, interdit,
Devant ton spectre affreux bien plus que lui maudit !

Source : George Gordon Byron, *Le Giaour, poème de Lord Byron*,
trad. de l'anglais par F. Le Bidan et A. Lejourdan, Marseille, France,
Barlatier-Feissat et Demonchy, 1860, p. 36-38.

---

1. Furibonde : avec colère.
2. Goules : vampires féminins dans la littérature orientale.
3. Afrites : esprits malfaisants dans la mythologie arabe.

CHARLES NODIER
(1780-1844)

LE VAMPIRE, MÉLODRAME EN TROIS ACTES — 1820

Théâtre (extraits)

Vampirisme en trois actes

CHARLES NODIER joue un rôle déterminant dans l'histoire du mouvement romantique en France. En 1824, il devient le directeur de la bibliothèque de l'Arsenal où se réunira le Cénacle, véritable école littéraire constituée de Victor Hugo, d'Alfred de Musset, d'Alfred de Vigny, d'Alphonse de Lamartine, de Théophile Gautier et d'Alexandre Dumas. Adepte de magie et de merveilleux, Nodier puise dans le fantastique son goût immodéré pour le rêve. Le plus apprécié de ses contes, *La Fée aux miettes* (1832), est par ailleurs inspiré d'Hoffmann. Sa lecture du récit *Le Vampire,* de John William Polidori (1819), l'enthousiasme à un point tel qu'il souhaite adapter l'histoire pour la scène. Sa pièce aura un franc succès. Nodier reprend intégralement la trame du récit original qui présente le premier vampire aristocratique : Lord Rutwen. Ce vil séducteur demande à Aubray, un jeune Anglais fort respectable, de l'accompagner dans ses voyages. Au cours d'un périple à l'étranger, Lord Rutwen est mortellement blessé. Avant de mourir, il fait jurer à Aubrey de ne rien révéler de son décès pendant un an. Le vampire ressuscite grâce aux rayons de lune et poursuit ses quêtes infernales. Une fois en Écosse, il parvient presque à épouser (et à damner) Malvina, la sœur d'Aubray. Le prologue situe les spectateurs dans un univers sombre, aux accents gothiques, tandis que la scène finale propose un dénouement rapide mais plein d'action.

LE VAMPIRE

Représenté, pour la première fois, à Paris,
au Théâtre de la Porte-Saint-Martin,
le 13 juin 1820.

LES PERSONNAGES
ITURIEL, *ange de la Lune.*
OSCAR, *génie des Mariages.*
LORD RUTWEN, *alias le comte de Marsden, le vampire.*
SIR AUBRAY, *jadis l'ami de Lord Rutwen.*
MALVINA, *sœur d'Aubray et fiancée du comte de Marsden.*
BRIGITTE, *domestique au service de Malvina.*
Vampires, fantômes et serviteurs.

Prologue
(L'ouverture a exprimé une tempête.)

(Au lever de la toile, le ciel est obscur, et tous les objets, confus. Il s'éclaircit peu à peu. La scène se passe dans une grotte basaltique, dont les longs prismes se terminent à angles inégaux vers le ciel. Le cintre[1] est découvert. L'enceinte de la grotte est semée de tombeaux de formes diverses, des colonnes, des pyramides, des cubes d'un travail brut et gros-
5 *sier. Sur une tombe de l'avant-scène, on voit une jeune fille couchée et plongée dans le plus profond sommeil. Sa tête est appuyée sur un de ses bras, et recouverte de son voile et de ses cheveux.)*

(Du côté opposé, est assis Oscar ; il se lève et parcourt le théâtre avec
10 *inquiétude.)*

(La lumière s'est augmentée progressivement. L'ange de la Lune, en robe blanche flottante, s'adresse à Oscar.)

ITURIEL
Que vois-je ? Est-ce toi, mon cher Oscar ; toi, le génie protecteur des mariages, dans ces lieux redoutables que je crains moi-même
15 d'éclairer !... Oui, de toutes les scènes lugubres de la nuit, dont l'astre

---

1. Cintre : partie supérieure de la cage de scène où l'on remonte les décors.

que je conduis sert à dissiper l'horreur, il n'en est point qui m'effraie autant que l'approche des grottes de Staffa. Quand les premiers rayons de la lune se brisent sur la neige éblouissante des sommets de la Calédonie[1], je frissonne malgré moi, et l'aspect de ces tombeaux
20 me saisit d'une horreur que je n'ai pu m'expliquer encore.

OSCAR

Grâces te soient rendues, Ituriel, ton arrivée me console et me rassure ; mais ai-je besoin de te dire quel soin m'a conduit ici ; laisse tomber un de tes regards sur ce tombeau...

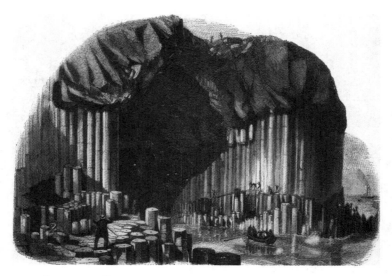

GROTTE DE FINGAL, GRAVURE DE JOSIAH WOOD WHIMPER, *PHENOMENA OF NATURE*, 1849.

Le prologue de cette pièce se déroule dans un paysage gothique naturel : celui de la grotte de Fingal sur l'île de Staffa en Écosse, dont les parois sont formées de grandes colonnes de basalte noir.

---

1. Calédonie : ancien nom de l'Écosse.

ITURIEL

Que vois-je ? Une jeune fille endormie, en ces lieux où tout respire
25 l'inquiétude et la terreur !

OSCAR

Tu n'en connais pas encore tous les secrets. Cette jeune fille est Miss
Aubray, la plus belle et la plus riche héritière de l'Écosse. Elle doit épouser
demain le comte de Marsden, qui possède sur le continent de l'Écosse
des terres vastes et superbes, et qui est connu dans toute l'Europe qu'il
30 vient de parcourir par l'éclat de son esprit et la perfection de ses qualités.

ITURIEL

Quel hasard étrange l'a égarée dans ces solitudes ?...

OSCAR

Le comte de Marsden n'est attendu que demain. Miss Aubray suivait la chasse de son frère quand s'est élevé l'orage terrible que tes
premiers rayons ont eu tant de peine à dissiper.

ITURIEL

35 C'est donc toi qui l'a sauvée ; ah ! je te reconnais à ce soin ; mais
que faisais-tu au milieu des glaces de Staffa ?...

OSCAR

Aucun endroit de la terre ne fixerait mon attention avant celui-ci
quand il s'agit d'un mariage et que l'innocente fiancée, ignorant les
malheurs qui lui sont réservés, est prête à tomber des bras de l'amour
40 dans ceux de la mort.

ITURIEL

Explique-toi... Serait-il vrai que d'horribles fantômes viennent
quelquefois, sous l'apparence des droits de l'hymen, égorger une
vierge timide et s'abreuver de son sang ?

OSCAR

Ces monstres s'appellent les *vampires*. Une puissance, dont il ne
45 nous est pas permis de scruter les arrêts irrévocables, a permis que
certaines âmes funestes, dévouées à des tourments que leurs crimes
se sont attirés sur la terre, jouissent de ce droit épouvantable qu'elles
exercent de préférence sur la couche virginale et sur le berceau.
Tantôt elles y descendent, formidables, avec la figure hideuse que la
50 mort leur a donnée. Tantôt, plus privilégiées, parce que leur carrière
est plus courte et leur avenir plus effrayant, elles obtiennent de revêtir
des formes perdues dans la tombe et de reparaître à la lumière des
vivants sous l'aspect du corps qu'elles ont animé.

ITURIEL

Et cette jeune infortunée était poursuivie, sans doute ?

OSCAR

55 Les ombres errantes des vampires, éparses dans les nuages du soir,
avaient grossi de leurs clameurs le tumulte de l'orage. Quelques voix
insidieuses, jetées d'intervalle en intervalle, avaient égaré ses pas vers
la grotte de Staffa ; elle s'y précipitait pour chercher un asile contre
la tempête, quand le hasard fit tomber mes yeux sur elle du haut des
60 régions célestes. Je la suivis pour la sauver.

ITURIEL

Et ces monstres ont-ils paru ?

OSCAR

La première heure du matin les réveille dans leurs sépultures ;
une fois que le retentissement du coup sonore a expiré dans tous les
échos de la montagne, ils retombent, immobiles dans leur demeure
65 éternelle. Mais il en est un parmi eux, sur lequel mon pouvoir plus
borné... que dis-je ! La destinée elle-même ne revient jamais sur
ses arrêts.

Après avoir porté la désolation dans vingt pays divers, toujours vaincu, toujours vivant, toujours plus altéré du sang qui conserve
70 son effroyable existence... Dans trente-six heures, à la première heure de la soirée, il doit enfin subir le néant, peine légitime d'une suite incalculable de forfaits, s'il ne peut d'ici là y joindre un forfait de plus et compter encore une victime.

ITURIEL

Le néant !

OSCAR

75 Le plus sévère des châtiments infligés par le grand esprit. Et comme son avenir est sans ressources, il a toutes les ressources du présent. Il peut prendre toutes les formes, emprunter tous les langages, user de toutes les séductions. Rien ne lui manque des apparences de la vie ; mais la mort, qui n'abandonne jamais sa proie tout entière, a
80 imprimé sa trace sur son visage, et même cet indice repoussant se dérobe encore aux yeux qu'il a intérêt de tromper.

ITURIEL

Hélas ! Qu'espères-tu ? Notre pouvoir est limité, et les domaines de la mort sont sacrés pour nous.

OSCAR

Ils ne sont pas fermés à la justice divine. Puisqu'un terme était
85 marqué aux crimes du vampire, pourquoi ne serait-ce pas à moi d'en arrêter le cours ? Quels que soient les devoirs qui m'appellent ailleurs, ne t'étonne pas de me retrouver encore deux fois en Calédonie.

ITURIEL

Hélas ! Puisses-tu réussir dans tes projets... Mais qu'entends-je ! Ton entretien m'a retenu longtemps au-dessus de ces grottes.
90 *(On entend sonner une heure au timbre argentin d'une cloche éloignée. Le tam-tam la répète d'écho en écho par gradation.)*

OSCAR

Arrête et regarde.

(Toutes les tombes se soulèvent au moment où l'heure retentit. Des ombres pâles en sortent à demi et retombent sous la pierre tumulaire[1], à
95 *mesure que le bruit s'évanouit dans l'écho.*

Un spectre vêtu d'un linceul s'échappe de la plus apparente de ces tombes. Son visage est à découvert. Il s'élance jusqu'à la place où Miss Aubrey est endormie, en criant: Malvina!)

OSCAR

Retire-toi.

LE SPECTRE

100 Elle m'appartient.

OSCAR saisit la jeune fille endormie.

Elle appartient à Dieu, et tu appartiendras bientôt au néant.

LE SPECTRE *se retire, mais en menaçant et en répétant:*

Le néant!

105 *(Ituriel traverse le théâtre dans un nuage.)*

[...]

Scène VIII

MALVINA, BRIGITTE, RUTWEN *accourt.*

(Le fond du théâtre s'ouvre, c'est-à-dire le grand portique, et laisse voir la chapelle éclairée; les domestiques placent des coussins, et quelques vassaux sont à genoux; cela doit former un tableau sombre.)

RUTWEN

110 Venez, madame,... venez mettre le comble à ma félicité.

MALVINA

Je vous suis, seigneur.

BRIGITTE, *à part.*

Mon Dieu! Que va-t-il arriver?

---

1. Pierre tumulaire : monument funéraire.

RUTWEN, *avec l'impatience la plus marquée.*

Et! bien!... pourquoi tarder encore, venez Malvina, le ciel attend
115 votre serment. *(Il lui prend la main.)*

(Grand bruit en dehors et Aubrey criant: Ma sœur! ma sœur!*)*

Scène dernière

Les mêmes, AUBRAY *accourt, suivi par des domestiques qu'il
repousse. Tout le monde s'arrête.*

RUTWEN

Dieu! c'est Aubray.

AUBRAY

120 Laissez-moi, laissez-moi!... Ma sœur... où est-elle?... Je veux la
voir... Rendez-moi ma sœur... cruels!... Vous allez la laisser immoler.

MALVINA

Mon frère.

AUBRAY

Ah! C'est toi! Écoute-moi, ne le suis pas; il t'entraîne dans la
tombe. Ce prêtre est un ministre de mort, ces flambeaux sont des
125 torches funéraires.

RUTWEN, *en fureur.*

Suivez-moi, Malvina!

AUBRAY

Barbare! Je la défendrai. Tu n'as point de droits sur elle, et moi, je
suis son frère.

TOUS, *à Rutwen.*

Monseigneur! Monseigneur!

RUTWEN

130   Je n'écoute rien! Cette femme est à moi... Ce furieux veut me la ravir.

MALVINA

Non, non.

RUTWEN

Ne voyez-vous pas qu'il est en délire?

AUBRAY

Tu te trompes: dans un instant, l'heure va me dégager de mon
serment, je pourrai tout dire. *(Il retient Malvina.)*

RUTWEN

135   Misérable! Si tu profères une parole...
(Il veut entraîner Malvina, qui résiste; alors il tire son poignard.)

AUBRAY

Tu ne l'auras que baignée de mon sang.

RUTWEN

Eh bien! Vous périrez tous deux.
(Il va pour frapper Aubray, une heure sonne, Malvina tombe, éva-
140 *nouie, dans les bras de Brigitte, le tonnerre gronde.)*

RUTWEN

Le néant! Le néant!
(Il laisse tomber son poignard et cherche à s'enfuir, des ombres sortent
de la terre et l'entraînent avec elles; l'Ange exterminateur paraît dans
un nuage, la foudre éclate et les ombres s'engloutissent avec Rutwen.
145 *Pluie de feu.)*

Source: Charles Nodier, *Le Vampire: mélodrame en trois actes,* Paris,
J.-N. Barba, 1820, p. 3-7; 54-56.

ERNST THEODOR AMADEUS HOFFMANN

(1776-1822)

La Femme vampire — 1821

Récit (extrait)

ALLEMAGNE

Festin de chair

Issu d'une famille de juristes, Hoffmann délaisse volontiers son travail de fonctionnaire pour se consacrer, dans ses loisirs, à la littérature. Ses contes fantastiques sont connus partout dans le monde, en particulier *Casse-Noisette* et *L'Homme au sable*. Nous retrouvons sa vampire-goule dans le quatrième volume du recueil *Les Frères de Saint-Sérapion*, d'après le nom d'un cercle littéraire fondé par des amateurs de fantastique. À la mort de son père, le comte Hypolite hérite du château de ses ancêtres et d'une fortune considérable. Pendant toute une année, il embellit la propriété. Un jour, il reçoit la visite inopinée d'une baronne, lointaine parente peu appréciée par son défunt père. La vieille dame lui fait la même impression. Il la compare même à un « cadavre habillé et paré ». Cependant, il tombe amoureux de sa fille Aurélia. Il les invite donc à séjourner chez lui. Bientôt les fiançailles sont annoncées. Mais le jour des noces, coup fatal du hasard, la baronne meurt subitement. Le mariage est reporté, puis célébré quelque temps plus tard. Très heureuse, Aurélia se montre néanmoins affectée par une curieuse maladie. Hypolite s'inquiète : « Elle paraissait incessamment tourmentée [...] d'une anxiété intérieure mortelle et indéfinissable. » Il comprendra bientôt que le châtiment de son épouse lui a été infligé par Satan lui-même...

LA FEMME VAMPIRE

À la fin pourtant, la baronne, forcée de se soustraire aux soupçons les plus graves et les plus honteux, se décida à fuir dans un pays éloigné[1]. C'est dans ce voyage qu'elle arriva au château du comte, et nous avons raconté plus haut ce qui s'y passa. Aurélia devait
5 se trouver au comble du bonheur d'être enfin délivrée de tant de craintes et de soucis ; mais quelle fut, hélas ! son extrême épouvante, quand, ayant avec épanchement parlé à sa mère de son amour, de son espoir dans son avenir doux et prospère, elle entendit celle-ci s'écrier d'une voix courroucée et les yeux enflammés de rage : « Tu
10 es née pour mon malheur, créature abjecte et maudite ! mais va ! Au sein même de ta félicité chimérique, la vengeance des enfers saura t'atteindre si une mort imprévue me ravit à la terre ! Dans ces crises horribles, qui me sont restées comme le fruit de ta naissance, Satan lui-même... »
15 Ici, Aurélia s'arrêta, et, se jetant au cou d'Hypolite, elle le conjura de vouloir bien la dispenser de répéter tout ce qu'avait inspiré à la baronne une frénésie enragée ; car elle avait l'âme brisée au souvenir de l'horrible malédiction proférée par sa mère, dans l'égarement de son sauvage délire, et dont l'atrocité surpassait toutes les prévisions
20 imaginables. Le comte s'efforça, autant qu'il put, de consoler son épouse, quoiqu'il se sentît pénétré lui-même d'un mortel frisson de terreur. Redevenu plus calme, il fut obligé de s'avouer encore que, bien que la baronne fût morte, la profonde abjection de sa vie jetait sur sa propre destinée un sombre et lugubre reflet. Déjà la réalité de
25 cette influence sinistre lui semblait évidente et palpable.

Peu de temps après, un grave changement se manifesta dans l'état d'Aurélia. Ses yeux éteints, sa pâleur livide semblaient des symptômes d'une maladie particulière, tandis que l'agitation et le trouble mêlé de stupeur de son esprit laissaient pressentir qu'un nouveau secret
30 était la cause de son anxiété et de ses souffrances. Elle fuyait même la présence de son mari, tantôt s'enfermant dans sa chambre des heures

---

1. La mère d'Aurélia a fréquenté un étranger pendant un certain temps. Il a depuis été incarcéré pour des crimes odieux.

entières, tantôt cherchant la solitude dans les endroits du parc les plus écartés. À son retour, la rougeur de ses yeux témoignait des pleurs répandus, et, dans l'altération de tous ses traits, on devinait qu'elle
35 avait eu à lutter contre d'affreuses angoisses.

Le comte chercha vainement à découvrir le véritable motif de ce funeste dérangement. À la fin, il tomba dans un morne découragement, et les conjectures d'un médecin célèbre qu'il avait mandé ne parvinrent pas à le consoler. Celui-ci attribuait au changement de
40 position de la comtesse, c'est-à-dire à son mariage, cette surexcitation de sensibilité et les visions menaçantes dont elle était poursuivie, affirmant qu'on pouvait en augurer que bientôt un doux fruit naîtrait de l'union fortunée des deux époux.

Un jour même, étant à table avec le comte et la comtesse, le doc-
45 teur hasarda plusieurs allusions à l'état de grossesse supposé d'Aurélia. Celle-ci ne paraissait nullement s'occuper des discours du médecin; mais elle manifesta tout d'un coup l'attention la plus vive, lorsqu'il se mit à parler des envies extraordinaires que les femmes éprouvent souvent dans cet état et auxquelles il est impossible qu'elles résistent sans préju-
50 dice pour leur enfant, et même quand elles savent que leur santé en sera compromise. La comtesse accabla le docteur de ses questions, et celui-ci ne se lassa pas de raconter alors, et d'après l'expérience d'une longue pratique, les faits de ce genre les plus singuliers et les plus comiques.

« Cependant, disait-il, on a des exemples d'envies bien autrement
55 inconcevables et qui ont fait commettre à certaines femmes les actions les plus atroces. C'est ainsi que la femme d'un forgeron fut attaquée d'un désir si violent de manger de la chair de son mari, qu'elle en perdit le repos, jusqu'à ce qu'un jour, à la fin, celui-ci étant rentré ivre à la maison, elle se jeta sur lui à l'improviste, armé d'un grand
60 couteau et le déchira avec ses dents si cruellement qu'il survécut à peine quelques heures. » Le docteur parlait encore quand on vit la comtesse tomber évanouie dans son fauteuil et avec des convulsions telles qu'on pouvait craindre pour sa vie. Le médecin dut reconnaître combien il avait agi imprudemment en racontant cette histoire épou-
65 vantable devant une femme dont les nerfs étaient aussi délicats.

Toutefois, cette crise paraissait avoir produit un effet salutaire sur la santé d'Aurélia, et elle avait recouvré en partie sa tranquillité.

Mais bientôt, hélas! les bizarreries multipliées de sa conduite, son excessive pâleur toujours croissante et le feu sombre de ses regards vinrent rejeter dans l'esprit du comte les soupçons les plus alarmants. La circonstance la plus inexplicable de l'état de la comtesse était l'abstinence complète qu'on lui voyait garder; bien plus, elle montrait pour toute espèce de nourriture, et pour la viande surtout, une répugnance invincible, au point qu'elle était souvent réduite à se lever de table avec les signes les plus énergiques de dégoût et d'horreur. Les soins du médecin furent sans aucun résultat; car les supplications les plus tendres et les plus pressantes d'Hypolite avaient été vaines pour décider la comtesse à prendre une seule goutte des remèdes ordonnés.

Cependant, plusieurs semaines, des mois s'étaient écoulés depuis que la comtesse s'obstinait à ne point manger, et il restait incompréhensible qu'elle pût continuer à vivre ainsi. Le docteur pensa qu'il y avait là-dessous quelque chose de mystérieux et de surnaturel, et il prit un prétexte pour quitter le château. Mais le comte n'eut pas de peine à comprendre que ce départ subit n'avait point d'autre motif que l'état presque phénoménal de sa femme qui déroutait toute l'habileté de la science, et que le docteur s'éloignait pour ne pas rester davantage spectateur inutile d'une maladie énigmatique et indéfinissable, qu'il n'avait même pas la faculté de combattre.

On peut imaginer de quels embarras et de quels soucis le comte devait être accablé. Mais tout cela n'était pas encore assez. Un matin, un vieux et fidèle serviteur d'Hypolite saisit un moment favorable pour l'entretenir en particulier, et il lui apprit que la comtesse, chaque nuit, sortait du château pour n'y rentrer qu'à la pointe du jour. Le comte resta confondu à cette nouvelle. Il se souvint aussitôt que, depuis un certain temps, en effet, à l'heure de minuit, il était surpris par un sommeil accablant, ce qu'il attribua alors à quelque narcotique que lui faisait prendre Aurélia pour pouvoir quitter, sans être aperçue, la chambre à coucher qu'elle partageait avec le comte, contrairement à l'usage reçu parmi les personnes d'un certain rang.

Les plus noirs pressentiments vinrent assiéger Hypolite. Il pensa au caractère diabolique de la mère d'Aurélia qui commençait peut-être à se révéler maintenant dans la fille; il pensa à de coupables intrigues,

à un commerce adultère, enfin au maudit fils du bourreau[1]. Bref, la
105 nuit prochaine devait lui dévoiler le fatal mystère qui pouvait seul
occasionner l'étrange dérangement de la comtesse.

Celle-ci avait l'habitude de préparer elle-même, tous les soirs, le
thé pour son mari et se retirait ensuite. Ce jour-là, le comte s'abstint
d'en boire pendant la lecture qu'il avait coutume de faire dans son lit,
110 et, quand minuit vint, il n'éprouva point, comme à l'ordinaire, l'espèce de léthargie qui le surprenait à cette heure ; cependant, il feignit
de s'assoupir et parut bientôt après comme profondément endormi.
Alors la comtesse se glissa doucement hors de son lit, elle s'approcha
de celui du comte, et, après avoir passé une lumière devant son visage,
115 elle sortit de la chambre avec précaution.

Le cœur d'Hypolite battait violemment ; il se leva, jeta un manteau
sur ses épaules et s'élança sur la trace de sa femme, qui déjà l'avait
devancé de beaucoup. Mais la lune brillait dans son plein, et il put
aisément distinguer de loin Aurélia, enveloppée d'un négligé de nuit
120 blanc. Elle traversa le parc, se dirigeant vers le cimetière et, près du
mur qui lui servait d'enceinte, elle disparut. Le comte arriva au même
endroit, et devant lui, à quelques pas de distance, il vit aux rayons
de la lune un cercle effroyable de fantômes ou de vieilles femmes à
demi-nues, échevelées et accroupies par terre, autour du cadavre d'un
125 homme dont elles se disputaient les lambeaux de chair qu'elles dévo-
raient avec une avidité de vautour. Aurélia était au milieu d'elles !...

Le comte s'enfuit en courant au hasard, saisi d'une horreur inouïe,
stupéfait, glacé par un frisson mortel et se croyant poursuivi par les
furies de l'enfer[2]. À la pointe du jour, baigné de sueur, il se retrouva à
130 l'entrée du château. Involontairement, maître à peine de ses idées, il
monta rapidement l'escalier et se précipita, en traversant les appartements, vers la chambre à coucher. Il y trouva la comtesse, paraissant
plongée dans un sommeil doux et paisible. Alors il essaya de se persuader à lui-même qu'il avait été le jouet d'un rêve abominable et,

---

1. Le fils du bourreau était justement l'étrange homme que fréquentait la baronne, mère
   d'Aurélia.
2. Furies de l'enfer : dans la mythologie gréco-romaine, Tisiphone, Mégère et Alecto étaient
   également surnommées les « chiennes d'Hadès », car elles tourmentaient tous ceux qui
   le méritaient.

135 quand il reconnut, à son manteau mouillé par la rosée du matin, la
réalité de son excursion nocturne, il voulut encore supposer qu'une
illusion de ses sens, une vision fantastique l'avait abusé et lui avait
causé cet effroi mortel. Il quitta la chambre sans attendre le réveil de
la comtesse, s'habilla et monta à cheval. Cette promenade équestre
140 par une belle matinée, à travers des bosquets odoriférants animés du
chant joyeux des oiseaux, rafraîchirent ses sens et dissipèrent l'impression funeste des images de la nuit.

Reposé et consolé, il rentra au château à l'heure du déjeuner. Mais
lorsqu'il fut à table avec la comtesse et qu'on eut servi de la viande
145 devant eux, Aurélia s'étant levée pour sortir avec tous les signes
d'une aversion insurmontable, le comte vit alors se représenter à
son esprit, avec toutes les couleurs de la vérité, le spectacle affreux
de la nuit. Dans le transport de sa fureur, il se leva et cria d'une voix
terrible : « Maudite engeance d'enfer[1] ! Je comprends ton aversion
150 pour la nourriture des hommes : c'est du sein des tombeaux, femme
exécrable, que tu tires les repas qui font tes délices ! »

Mais à peine le comte eut-il prononcé énergiquement ces paroles,
qu'Aurélia, poussant un hurlement effroyable, se précipita sur lui et,
avec la rage d'une hyène, le mordit dans la poitrine. Le comte terrassa
155 la furieuse, qui expira sur-le-champ au milieu d'horribles convulsions... Et lui tomba dans le délire.

Source : Henry Egmont, *Contes fantastiques de E.T.A. Hoffmann,*
tome I, Paris, Perrotin, 1840, p. 184-191.

---

1. Engeance d'enfer : de la race des démons.

PROSPER MÉRIMÉE
(1803-1870)

CARA-ALI, LE VAMPIRE — 1827
CONSTANTIN YACOUBOVICH — 1827

Poésie (texte intégral)

Un canular littéraire

Pour les francophones du monde entier, le nom de Mérimée correspond à une seule œuvre, *Carmen* (1845), dont sera tiré l'opéra légendaire de Georges Bizet (1875). Tout à fait dans l'esprit romantique, Mérimée puise son inspiration dans les décors exotiques des pays étrangers. De l'Andalousie de la voluptueuse bohémienne aux terres sauvages de l'Illyrie, située sur les rives de la mer Adriatique, face à l'Italie, Mérimée dépayse son lecteur pour mieux l'enjôler. Ses œuvres de jeunesse prouvent qu'il aime bien également le mystifier. En 1825, il fait publier *Le Théâtre de Clara Gazul*, comme si les pièces avaient été écrites par cette actrice espagnole, pourtant inventées par lui. Deux ans plus tard, Mérimée récidive en faisant paraître *La Guzla ou choix de poésies illyriques,* un recueil de ballades supposément illyriennes (d'où sont tirés les deux textes qui suivent). La supercherie est telle que l'ouvrage est vite considéré comme une authentique référence de poésie slave. En 1842, dans la préface de la deuxième édition, Mérimée confesse qu'il a lui-même composé ces ballades. Mais sa meilleure nouvelle fantastique demeure sans doute *Lokis* (1869), récit étrange dans lequel un philologue prussien séjourne chez un comte lithuanien qui se révèle en réalité un être hybride, croisement d'un homme et d'un ours assoiffé de sang!

FRANCE

CARA-ALI, LE VAMPIRE

I

Cara-Ali a passé la rivière jaune[1]; il est monté vers Basile Kaïmis et a logé dans sa maison.

II

Basile Kaïmis avait une belle femme, nommée Juméli; elle a regardé Cara-Ali, et elle est devenue amoureuse de lui.

III

5   Cara-Ali est couvert de riches fourrures; il a des armes dorées, et Basile est pauvre.

IV

Juméli a été séduite par toutes ces richesses; car quelle est la femme qui résiste à beaucoup d'or?

V

Cara-Ali, ayant joui de cette épouse infidèle, a voulu l'emmener
10 dans son pays, chez les mécréants[2].

VI

Et Juméli dit qu'elle le suivrait; méchante femme, qui préférait le harem d'un infidèle au lit conjugal!

VII

Cara-Ali l'a prise par sa fine taille et l'a mise devant lui, sur son beau cheval blanc comme la première neige.

VIII

15   Où es-tu, Basile? Cara-Ali, que tu as reçu dans ta maison, enlève ta femme, Juméli, que tu aimes tant!

---

1. NDA: probablement la Zarmagna, qui est très jaune en automne.
2. Mécréants: qui appartiennent à une autre religion que la religion chrétienne.

IX

Il a couru au bord de la rivière jaune, et il a vu les deux perfides qui la traversaient sur un cheval blanc.

X

Il a pris son long fusil orné d'ivoire et de houppes rouges[1]; il a tiré,
20 et soudain voilà que Cara-Ali a chancelé sur sa monture.

XI

« Juméli! Juméli! Ton amour me coûte cher. Ce chien de mécréant m'a tué, et il va te tuer aussi. »

XII

« Maintenant, pour qu'il te laisse la vie, je m'en vais te donner un talisman précieux, avec lequel tu achèteras ta grâce. »

XIII

25   « Prends cet Alcoran[2] dans cette giberne[3] de cuir rouge doré : celui qui l'interroge[4] est toujours riche et aimé des femmes. »

XIV

« Que celui qui le porte ouvre le livre à la soixante-sixième[5] page ; il commandera à tous les esprits de la terre et de l'eau. »

XV

Alors il tombe dans la rivière jaune, et son corps flottait laissant un
30 nuage rouge au milieu de l'eau.

XVI

Basile Kaïmis accourt, et, saisissant la bride du cheval, il avait le bras levé pour tuer sa femme.

---

1. NDA : cet ornement se trouve fréquemment aux fusils des Illyriens et des Turcs.
2. Alcoran : le Coran, livre sacré de la religion islamique contenant la loi de Mahomet.
3. Giberne : dans l'armée, boîte à munitions, portée à la ceinture.
4. C'est-à-dire celui qui cherche à percer les mystères du Coran en l'étudiant et en suivant ses principes.
5. NDA : le nombre soixante-six passe pour être très puissant dans les conjurations.

XVII

« Accorde-moi la vie, Basile, et je te donnerai un talisman précieux : celui qui le porte est toujours riche et aimé des femmes. »

XVIII

35 « Que celui qui le porte ouvre le livre à la soixante-sixième page ; il commandera à tous les esprits de la terre et de l'eau. »

XIX

Basile a pardonné à son infidèle épouse ; il a pris le livre que tout Chrétien devrait jeter au feu avec horreur.

XX

La nuit est venue ; un grand vent s'est élevé, et la rivière jaune a 40 débordé ; le cadavre de Cara-Ali fut jeté sur le rivage.

XXI

Basile a ouvert le livre impie à la soixante-sixième page ; soudain la terre a tremblé et s'est ouverte avec un bruit affreux.

XXII

Un spectre sanglant a percé la terre ; c'était Cara-Ali. « Basile, tu es à moi maintenant que tu as renoncé à ton Dieu. »

XXIII

45 Il saisit le malheureux, le mord à la veine du cou, et ne le quitte qu'après avoir tari ses veines.

XXIV

Celui qui a fait cette histoire est Nicolas Cossiewitch, qui l'avait apprise de la grand-mère de Juméli.

CONSTANTIN YACOUBOVICH

I

Constantin Yacoubovich était assis sur un banc devant sa porte : devant lui, son enfant jouait avec un sabre ; à ses pieds, sa femme Miliada était accroupie par terre. Un étranger est sorti de la forêt et l'a salué, en lui prenant la main.

II

5 Sa figure est celle d'un jeune homme, mais ses cheveux sont blancs, ses yeux sont mornes, ses joues, creuses, sa démarche, chancelante. « Frère, a-t-il dit, j'ai bien soif et je voudrais "boire". » Aussitôt Miliada s'est levée et lui a vite apporté de l'eau-de-vie et du lait.

III

« Frère, quelle est cette éminence[1] là-bas avec ces arbres
10 verts ? — N'es-tu donc jamais venu dans ce pays, dit Constantin Yacoubovich, que tu ne connaisses pas le cimetière de notre race ? — Eh bien ! C'est là que je veux reposer, car je me sens mourir peu à peu. »

IV

Alors il a détaché une large ceinture rouge, et il a montré une plaie sanglante. « Depuis hier la balle d'un chien de mécréant me déchire la
15 poitrine : je ne puis ni vivre ni mourir. » Alors Miliada l'a soutenu et Constantin Yacoubovich a sondé la blessure.

V

« Triste, triste fut ma vie ; triste sera ma mort. Mais sur le haut de ce tertre[2], dans cet endroit exposé au soleil, je veux que l'on m'enterre ; car je fus un grand guerrier, quand ma main ne trouvait pas un
20 sabre trop pesant pour elle. »

VI

Et sa bouche a souri ; et ses yeux sortaient de leur orbite : soudain il a penché la tête. Miliada s'écria : « Oh, Constantin, aide-moi ! car cet

---

1. Éminence : petite colline.
2. Tertre : petite colline.

étranger est trop pesant pour que je puisse le soutenir toute seule. » Et Constantin a reconnu qu'il était mort.

VII

25 Puis il l'a chargé sur son cheval et l'a porté au cimetière, sans s'inquiéter si la terre latine souffrirait dans son sein le cadavre d'un Grec schismatique[1]. Ils ont creusé sa fosse au soleil, et ils l'ont enterré avec son sabre et son hanzar[2], comme il convient à un guerrier.

VIII

Après une semaine, l'enfant de Constantin avait les lèvres pâles, et
30 il pouvait à peine marcher. Il se couchait tout triste sur une natte, lui qui aimait tant à courir çà et là. Mais la Providence a conduit dans la maison de Constantin un saint ermite[3], son voisin.

IX

« Ton enfant est malade d'une maladie étrange : vois, sur son cou si blanc, cette tache rouge, c'est la dent d'un vampire. » Alors il a mis
35 ses livres dans un sac, il s'en est allé au cimetière, et il a fait ouvrir la fosse où l'on avait enterré l'étranger.

X

Or son corps était frais et vermeil ; sa barbe avait crû[4] et ses ongles étaient longs comme des serres d'oiseaux ; sa bouche était sanglante et sa fosse était inondée de sang. Alors Constantin a levé un pieu
40 pour l'en percer ; mais le mort a poussé un cri et s'est enfui dans les bois.

XI

Et un cheval, quand les étriers lui coupent les flancs, ne pourrait courir aussi vite que ce monstre, et son impétuosité était telle que les jeunes arbres se courbaient sous son corps et que les grosses
45 branches cassaient, comme si elles eussent été gelées.

---

1. NDA : un Grec enterré dans un cimetière latin devient vampire, et vice versa.
2. Hanzar : grand couteau porté à la ceinture.
3. Ermite : homme qui vit seul, retiré du monde.
4. Crû : participe passé du verbe « croître ».

XII

L'ermite a pris du sang et de la terre de la fosse, et en a frotté le corps de l'enfant ; et Constantin et Miliada en ont fait autant ; et le soir, ils disaient : « C'est à cette heure que ce méchant étranger est mort. » Et comme ils parlaient, le chien a hurlé et s'est caché entre les
50 jambes de son maître.

XIII

La porte s'est ouverte et un grand géant est entré en se baissant ; il s'est assis, les jambes croisées, et sa tête touchait les poutres de la maison ; et il regardait Constantin en souriant, et celui-ci ne pouvait détourner les yeux, car il était fasciné par le vampire.

XIV

55 Mais l'ermite a ouvert son livre et il a jeté une branche de romarin dans le feu ; puis, avec son souffle, il a dirigé la fumée contre le spectre et l'a conjuré au nom de Jésus. Bientôt, le vampire a tremblé et s'est élancé vers la porte, comme un loup poursuivi par les chasseurs.

XV

Le lendemain, à la même heure, le chien a hurlé et la porte s'est
60 ouverte, et un homme est entré et s'est assis : sa taille était celle d'un soldat, et toujours ses yeux s'attachaient sur ceux de Constantin pour le fasciner ; mais l'ermite l'a conjuré, et il s'est enfui.

XVI

Et le lendemain, un petit nain est entré dans sa maison, et un rat aurait bien pu lui servir de monture. Toutefois ses yeux brillaient
65 comme deux flambeaux, et son regard était funeste ; mais l'ermite l'a conjuré pour la troisième fois, et il s'est enfui pour toujours.

Source : Prosper Mérimée, *La Guzla, ou choix de poésies illyriques, recueillies dans la Dalmatie, la Bosnie, la Croatie et la Herzégovine*, Paris, F.G. Levrault, 1827, p. 177-185 ; 217-222.

THÉOPHILE GAUTIER
(1811-1872)

La Morte amoureuse — 1836

Récit (texte intégral)

FRANCE

Tentatrice d'outre-tombe

AUTEUR INCONTOURNABLE de la littérature fantastique française, Théophile Gautier a également marqué les premières années du triomphe romantique à Paris. C'est armé d'un gilet rouge et affichant une longue chevelure qu'il se présente, le 25 février 1830, à la première de la pièce *Hernani,* écrite par Victor Hugo. Tous les défenseurs du classicisme (plus âgés) qui y assistent sont pour leur part vêtus de couleurs sombres. La jeune génération remporte cette bataille idéologique. Pour les auteurs romantiques, constamment en révolte contre toute forme d'oppression, s'éprendre d'un vampire est sans nul doute la liaison la plus subversive, voire émancipatrice qui soit. Cela se révèle d'autant plus vrai si le héros, tenté par une aventure aussi singulière, est un jeune prêtre enchaîné par son vœu de célibat. Tout comme Romuald, le lecteur tombe sous le charme de Clarimonde, dont l'âme a souffert de multiples tourments dans ce long et terrible voyage pour réintégrer son corps, afin d'être réunie à celui qu'elle aime. Ici, le vampire échappe à l'avilissement dont il est coutumier et offre une échappatoire à cette vie placée sous le joug de la religion, véritable prison dont l'abbé Sérapion, sous des dehors trompeurs de patriarche bienveillant, fait office d'inflexible geôlier. Le pauvre Romuald est un rare exemple de héros romantique malgré lui, car son insoumission relève presque d'un état évoquant la schizophrénie.

LA MORTE AMOUREUSE

Vous me demandez, frère, si j'ai aimé ; oui. C'est une histoire singulière et terrible, et, quoique j'aie soixante-six ans, j'ose à peine remuer la cendre de ce souvenir. Je ne veux rien vous refuser, mais je ne ferais pas à une âme moins éprouvée un pareil récit. Ce sont des événements
5 si étranges que je ne puis croire qu'ils me soient arrivés. J'ai été pendant plus de trois ans le jouet d'une illusion singulière et diabolique. Moi, pauvre prêtre de campagne, j'ai mené en rêve toutes les nuits (Dieu veuille que ce soit un rêve !) une vie de damné, une vie de mondain et de Sardanapale[1]. Un seul regard trop plein de complaisance
10 jeté sur une femme pensa causer la perte de mon âme ; mais enfin, avec l'aide de Dieu et de mon saint patron, je suis parvenu à chasser l'esprit malin qui s'était emparé de moi. Mon existence s'était compliquée d'une existence nocturne entièrement différente. Le jour, j'étais un prêtre du Seigneur, chaste, occupé de la prière et des choses saintes ;
15 la nuit, dès que j'avais fermé les yeux, je devenais un jeune seigneur, fin connaisseur en femmes, en chiens et en chevaux, jouant aux dés, buvant et blasphémant ; et lorsqu'au lever de l'aube je me réveillais, il me semblait au contraire que je m'endormais et que je rêvais que j'étais prêtre. De cette vie somnambulique, il m'est resté des souvenirs
20 d'objets et de mots dont je ne puis pas me défendre, et, quoique je ne sois jamais sorti des murs de mon presbytère, on dirait plutôt, à m'entendre, un homme ayant usé de tout et revenu du monde, qui est entré en religion et qui veut finir dans le sein de Dieu des jours trop agités, qu'un humble séminariste qui a vieilli dans une cure[2] ignorée,
25 au fond d'un bois et sans aucun rapport avec les choses du siècle.

Oui, j'ai aimé comme personne au monde n'a aimé, d'un amour insensé et furieux, si violent que je suis étonné qu'il n'ait pas fait éclater mon cœur. Ah ! Quelles nuits ! Quelles nuits !

Dès ma plus tendre enfance, je m'étais senti de la vocation pour
30 l'état de prêtre ; aussi toutes mes études furent-elles dirigées dans ce

---

1. Sardanapale : nom francisé du dernier roi d'Assyrie, Assurbanipal, qui a régné au VIIe siècle av. J.-C. La légende a fait de lui un débauché, bien qu'il ait été cultivé. Eugène Delacroix a d'ailleurs illustré sa mort dans une peinture célèbre (1827).
2. Cure : paroisse administrée par un curé.

sens-là, et ma vie, jusqu'à vingt-quatre ans, ne fut-elle qu'un long noviciat[1]. Ma théologie[2] achevée, je passai successivement par tous les petits ordres[3], et mes supérieurs me jugèrent digne, malgré ma grande jeunesse, de franchir le dernier et redoutable degré[4]. Le jour
35 de mon ordination[5] fut fixé à la semaine de Pâques.

Je n'étais jamais allé dans le monde ; le monde, c'était pour moi l'enclos du collège et du séminaire[6]. Je savais vaguement qu'il y avait quelque chose que l'on appelait femme, mais je n'y arrêtais pas ma pensée ; j'étais d'une innocence parfaite. Je ne voyais ma mère vieille et
40 infirme que deux fois l'an. C'était là toutes mes relations avec le dehors.

Je ne regrettais rien, je n'éprouvais pas la moindre hésitation devant cet engagement irrévocable ; j'étais plein de joie et d'impatience. Jamais jeune fiancé n'a compté les heures avec une ardeur plus fiévreuse ; je n'en dormais pas, je rêvais que je disais la messe ;
45 être prêtre, je ne voyais rien de plus beau au monde ; j'aurais refusé d'être roi ou poète. Mon ambition ne concevait pas au-delà.

Ce que je dis là est pour vous montrer combien ce qui m'est arrivé ne devait pas m'arriver et de quelle fascination inexplicable j'ai été la victime.

Le grand jour venu, je marchai à l'église d'un pas si léger qu'il me
50 semblait que je fusse soutenu en l'air ou que j'eusse des ailes aux épaules. Je me croyais un ange, et je m'étonnais de la physionomie sombre et préoccupée de mes compagnons ; car nous étions plusieurs. J'avais passé la nuit en prières, et j'étais dans un état qui touchait presque à l'extase. L'évêque, vieillard vénérable, me paraissait Dieu le Père penché
55 sur son éternité, et je voyais le ciel à travers les voûtes du temple.

Vous savez les détails de cette cérémonie : la bénédiction, la communion sous les deux espèces[7], l'onction[8] de la paume des mains

---

1. Noviciat : temps d'épreuve imposé aux futurs prêtres avant qu'ils ne prononcent leurs vœux.
2. Théologie : étude de la Bible.
3. Petits ordres : dans la hiérarchie cléricale, les « ordres mineurs » sont liés à des fonctions précises : portier, lecteur, exorciste et acolyte. Ils ont été abolis en 1972.
4. Degré : référence à un « ordre important » (sous-diacre, diacre et prêtre).
5. Ordination : dans la religion catholique, sacrement par lequel un évêque nomme un nouveau prêtre.
6. Séminaire : lieu de formation des prêtres.
7. Communier sous les deux espèces : boire le vin et manger l'hostie, respectivement le sang et le corps du Christ.
8. Onction : geste symbolique qui consiste à frotter d'une huile bénie par la grâce de Dieu.

avec l'huile des catéchumènes[1] et enfin le saint sacrifice[2], offert de concert avec l'évêque. Je ne m'appesantirai pas sur cela. Oh! Que
60 Job[3] a raison, et que celui-là est imprudent qui ne conclut pas un pacte avec ses yeux! Je levai par hasard ma tête, que j'avais jusque-là tenue inclinée, et j'aperçus devant moi, si près que j'aurais pu la toucher, quoique en réalité elle fût à une assez grande distance et de l'autre côté de la balustrade, une jeune femme d'une beauté rare et
65 vêtue avec une magnificence royale. Ce fut comme si des écailles me tombaient des prunelles. J'éprouvai la sensation d'un aveugle qui recouvrait subitement la vue. L'évêque, si rayonnant tout à l'heure, s'éteignit tout à coup, les cierges pâlirent sur leurs chandeliers d'or comme les étoiles au matin, et il se fit par toute l'église une com-
70 plète obscurité. La charmante créature se détachait sur ce fond d'ombre comme une révélation angélique; elle semblait éclairée d'elle-même et donner le jour plutôt que le recevoir.

Je baissai la paupière, bien résolu à ne plus la relever pour me soustraire à l'influence des objets extérieurs; car la distraction m'en-
75 vahissait de plus en plus, et je savais à peine ce que je faisais.

Une minute après, je rouvris les yeux car, à travers mes cils, je la voyais étincelante des couleurs du prisme et dans une pénombre pourprée comme lorsqu'on regarde le soleil.

Oh! Comme elle était belle! Les plus grands peintres, lorsque,
80 poursuivant dans le ciel la beauté idéale, ils ont rapporté sur la terre le divin portrait de la Madone[4], n'approchent même pas de cette fabuleuse réalité. Ni les vers du poète ni la palette du peintre n'en peuvent donner une idée. Elle était assez grande, avec une taille et un port de déesse; ses cheveux, d'un blond doux, se séparaient sur
85 le haut de sa tête et coulaient sur ses tempes comme deux fleuves

---

1. Huile des catéchumènes : dans la religion catholique, type d'huile servant au sacrement du baptême, à la bénédiction des églises et à l'ordination des prêtres.

2. Saint sacrifice : la messe.

3. Job : personnage de l'Ancien Testament. Il incarne le Juste, celui qui croit en Dieu et le respecte malgré toutes les épreuves envoyées par Satan. Dans le Livre de Job, il dit : « J'avais fait un pacte avec mes yeux, et je n'aurais pas arrêté mes regards sur une vierge. » (31,1) Cette expression signifie que l'homme souhaite soustraire à son regard d'éventuels objets de convoitise, susceptibles de le perdre.

4. Madone : thème artistique représentant la Vierge Marie et Jésus enfant.

d'or; on aurait dit une reine avec son diadème; son front, d'une blancheur bleuâtre et transparente, s'étendait large et serein sur les arcs de deux cils presque bruns, singularité qui ajoutait encore à l'effet de prunelles vert de mer, d'une vivacité et d'un éclat insoute-
90 nables. Quels yeux! Avec un éclair, ils décidaient de la destinée d'un homme; ils avaient une vie, une limpidité, une ardeur, une humidité brillante que je n'ai jamais vues à un œil humain; il s'en échappait des rayons pareils à des flèches et que je voyais distinctement aboutir à mon cœur. Je ne sais si la flamme qui les illuminait venait du ciel
95 ou de l'enfer, mais à coup sûr elle venait de l'un ou de l'autre. Cette femme était un ange ou un démon, et peut-être tous les deux; elle ne sortait certainement pas du flanc d'Ève, la mère commune. Des dents du plus bel orient[1] scintillaient dans son rouge sourire, et de petites fossettes se creusaient à chaque inflexion de sa bouche dans
100 le satin rose de ses adorables joues. Pour son nez, il était d'une finesse et d'une fierté toute royale et décelait la plus noble origine. Des luisants d'agate jouaient sur la peau unie et lustrée de ses épaules à demi découvertes, et des rangs de grosses perles blondes, d'un ton presque semblable à son cou, lui descendaient sur la poitrine. De
105 temps en temps, elle redressait sa tête avec un mouvement onduleux de couleuvre ou de paon qui se rengorge et imprimait un léger frisson à la haute fraise[2] brodée à jour[3] qui l'entourait comme un treillis d'argent.

Elle portait une robe de velours nacarat[4], et de ses larges manches
110 doublées d'hermine[5] sortaient des mains patriciennes[6] d'une délicatesse infinie, aux doigts longs et potelés, et d'une si idéale transparence qu'ils laissaient passer le jour comme ceux de l'Aurore[7].

---

1. Du plus bel orient: blanc et brillant comme les perles.
2. Fraise: col décoratif très en vogue à la Renaissance. Il encadrait tout le visage et montait derrière la nuque. L'œuvre *Portrait d'une dame, à hauteur du buste, portant une robe brodée avec une fraise de dentelle,* de l'artiste Santi di Tito, donne un bon exemple de la fraise portée par Clarimonde.
3. À jour: qui laisse passer la lumière du jour, ajourée.
4. Nacarat: couleur entre le rouge et l'orangé.
5. Hermine: nom commun de la martre blanche, petit mammifère recherché pour sa fourrure.
6. Patriciennes: nobles. Le terme désigne la classe la plus élevée dans la Rome antique.
7. Aurore: déesse de la mythologie romaine qui préside aux levers du soleil. La légende dit qu'elle a des doigts de rose.

Tous ces détails me sont encore aussi présents que s'ils dataient d'hier, et, quoique je fusse dans un trouble extrême, rien ne m'échappait : la plus
115 légère nuance, le petit point noir au coin du menton, l'imperceptible duvet aux commissures des lèvres, le velouté du front, l'ombre tremblante des cils sur les joues, je saisissais tout avec une lucidité étonnante.

À mesure que je la regardais, je sentais s'ouvrir dans moi des portes qui jusqu'alors avaient été fermées ; des soupiraux[1] obstrués se débou-
120 chaient dans tous les sens et laissaient entrevoir des perspectives inconnues ; la vie m'apparaissait sous un aspect tout autre ; je venais de naître à un nouvel ordre d'idées. Une angoisse effroyable me tenaillait le cœur ; chaque minute qui s'écoulait me semblait une seconde et un siècle. La cérémonie avançait cependant, et j'étais emporté bien loin du monde
125 dont mes désirs naissants assiégeaient furieusement l'entrée. Je dis oui cependant, lorsque je voulais dire non, lorsque tout en moi se révoltait et protestait contre la violence que ma langue faisait à mon âme : une force occulte m'arrachait malgré moi les mots du gosier. C'est là peut-être ce qui fait que tant de jeunes filles marchent à l'autel avec la ferme résolu-
130 tion de refuser d'une manière éclatante l'époux qu'on leur impose, et que pas une seule n'exécute son projet. C'est là sans doute ce qui fait que tant de pauvres novices[2] prennent le voile, quoique bien décidées à le déchirer en pièces au moment de prononcer leurs vœux. On n'ose causer un tel scandale devant tout le monde ni tromper l'attente de tant de
135 personnes ; toutes ces volontés, tous ces regards semblent peser sur vous comme une chape[3] de plomb ; et puis les mesures sont si bien prises, tout est si bien réglé à l'avance, d'une façon si évidemment irrévocable que la pensée cède au poids de la chose et s'affaisse complètement.

Le regard de la belle inconnue changeait d'expression selon le pro-
140 grès de la cérémonie. De tendre et caressant qu'il était d'abord, il prit un air de dédain et de mécontentement comme de ne pas avoir été compris.

Je fis un effort suffisant pour arracher une montagne, pour m'écrier que je ne voulais pas être prêtre ; mais je ne pus en venir à bout ; ma langue resta clouée à mon palais, et il me fut impossible de

---

1. Soupiraux : ouvertures pratiquées au sous-sol d'un bâtiment pour y laisser passer l'air et la lumière.
2. Novices : futures religieuses.
3. Chape : cape.

145 traduire ma volonté par le plus léger mouvement négatif. J'étais, tout
éveillé, dans un état pareil à celui du cauchemar, où l'on veut crier un
mot dont votre vie dépend, sans en pouvoir venir à bout.

Elle parut sensible au martyre que j'éprouvais et, comme pour
m'encourager, elle me lança une œillade pleine de divines promesses.
150 Ses yeux étaient un poème dont chaque regard formait un chant.

Elle me disait :

« Si tu veux être à moi, je te ferai plus heureux que Dieu lui-même
dans son paradis ; les anges te jalouseront. Déchire ce funèbre linceul
où tu vas t'envelopper, je suis la beauté, je suis la jeunesse, je suis la
155 vie ; viens à moi, nous serons l'amour. Que pourrait t'offrir Jéhovah[1]
pour compensation ? Notre existence coulera comme un rêve et ne
sera qu'un baiser éternel. »

« Répands le vin de ce calice[2], et tu es libre. Je t'emmènerai vers
les îles inconnues ; tu dormiras sur mon sein, dans un lit d'or massif
160 et sous un pavillon d'argent ; car je t'aime et je veux te prendre à ton
Dieu, devant qui tant de nobles cœurs répandent des flots d'amour
qui n'arrivent pas jusqu'à lui. »

Il me semblait entendre ces paroles sur un rythme d'une douceur
infinie, car son regard avait presque de la sonorité, et les phrases que ses
165 yeux m'envoyaient retentissaient au fond de mon cœur comme si une
bouche invisible les eût soufflées dans mon âme. Je me sentais prêt à
renoncer à Dieu, et cependant mon cœur accomplissait machinalement
les formalités de la cérémonie. La belle me jeta un second coup d'œil si
suppliant, si désespéré, que des lames acérées me traversèrent le cœur,
170 que je me sentis plus de glaives dans la poitrine que la mère de douleurs[3].

C'en était fait, j'étais prêtre.

Jamais physionomie humaine ne peignit une angoisse aussi poi-
gnante ; la jeune fille qui voit tomber son fiancé mort subitement à
côté d'elle, la mère auprès du berceau vide de son enfant, Ève assise
175 sur le seuil de la porte du paradis, l'avare qui trouve une pierre à la

---

1. Jéhovah : nom de Dieu en hébreu.
2. Calice : coupe sacrée servant à la consécration du vin pendant la messe.
3. Notre-Dame-des-Sept-Douleurs : nom donné à la Vierge Marie lorsque sont évoquées
   ses souffrances en tant que mère de Jésus. En art, celles-ci sont représentées par des glaives
   la transperçant.

place de son trésor, le poète qui a laissé rouler dans le feu le manuscrit unique de son plus bel ouvrage n'ont point un air plus atterré et plus inconsolable. Le sang abandonna complètement sa charmante figure, et elle devint d'une blancheur de marbre ; ses beaux bras tombèrent
180 le long de son corps, comme si les muscles en avaient été dénoués, et elle s'appuya contre un pilier, car ses jambes fléchissaient et se dérobaient sous elle. Pour moi, livide, le front inondé d'une sueur plus sanglante que celle du Calvaire, je me dirigeai en chancelant vers la porte de l'église ; j'étouffais ; les voûtes s'aplatissaient sur mes épaules, et il me semblait
185 que ma tête soutenait seule tout le poids de la coupole[1].

    Comme j'allais franchir le seuil, une main s'empara brusquement de la mienne ; une main de femme ! Je n'en avais jamais touché. Elle était froide comme la peau d'un serpent, et l'empreinte m'en resta brûlante comme la marque d'un fer rouge. C'était elle. « Malheureux ! Malheureux ! Qu'as-tu
190 fait ? », me dit-elle à voix basse ; puis elle disparut dans la foule.

    Le vieil évêque passa ; il me regarda d'un air sévère. Je faisais la plus étrange contenance du monde ; je pâlissais, je rougissais, j'avais des éblouissements. Un de mes camarades eut pitié de moi, il me prit et m'emmena ; j'aurais été incapable de retrouver tout seul le chemin
195 du séminaire. Au détour d'une rue, pendant que le jeune prêtre tournait la tête d'un autre côté, un page nègre[2], bizarrement vêtu, s'approcha de moi et me remit, sans s'arrêter dans sa course, un petit portefeuille à coins d'or ciselés, en me faisant signe de le cacher ; je le fis glisser dans ma manche et l'y tins jusqu'à ce que
200 je fusse seul dans ma cellule[3]. Je fis sauter le fermoir, il n'y avait que deux feuilles avec ces mots : « Clarimonde, au palais Concini[4]. »

---

1. Coupole : dôme dans une église.
2. Nègre : de race noire, sans connotation raciste. Le terme tire son origine des Portugais qui ont nommé ainsi la population de la côte ouest africaine. Le dictionnaire *Littré* précise que l'expression désigne même davantage le pays que la couleur de la peau.
3. Cellule : petite chambre d'un religieux.
4. Concino Concini (1575-1617) : Italien devenu maréchal de France et marquis d'Ancre. Né à Florence, il était le protégé de Marie de Médicis à la cour de France. Il a été assassiné sur les ordres du jeune roi Louis XIII, et sa femme a été condamnée à mort. Cet épisode a marqué les écrivains romantiques au XIXe siècle. Par exemple, Alfred de Vigny a tiré une pièce de théâtre de ces événements (*La Maréchale d'Ancre*, 1831) et les a évoqués dans son roman *Cinq-Mars* (1830). Gautier n'a donc peut-être pas choisi ce nom par hasard.

J'étais alors si peu au courant des choses de la vie, que je ne connaissais pas Clarimonde, malgré sa célébrité, et que j'ignorais complètement où était situé le palais Concini. Je fis mille conjectures plus
205 extravagantes les unes que les autres ; mais à la vérité, pourvu que je pusse la revoir, j'étais fort peu inquiet de ce qu'elle pouvait être, grande dame ou courtisane.

Cet amour né tout à l'heure s'était indestructiblement enraciné ; je ne songeai même pas à essayer de l'arracher, tant je sentais
210 que c'était là chose impossible. Cette femme s'était complètement emparée de moi, un seul regard avait suffi pour me changer ; elle m'avait soufflé sa volonté ; je ne vivais plus dans moi, mais dans elle et par elle. Je faisais mille extravagances, je baisais sur ma main la place qu'elle avait touchée, et je répétais son nom des heures
215 entières. Je n'avais qu'à fermer les yeux pour la voir aussi distinctement que si elle eût été présente en réalité, et je me redisais ces mots, qu'elle m'avait dits sous le portail de l'église : « Malheureux ! Malheureux ! Qu'as-tu fait ? » Je comprenais toute l'horreur de ma situation, et les côtés funèbres et terribles de l'état que je venais
220 d'embrasser se révélaient clairement à moi. Être prêtre ! C'est-à-dire chaste, ne pas aimer, ne distinguer ni le sexe ni l'âge, se détourner de toute beauté, se crever les yeux, ramper sous l'ombre glaciale d'un cloître ou d'une église, ne voir que des mourants, veiller auprès de cadavres inconnus et porter soi-même son deuil sur sa sou-
225 tane noire, de sorte que l'on peut faire de votre habit un drap pour votre cercueil !

Et je sentais la vie monter en moi comme un lac intérieur qui s'enfle et qui déborde ; mon sang battait avec force dans mes artères ; ma jeunesse, si longtemps comprimée, éclatait tout d'un coup
230 comme l'aloès qui met cent ans à fleurir et qui éclot avec un coup de tonnerre.

Comment faire pour revoir Clarimonde ? Je n'avais aucun prétexte pour sortir du séminaire, ne connaissant personne dans la ville ; je n'y devais même pas rester, et j'y attendais seulement que l'on me dési-
235 gnât la cure que je devais occuper. J'essayai de desceller les barreaux de la fenêtre ; mais elle était à une hauteur effrayante, et n'ayant pas d'échelle, il n'y fallait pas penser. Et d'ailleurs je ne pouvais descendre

que de nuit ; et comment me serais-je conduit dans l'inextricable dédale des rues ? Toutes ces difficultés, qui n'eussent rien été
240 pour d'autres, étaient immenses pour moi, pauvre séminariste, amoureux d'hier, sans expérience, sans argent et sans habits.

Ah ! Si je n'eusse pas été prêtre, j'aurais pu la voir tous les jours ; j'aurais été son amant, son époux, me disais-je dans mon aveuglement ; au lieu d'être enveloppé dans mon triste suaire, j'aurais des
245 habits de soie et de velours, des chaînes d'or, une épée et des plumes comme les beaux jeunes cavaliers. Mes cheveux, au lieu d'être déshonorés par une large tonsure[1], se joueraient autour de mon cou en boucles ondoyantes. J'aurais une belle moustache cirée, je serais un vaillant. Mais une heure passée devant un autel, quelques
250 paroles à peine articulées me retranchaient à tout jamais du nombre des vivants, et j'avais scellé moi-même la pierre de mon tombeau, j'avais poussé de ma main le verrou de ma prison !

Je me mis à la fenêtre. Le ciel était admirablement bleu, les arbres avaient mis leur robe de printemps ; la nature faisait parade d'une joie
255 ironique. La place était pleine de monde ; les uns allaient, les autres venaient ; de jeunes muguets[2] et de jeunes beautés, couple par couple, se dirigeaient du côté du jardin et des tonnelles. Des compagnons passaient en chantant des refrains à boire ; c'était un mouvement, une vie, un entrain, une gaieté qui faisaient péniblement ressortir mon
260 deuil et ma solitude. Une jeune mère, sur le pas de la porte, jouait avec son enfant ; elle baisait sa petite bouche rose, encore emperlée de gouttes de lait, et lui faisait, en l'agaçant, mille de ces divines puérilités que les mères seules savent trouver. Le père, qui se tenait debout à quelque distance, souriait doucement à ce charmant groupe, et ses
265 bras croisés pressaient sa joie sur son cœur. Je ne pus supporter ce spectacle ; je fermai la fenêtre, et je me jetai sur mon lit avec une haine et une jalousie effroyables dans le cœur, mordant mes doigts et ma couverture comme un tigre à jeun depuis trois jours.

Je ne sais pas combien de jours je restai ainsi ; mais, en me
270 retournant dans un mouvement de spasme furieux, j'aperçus l'abbé

---

1. Tonsure : cheveux rasés en forme de couronne. Cette coiffure est caractéristique des religieux.
2. Muguets : nom donné aux jeunes gens élégants, car ils se parfumaient à la fleur de muguet.

Sérapion qui se tenait debout, au milieu de la chambre, et qui me considérait attentivement. J'eus honte de moi-même, et, laissant tomber ma tête sur ma poitrine, je voilai mes yeux avec mes mains.

«Romuald, mon ami, il se passe quelque chose d'extraordinaire
275 en vous, me dit Sérapion au bout de quelques minutes de silence; votre conduite est vraiment inexplicable! Vous, si pieux, si calme et si doux, vous vous agitez dans votre cellule comme une bête fauve. Prenez garde, mon frère, et n'écoutez pas les suggestions du diable; l'esprit malin, irrité de ce que vous vous êtes à tout jamais consacré
280 au Seigneur, rôde autour de vous comme un loup ravissant et fait un dernier effort pour vous attirer à lui. Au lieu de vous laisser abattre, mon cher Romuald, faites-vous une cuirasse de prières, un bouclier de mortifications, et combattez vaillamment l'ennemi; vous le vaincrez. L'épreuve est nécessaire à la vertu et l'or sort plus fin de la
285 coupelle. Ne vous effrayez ni ne vous découragez; les âmes les mieux gardées et les plus affermies ont eu de ces moments. Priez, jeûnez, méditez, et le mauvais esprit se retirera.»

Le discours de l'abbé Sérapion me fit rentrer en moi-même, et je devins un peu plus calme. «Je venais vous annoncer votre nomina-
290 tion à la cure de C***; le prêtre qui la possédait vient de mourir, et monseigneur l'évêque m'a chargé d'aller vous y installer; soyez prêt pour demain.» Je répondis d'un signe de tête que je le serais, et l'abbé se retira. J'ouvris mon missel et je commençai à lire des prières; mais ces lignes se confondirent bientôt sous mes yeux; le fil des idées
295 s'enchevêtra dans mon cerveau, et le volume me glissa des mains sans que j'y prisse garde.

Partir demain sans l'avoir revue! Ajouter encore une impossibi-lité à toutes celles qui étaient déjà entre nous! Perdre à tout jamais l'espérance de la rencontrer, à moins d'un miracle! Lui écrire? Par
300 qui ferais-je parvenir ma lettre? Avec le sacré caractère dont j'étais revêtu, à qui s'ouvrir, se fier? J'éprouvais une anxiété terrible. Puis, ce que l'abbé Sérapion m'avait dit des artifices du diable me reve-nait en mémoire; l'étrangeté de l'aventure, la beauté surnaturelle de Clarimonde, l'éclat phosphorique de ses yeux, l'impression brû-
305 lante de sa main, le trouble où elle m'avait jeté, le changement subit qui s'était opéré en moi, ma piété évanouie en un instant, tout cela

prouvait clairement la présence du diable, et cette main satinée n'était peut-être que le gant dont il avait recouvert sa griffe. Ces idées me jetèrent dans une grande frayeur, je ramassai le missel qui de mes
310 genoux était roulé à terre, et je me remis en prières.

Le lendemain, Sérapion me vint prendre ; deux mules nous attendaient à la porte, chargées de nos maigres valises ; il monta l'une et moi l'autre tant bien que mal. Tout en parcourant les rues de la ville, je regardais à toutes les fenêtres et à tous les balcons si je ne verrais
315 pas Clarimonde ; mais il était trop matin, et la ville n'avait pas encore ouvert les yeux. Mon regard tâchait de plonger derrière les stores et à travers les rideaux de tous les palais devant lesquels nous passions. Sérapion attribuait sans doute cette curiosité à l'admiration que me causait la beauté de l'architecture, car il ralentissait le pas
320 de sa monture pour me donner le temps de voir. Enfin nous arrivâmes à la porte de la ville et nous commençâmes à gravir la colline. Quand je fus tout en haut, je me retournai pour regarder une fois encore les lieux où vivait Clarimonde. L'ombre d'un nuage couvrait entièrement la ville ; ses toits bleus et rouges étaient confondus
325 dans une demi-teinte générale, où surnageaient çà et là, comme de blancs flocons d'écume, les fumées du matin. Par un singulier effet d'optique, se dessinait, blond et doré sous un rayon unique de lumière, un édifice qui surpassait en hauteur les constructions voisines, complètement noyées dans la vapeur ; quoiqu'il fût à plus d'une
330 lieue, il paraissait tout proche. On en distinguait les moindres détails, les tourelles, les plates-formes, les croisées et jusqu'aux girouettes en queue d'aronde[1].

« Quel est donc ce palais que je vois tout là-bas éclairé d'un rayon du soleil ? », demandai-je à Sérapion. Il mit sa main au-dessus de ses
335 yeux, et, ayant regardé, il me répondit : « C'est l'ancien palais que le prince Concini a donné à la courtisane Clarimonde ; il s'y passe d'épouvantables choses. »

En ce moment, je ne sais encore si c'est une réalité ou une illusion, je crus voir y glisser sur la terrasse une forme svelte et blanche qui
340 étincela une seconde et s'éteignit. C'était Clarimonde !

---

1. Aronde : ancien nom de l'hirondelle.

Oh! Savait-elle qu'à cette heure, du haut de cet âpre chemin qui m'éloignait d'elle, et que je ne devais plus redescendre, ardent et inquiet, je couvais de l'œil le palais qu'elle habitait, et qu'un jeu dérisoire de lumière semblait rapprocher de moi, comme pour m'in-
345 viter à y entrer en maître? Sans doute, elle le savait, car son âme était trop sympathiquement liée à la mienne pour n'en point ressentir les moindres ébranlements, et c'était ce sentiment qui l'avait poussée, encore enveloppée de ses voiles de nuit, à monter sur le haut de la terrasse, dans la glaciale rosée du matin.

350 L'ombre gagna le palais, et ce ne fut plus qu'un océan immobile de toits et de combles où l'on ne distinguait rien qu'une ondulation montueuse. Sérapion toucha sa mule, dont la mienne prit aussitôt l'allure, et un coude du chemin me déroba pour toujours la ville de S..., car je n'y devais pas revenir. Au bout de trois journées de route
355 par des campagnes assez tristes, nous vîmes poindre à travers les arbres le coq du clocher de l'église que je devais desservir; et, après avoir suivi quelques rues tortueuses, bordées de chaumières[1] et de courtils[2], nous nous trouvâmes devant la façade, qui n'était pas d'une grande magnificence. Un porche orné de quelques nervures et de
360 deux ou trois piliers de grès grossièrement taillés, un toit en tuiles et des contreforts du même grès que les piliers, c'était tout: à gauche le cimetière tout plein de hautes herbes, avec une grande croix de fer au milieu; à droite et dans l'ombre de l'église, le presbytère. C'était une maison d'une simplicité extrême et d'une propreté aride. Nous
365 entrâmes; quelques poules picotaient sur la terre de rares grains d'avoine; accoutumées apparemment à l'habit noir des ecclésiastiques, elles ne s'effarouchèrent point de notre présence et se dérangèrent à peine pour nous laisser passer. Un aboi éraillé et enroué se fit entendre, et nous vîmes accourir un vieux chien.

370 C'était le chien de mon prédécesseur. Il avait l'œil terne, le poil gris et tous les symptômes de la plus haute vieillesse où puisse atteindre un chien. Je le flattai doucement de la main, et il se mit aussitôt à marcher à côté de moi avec un air de satisfaction inexprimable. Une

---

1. Chaumières: maisons rustiques couvertes de chaume (paille).
2. Courtils: petits jardins attenants à des maisons de paysan.

femme assez âgée, et qui avait été la gouvernante de l'ancien curé, vint
375 aussi à notre rencontre, et, après m'avoir fait entrer dans une salle
basse, me demanda si mon intention était de la garder. Je lui répondis
que je la garderais, elle et le chien, et aussi les poules, et tout le mobi-
lier que son maître lui avait laissé à sa mort, ce qui la fit entrer dans
un transport de joie, l'abbé Sérapion lui ayant donné sur-le-champ le
380 prix qu'elle en voulait.

Mon installation faite, l'abbé Sérapion retourna au séminaire. Je
demeurai donc seul et sans autre appui que moi-même. La pensée de
Clarimonde recommença à m'obséder, et, quelque effort que je fisse
pour la chasser, je n'y parvenais pas toujours. Un soir, en me prome-
385 nant dans les allées bordées de buis de mon petit jardin, il me sembla
voir à travers la charmille[1] une forme de femme qui suivait tous mes
mouvements, et entre les feuilles étinceler les deux prunelles vert de
mer ; mais ce n'était qu'une illusion, et, ayant passé de l'autre côté
de l'allée, je n'y trouvai rien qu'une trace de pied sur le sable, si petit
390 qu'on eût dit un pied d'enfant. Le jardin était entouré de murailles
très hautes ; j'en visitai tous les coins et recoins, il n'y avait personne.
Je n'ai jamais pu m'expliquer cette circonstance qui, du reste, n'était
rien à côté des étranges choses qui me devaient arriver. Je vivais ainsi
depuis un an, remplissant avec exactitude tous les devoirs de mon
395 état, priant, jeûnant, exhortant[2] et secourant les malades, faisant l'aumône[3] jusqu'à me retrancher les nécessités les plus indispensables.
Mais je sentais au dedans de moi une aridité extrême, et les sources de
la grâce m'étaient fermées. Je ne jouissais pas de ce bonheur que donne
l'accomplissement d'une sainte mission ; mon idée était ailleurs, et les
400 paroles de Clarimonde me revenaient souvent sur les lèvres comme
une espèce de refrain involontaire. Ô frère, méditez bien ceci ! Pour
avoir levé une seule fois le regard sur une femme, pour une faute en
apparence si légère, j'ai éprouvé pendant plusieurs années les plus
misérables agitations : ma vie a été troublée à tout jamais.
405 Je ne vous retiendrai pas plus longtemps sur ces défaites et sur ces
victoires intérieures toujours suivies de rechutes plus profondes, et

---

1. Charmille : mur de verdure.
2. Exhortant : donnant du courage, de la confiance.
3. Aumône : don aux pauvres.

je passerai sur-le-champ à une circonstance décisive. Une nuit, l'on
sonna violemment à ma porte. La vieille gouvernante alla ouvrir, et
un homme au teint cuivré et richement vêtu, mais selon une mode
410 étrangère, avec un long poignard, se dessina sous les rayons de la
lanterne de Barbara. Son premier mouvement fut la frayeur ; mais
l'homme la rassura, et lui dit qu'il avait besoin de me voir sur-
le-champ pour quelque chose qui concernait mon ministère. Barbara
le fit monter. J'allais me mettre au lit. L'homme me dit que sa maî-
415 tresse, une très grande dame, était à l'article de la mort et désirait un
prêtre. Je répondis que j'étais prêt à le suivre ; je pris avec moi ce qu'il
fallait pour l'extrême-onction[1] et je descendis en toute hâte. À la porte
piaffaient d'impatience deux chevaux noirs comme la nuit et souf-
flant sur leur poitrail deux longs flots de fumée. Il me tint l'étrier et
420 m'aida à monter sur l'un, puis il sauta sur l'autre en appuyant seulement une main sur le pommeau de la selle. Il serra les genoux et lâcha
les guides à son cheval qui partit comme la flèche. Le mien, dont il
tenait la bride, prit aussi le galop et se maintint dans une égalité parfaite. Nous dévorions le chemin ; la terre filait sous nous, grise et rayée,
425 et les silhouettes noires des arbres s'enfuyaient comme une armée en
déroute. Nous traversâmes une forêt d'un sombre si opaque et si glacial que je me sentis courir sur la peau un frisson de superstitieuse terreur. Les aigrettes d'étincelles que les fers de nos chevaux arrachaient
aux cailloux laissaient sur notre passage comme une traînée de feu, et
430 si quelqu'un, à cette heure de nuit, nous eût vus, mon conducteur et
moi, il nous eût pris pour deux spectres à cheval sur le cauchemar. Des
feux follets traversaient de temps en temps le chemin, et les choucas[2]
piaulaient piteusement dans l'épaisseur du bois où brillaient de loin
en loin les yeux phosphoriques de quelques chats sauvages. La crinière
435 des chevaux s'échevelait de plus en plus, la sueur ruisselait sur leurs
flancs, et leur haleine sortait bruyante et pressée de leurs narines. Mais,
quand il les voyait faiblir, l'écuyer pour les ranimer poussait un cri gut-
tural qui n'avait rien d'humain, et la course recommençait avec furie.
Enfin le tourbillon s'arrêta ; une masse noire piquée de quelques points

---

1. Extrême-onction : dernier sacrement administré aux mourants.
2. Choucas : petites corneilles.

440 brillants se dressa subitement devant nous ; les pas de nos montures
sonnèrent plus bruyants sur un plancher ferré, et nous entrâmes sous
une voûte qui ouvrait sa gueule sombre entre deux énormes tours.
Une grande agitation régnait dans le château ; des domestiques avec
des torches à la main traversaient les cours en tous sens, et des lumières
445 montaient et descendaient de palier en palier. J'entrevis confusément
d'immenses architectures, des colonnes, des arcades, des perrons et des
rampes, un luxe de construction tout à fait royal et féerique. Un page
nègre, le même qui m'avait donné les tablettes de Clarimonde et que je
reconnus à l'instant, me vint aider à descendre, et un majordome, vêtu
450 de velours noir avec une chaîne d'or au col et une canne d'ivoire à la
main, s'avança au-devant de moi. De grosses larmes débordaient de ses
yeux et coulaient le long de ses joues sur sa barbe blanche. « Trop tard !
fit-il en hochant la tête, trop tard ! seigneur prêtre ; mais, si vous n'avez
pu sauver l'âme, venez veiller le pauvre corps. » Il me prit par le bras et
455 me conduisit à la salle funèbre ; je pleurais aussi fort que lui, car j'avais
compris que la morte n'était autre que cette Clarimonde tant et si fol-
lement aimée. Un prie-Dieu[1] était disposé à côté du lit ; une flamme
bleuâtre voltigeant sur une patère de bronze jetait par toute la chambre
un jour faible et douteux, et çà et là faisait papilloter dans l'ombre
460 quelque arête saillante de meuble ou de corniche. Sur la table, dans
une urne ciselée, trempait une rose blanche fanée, dont les feuilles, à
l'exception d'une seule qui tenait encore, étaient toutes tombées au
pied du vase comme des larmes odorantes ; un masque noir brisé,
un éventail, des déguisements de toute espèce, traînaient sur les fau-
465 teuils et faisaient voir que la mort était arrivée dans cette somptueuse
demeure à l'improviste et sans se faire annoncer. Je m'agenouillai sans
oser jeter les yeux sur le lit, et je me mis à réciter les psaumes[2] avec une
grande ferveur, remerciant Dieu qu'il eût mis la tombe entre l'idée de
cette femme et moi, pour que je pusse ajouter à mes prières son nom
470 désormais sanctifié. Mais peu à peu cet élan se ralentit, et je tombai en
rêverie. Cette chambre n'avait rien d'une chambre de mort. Au lieu de
l'air fétide et cadavéreux que j'étais accoutumé à respirer en ces veilles

---

1. Prie-Dieu : petit pupitre servant à s'agenouiller pour prier.
2. Psaumes : chants d'actions de grâce louangeant Dieu.

funèbres, une langoureuse fumée d'essences orientales, je ne sais quelle
amoureuse odeur de femme, nageait doucement dans l'air attiédi. Cette
475 pâle lueur avait plutôt l'air d'un demi-jour ménagé pour la volupté que
de la veilleuse au reflet jaune qui tremblote près des cadavres. Je songeais
au singulier hasard qui m'avait fait retrouver Clarimonde au moment
où je la perdais pour toujours, et un soupir de regret s'échappa de ma
poitrine. Il me sembla qu'on avait soupiré aussi derrière moi, et je me
480 retournai involontairement. C'était l'écho. Dans ce mouvement, mes
yeux tombèrent sur le lit de parade[1] qu'ils avaient jusqu'alors évité. Les
rideaux de damas[2] rouge à grandes fleurs, relevés par des torsades d'or,
laissaient voir la morte couchée tout de son long et les mains jointes
sur la poitrine. Elle était couverte d'un voile de lin d'une blancheur
485 éblouissante, que le pourpre sombre de la tenture faisait encore mieux
ressortir, et d'une telle finesse qu'il ne dérobait en rien la forme charmante de son corps et permettait de suivre ces belles lignes onduleuses
comme le cou d'un cygne que la mort même n'avait pu raidir. On eût
dit une statue d'albâtre, faite par quelque sculpteur habile pour mettre
490 sur un tombeau de reine, ou encore une jeune fille endormie sur qui
il aurait neigé.

Je ne pouvais plus y tenir ; cet air d'alcôve m'enivrait, cette fébrile
senteur de rose à demi fanée me montait au cerveau, et je marchais
à grands pas dans la chambre, m'arrêtant à chaque tour devant
495 l'estrade[3] pour considérer la gracieuse trépassée sous la transparence
de son linceul. D'étranges pensées me traversaient l'esprit ; je me figu-
rais qu'elle n'était point morte réellement, et que ce n'était qu'une
feinte qu'elle avait employée pour m'attirer dans son château et me
conter son amour. Un instant même, je crus avoir vu bouger son pied
500 dans la blancheur des voiles et se déranger les plis droits du suaire.

Et puis, je me disais : « Est-ce bien Clarimonde ? Quelle preuve en
ai-je ? Ce page noir ne peut-il être passé au service d'une autre femme ?
Je suis bien fou de me désoler et de m'agiter ainsi. » Mais mon cœur

---

1. Lit de parade : lit élevé sur lequel on exposait le corps des personnes de grande distinction.
   Étrangement, cette même expression servait à désigner le lit où la nouvelle mariée recevait
   ses connaissances quelques jours après les noces (Littré).

2. Damas : étoffe de soie fabriquée à Damas, en Syrie.

3. Estrade : plancher surélevé sur lequel on plaçait le lit dans les riches demeures.

me répondit avec un battement : « C'est bien elle, c'est bien elle. »
505 Je me rapprochai du lit, et je regardai avec un redoublement d'attention l'objet de mon incertitude. Vous l'avouerai-je ? Cette perfection de
formes, quoique purifiée et sanctifiée par l'ombre de la mort, me trou-
blait plus voluptueusement qu'il n'aurait fallu, et ce repos ressemblait
tant à un sommeil que l'on s'y serait trompé. J'oubliais que j'étais venu
510 là pour un office funèbre, et je m'imaginais que j'étais un jeune époux
entrant dans la chambre de la fiancée qui cache sa figure par pudeur
et qui ne se veut point laisser voir. Navré de douleur, éperdu de joie,
frissonnant de crainte et de plaisir, je me penchai vers elle et je pris le
coin du drap ; je le soulevai lentement en retenant mon souffle de peur
515 de l'éveiller. Mes artères palpitaient avec une telle force que je les sentais siffler dans mes tempes, et mon front ruisselait de sueur comme
si j'eusse remué une dalle de marbre. C'était en effet la Clarimonde
telle que je l'avais vue à l'église lors de mon ordination ; elle était aussi
charmante, et la mort chez elle semblait une coquetterie de plus. La
520 pâleur de ses joues, le rose moins vif de ses lèvres, ses longs cils baissés
et découpant leur frange brune sur cette blancheur lui donnaient une
expression de chasteté mélancolique et de souffrance pensive d'une
puissance de séduction inexprimable ; ses longs cheveux dénoués, où
se trouvaient encore mêlées quelques petites fleurs bleues, faisaient
525 un oreiller à sa tête et protégeaient de leurs boucles la nudité de ses
épaules ; ses belles mains, plus pures, plus diaphanes que des hosties,
étaient croisées dans une attitude de pieux repos et de tacite prière,
qui corrigeait ce qu'auraient pu avoir de trop séduisants, même dans
la mort, l'exquise rondeur et le poli d'ivoire de ses bras nus dont on
530 n'avait pas ôté les bracelets de perles. Je restai longtemps absorbé dans
une muette contemplation et, plus je la regardais, moins je pouvais
croire que la vie avait pour toujours abandonné ce beau corps. Je ne
sais si cela était une illusion ou un reflet de la lampe, mais on eût dit
que le sang recommençait à circuler sous cette mate pâleur ; cependant
535 elle était toujours de la plus parfaite immobilité. Je touchai légèrement
son bras ; il était froid, mais pas plus froid pourtant que sa main, le
jour qu'elle avait effleuré la mienne sous le portail de l'église. Je repris
ma position, penchant ma figure sur la sienne et laissant pleuvoir sur
ses joues la tiède rosée de mes larmes. Ah ! Quel sentiment amer de

540 désespoir et d'impuissance! Quelle agonie que cette veille! J'aurais voulu pouvoir ramasser ma vie en un monceau[1] pour la lui donner et souffler sur sa dépouille glacée la flamme qui me dévorait. La nuit s'avançait, et, sentant approcher le moment de la séparation éternelle, je ne pus me refuser cette triste et suprême douceur de déposer un
545 baiser sur les lèvres mortes de celle qui avait eu tout mon amour. Ô prodige! Un léger souffle se mêla à mon souffle, et la bouche de Clarimonde répondit à la pression de la mienne: ses yeux s'ouvrirent et reprirent un peu d'éclat, elle fit un soupir, et, décroisant ses bras, elle les passa derrière mon cou avec un air de ravissement ineffable. (Ah!
550 C'est toi, Romuald, dit-elle d'une voix languissante et douce comme les dernières vibrations d'une harpe; que fais-tu donc? Je t'ai attendu si longtemps que je suis morte; mais maintenant nous sommes fiancés, je pourrai te voir et aller chez toi. Adieu, Romuald, adieu! Je t'aime; c'est tout ce que je voulais te dire, et je te rends la vie que tu as rappelée
555 sur moi une minute avec ton baiser; à bientôt.»

ILLUSTRATION DE PAUL-ALBERT LAURENS, TIRÉE D'UNE ÉDITION DE 1904 DE *LA MORTE AMOUREUSE*.

Sa tête retomba en arrière, mais elle m'entourait toujours de ses bras comme pour me retenir. Un tourbillon de vent furieux défonça

---

1. Monceau: amas formant un petit mont.

la fenêtre et entra dans la chambre ; la dernière feuille de la rose blanche palpita quelque temps comme une aile au bout de la tige, 560 puis elle se détacha et s'envola par la croisée ouverte, emportant avec elle l'âme de Clarimonde. La lampe s'éteignit et je tombai évanoui sur le sein de la belle morte.

Quand je revins à moi, j'étais couché sur mon lit, dans ma petite chambre du presbytère, et le vieux chien de l'ancien curé léchait 565 ma main allongée hors de la couverture. Barbara s'agitait dans la chambre avec un tremblement sénile, ouvrant et fermant des tiroirs, ou remuant des poudres dans des verres. En me voyant ouvrir les yeux, la vieille poussa un cri de joie, le chien jappa et frétilla de la queue ; mais j'étais si faible que je ne pus prononcer une seule parole 570 ni faire aucun mouvement. J'ai su depuis que j'étais resté trois jours ainsi, ne donnant d'autre signe d'existence qu'une respiration presque insensible. Ces trois jours ne comptent pas dans ma vie, et je ne sais où mon esprit était allé, pendant tout ce temps ; je n'en ai gardé aucun souvenir. Barbara m'a conté que le même homme 575 au teint cuivré, qui m'était venu chercher pendant la nuit, m'avait ramené le matin dans une litière fermée et s'en était retourné aussitôt. Dès que je pus rappeler mes idées, je repassai en moi-même toutes les circonstances de cette nuit fatale. D'abord je pensai que j'avais été le jouet d'une illusion magique, mais des circonstances réelles et 580 palpables détruisirent bientôt cette supposition. Je ne pouvais croire que j'avais rêvé, puisque Barbara avait vu comme moi l'homme aux deux chevaux noirs et qu'elle en décrivait l'ajustement et la tournure avec exactitude. Cependant personne ne connaissait dans les environs un château auquel s'appliquât la description du château où j'avais 585 retrouvé Clarimonde.

Un matin, je vis entrer l'abbé Sérapion. Barbara lui avait mandé que j'étais malade, et il était accouru en toute hâte. Quoique cet empressement démontrât de l'affection et de l'intérêt pour ma personne, sa visite ne me fit pas le plaisir qu'elle m'aurait dû faire. 590 L'abbé Sérapion avait dans le regard quelque chose de pénétrant et d'inquisiteur qui me gênait. Je me sentais embarrassé et coupable devant lui. Le premier, il avait découvert mon trouble intérieur, et je lui en voulais de sa clairvoyance.

Tout en me demandant des nouvelles de ma santé d'un ton hypo-
595 critement mielleux, il fixait sur moi ses deux jaunes prunelles de lion
et plongeait comme une sonde ses regards dans mon âme. Puis il me
fit quelques questions sur la manière dont je dirigeais ma cure, si je
m'y plaisais, à quoi je passais le temps que mon ministère me laissait libre, si j'avais fait quelques connaissances parmi les habitants
600 du lieu, quelles étaient mes lectures favorites et mille autres détails
semblables. Je répondais à tout cela le plus brièvement possible, et
lui-même, sans attendre que j'eusse achevé, passait à autre chose.
Cette conversation n'avait évidemment aucun rapport avec ce qu'il
voulait dire. Puis, sans préparation aucune, et comme une nouvelle
605 dont il se souvenait à l'instant et qu'il eût craint d'oublier ensuite, il
me dit d'une voix claire et vibrante qui résonna à mon oreille comme
les trompettes du jugement dernier[1] :

« La grande courtisane Clarimonde est morte dernièrement, à la
suite d'une orgie qui a duré huit jours et huit nuits. Ç'a été quelque
610 chose d'infernalement splendide. On a renouvelé là les abominations
des festins de Balthazar[2] et de Cléopâtre[3]. Dans quel siècle vivons-
nous, bon Dieu ! Les convives étaient servis par des esclaves basanés
parlant un langage inconnu, et qui m'ont tout l'air de vrais démons ;
la livrée du moindre d'entre eux eût pu servir d'habit de gala à un
615 empereur. Il a couru de tout temps sur cette Clarimonde de bien
étranges histoires, et tous ses amants ont fini d'une manière misérable ou violente. On a dit que c'était une goule, un vampire femelle ;
mais je crois que c'était Belzébuth[4] en personne. »

Il se tut et m'observa plus attentivement que jamais, pour voir
620 l'effet que ses paroles avaient produit sur moi. Je n'avais pu me
défendre d'un mouvement en entendant nommer Clarimonde, et

---

1. Allusion aux anges sonnant de la trompette dans le récit de l'Apocalypse, écrit par saint Jean
   (Nouveau Testament).
2. Balthazar : le Livre de Daniel, dans l'Ancien Testament, évoque le festin de Balthazar, roi de
   Babylone au vi[e] siècle av. J.-C. Il aurait pris, avec ses convives, des coupes sacrées du temple
   de Jérusalem pour boire du vin : un sacrilège pour Dieu.
3. Cléopâtre VII (69-30 av. J.-C.) : reine d'Égypte, maîtresse des empereurs romains Jules César
   et Marc Antoine.
4. Belzébuth : dieu païen dans l'Ancien Testament. Il devient le prince des démons dans
   le Nouveau Testament.

cette nouvelle de sa mort, outre la douleur qu'elle me causait par son étrange coïncidence avec la scène nocturne dont j'avais été témoin, me jeta dans un trouble et un effroi qui parurent sur ma figure, quoi
625 que je fisse pour m'en rendre maître. Sérapion me jeta un coup d'œil inquiet et sévère ; puis il me dit : « Mon fils, je dois vous en avertir, vous avez le pied levé sur un abîme, prenez garde d'y tomber. Satan a la griffe longue, et les tombeaux ne sont pas toujours fidèles. La pierre de Clarimonde devrait être scellée d'un triple sceau ; car ce n'est pas,
630 à ce qu'on dit, la première fois qu'elle est morte. Que Dieu veille sur vous, Romuald ! »

Après avoir dit ces mots, Sérapion regagna la porte à pas lents, et je ne le revis plus, car il partit pour S*** presque aussitôt.

J'étais entièrement rétabli, et j'avais repris mes fonctions habi-
635 tuelles. Le souvenir de Clarimonde et les paroles du vieil abbé étaient toujours présents à mon esprit ; cependant aucun événement extra-ordinaire n'était venu confirmer les prévisions funèbres de Sérapion, et je commençais à croire que ses craintes et mes terreurs étaient trop exagérées ; mais une nuit, je fis un rêve. J'avais à peine bu les pre-
640 mières gorgées du sommeil, que j'entendis ouvrir les rideaux de mon lit et glisser les anneaux sur les tringles avec un bruit éclatant ; je me soulevai brusquement sur le coude, et je vis une ombre de femme qui se tenait debout devant moi. Je reconnus sur-le-champ Clarimonde. Elle portait à la main une petite lampe de la forme de celles qu'on
645 met dans les tombeaux, dont la lueur donnait à ses doigts effilés une transparence rose qui se prolongeait par une dégradation insensible jusque dans la blancheur opaque et laiteuse de son bras nu. Elle avait pour tout vêtement le suaire de lin qui la recouvrait sur son lit de parade, dont elle retenait les plis sur sa poitrine, comme honteuse
650 d'être si peu vêtue, mais sa petite main n'y suffisait pas. Elle était si blanche, que la couleur de la draperie se confondait avec celle des chairs sous le pâle rayon de la lampe. Enveloppée de ce fin tissu qui trahissait tous les contours de son corps, elle ressemblait à une statue de marbre de baigneuse antique plutôt qu'à une femme douée de vie.
655 Morte ou vivante, statue ou femme, ombre ou corps, sa beauté était toujours la même ; seulement l'éclat vert de ses prunelles était un peu amorti, et sa bouche, si vermeille autrefois, n'était plus teintée que

d'un rose faible et tendre, presque semblable à celui de ses joues. Les petites fleurs bleues que j'avais remarquées dans ses cheveux étaient
660 tout à fait sèches et avaient presque perdu toutes leurs feuilles ; ce qui ne l'empêchait pas d'être charmante, si charmante que, malgré la singularité de l'aventure et la façon inexplicable dont elle était entrée dans la chambre, je n'eus pas un instant de frayeur.

Elle posa la lampe sur la table et s'assit sur le pied de mon lit,
665 puis elle me dit en se penchant vers moi avec cette voix argentine et veloutée à la fois que je n'ai connue qu'à elle :

« Je me suis bien fait attendre, mon cher Romuald, et tu as dû croire que je t'avais oublié. Mais je viens de bien loin, et d'un endroit d'où personne n'est encore revenu : il n'y a ni lune ni soleil au pays
670 d'où j'arrive ; ce n'est que de l'espace et de l'ombre ; ni chemin, ni sentier ; point de terre pour le pied, point d'air pour l'aile ; et pourtant me voici, car l'amour est plus fort que la mort[1], et il finira par la vaincre. Ah ! Que de faces mornes et de choses terribles j'ai vues dans mon voyage ! Que de peine mon âme, rentrée dans ce monde
675 par la puissance de la volonté, a eue pour retrouver son corps et s'y réinstaller ! Que d'efforts il m'a fallu faire avant de lever la dalle dont on m'avait couverte ! Tiens ! Le dedans de mes pauvres mains en est tout meurtri. Baise-les pour les guérir, cher amour ! » Elle m'appliqua l'une après l'autre les paumes froides de ses mains sur la bouche, je les
680 baisai en effet plusieurs fois, et elle me regardait faire avec un sourire d'ineffable complaisance.

Je l'avoue à ma honte, j'avais totalement oublié les avis de l'abbé Sérapion et le caractère dont j'étais revêtu. J'étais tombé sans résistance et au premier assaut. Je n'avais pas même essayé de repousser le
685 tentateur ; la fraîcheur de la peau de Clarimonde pénétrait la mienne, et je me sentais courir sur le corps de voluptueux frissons. La pauvre enfant ! Malgré tout ce que j'en ai vu, j'ai peine à croire encore que ce fût un démon ; du moins elle n'en avait pas l'air, et jamais Satan n'a mieux caché ses griffes et ses cornes. Elle avait reployé ses talons sous
690 elle et se tenait accroupie sur le bord de la couchette, dans une position pleine de coquetterie nonchalante. De temps en temps elle passait sa

---

1. Peut-être une allusion au Cantique des cantiques (8,6) dans l'Ancien Testament.

petite main à travers mes cheveux et les roulait en boucles comme pour essayer à mon visage de nouvelles coiffures. Je me laissais faire avec la plus coupable complaisance, et elle accompagnait tout cela du plus
695 charmant babil. Une chose remarquable, c'est que je n'éprouvais aucun étonnement d'une aventure aussi extraordinaire, et, avec cette facilité que l'on a dans la vision d'admettre comme fort simples les événements les plus bizarres, je ne voyais rien là que de parfaitement naturel.

« Je t'aimais bien longtemps avant de t'avoir vu, mon cher
700 Romuald, et je te cherchais partout. Tu étais mon rêve, et je t'ai aperçu dans l'église au fatal moment ; j'ai dit tout de suite " C'est lui ! " Je te jetai un regard où je mis tout l'amour que j'avais eu, que j'avais et que je devais avoir pour toi ; un regard à damner un cardinal[1], à faire agenouiller un roi à mes pieds devant toute sa cour. Tu restas impassible
705 et tu me préféras ton Dieu. »

« Ah ! Que je suis jalouse de Dieu, que tu as aimé et que tu aimes encore plus que moi ! Malheureuse, malheureuse que je suis ! Je n'aurai jamais ton cœur à moi toute seule, moi que tu as ressuscitée d'un baiser, Clarimonde la morte, qui force à cause de toi les portes
710 du tombeau et qui vient te consacrer une vie qu'elle n'a reprise que pour te rendre heureux ! »

Toutes ces paroles étaient entrecoupées de caresses délirantes qui étourdirent mes sens et ma raison au point que je ne craignis point pour la consoler de proférer un effroyable blasphème et de lui dire
715 que je l'aimais autant que Dieu.

Ses prunelles se ravivèrent et brillèrent comme des chrysoprases[2]. « Vrai ! bien vrai ! autant que Dieu ! dit-elle en m'enlaçant dans ses beaux bras. Puisque c'est ainsi, tu viendras avec moi, tu me suivras où je voudrai. Tu laisseras tes vilains habits noirs. Tu seras le plus fier et
720 le plus envié des cavaliers, tu seras mon amant. Être l'amant avoué de Clarimonde, qui a refusé un pape, c'est beau, cela ! Ah ! la bonne vie bien heureuse, la belle existence dorée que nous mènerons ! Quand partons-nous, mon gentilhomme ?

— Demain ! Demain ! m'écriai-je dans mon délire.

---

1. Cardinal : après le pape, plus haut degré dans la hiérarchie ecclésiastique.
2. Chrysoprases : variétés d'agate d'un vert blanchâtre.

725 — Demain, soit! reprit-elle. J'aurai le temps de changer de toilette, car celle-ci est un peu succincte et ne vaut rien pour le voyage.
Il faut aussi que j'aille avertir mes gens qui me croient sérieusement
morte et qui se désolent tant qu'ils peuvent. L'argent, les habits, les
voitures, tout sera prêt; je te viendrai prendre à cette heure-ci. Adieu,
730 cher cœur.» Et elle effleura mon front du bout de ses lèvres. La lampe
s'éteignit, les rideaux se refermèrent, et je ne vis plus rien; un sommeil de plomb, un sommeil sans rêve s'appesantit sur moi et me tint
engourdi jusqu'au lendemain matin. Je me réveillai plus tard que
de coutume, et le souvenir de cette singulière vision m'agita toute
735 la journée; je finis par me persuader que c'était une pure vapeur de
mon imagination échauffée. Cependant les sensations avaient été si
vives qu'il était difficile de croire qu'elles n'étaient pas réelles, et ce
ne fut pas sans quelque appréhension de ce qui allait arriver que je
me mis au lit, après avoir prié Dieu d'éloigner de moi les mauvaises
740 pensées et de protéger la chasteté de mon sommeil.

Je m'endormis bientôt profondément, et mon rêve se continua.
Les rideaux s'écartèrent, et je vis Clarimonde, non pas, comme la
première fois, pâle dans son pâle suaire et les violettes de la mort[1]
sur les joues, mais gaie, leste et pimpante, avec un superbe habit
745 de voyage en velours vert orné de ganses[2] d'or et retroussé sur le
côté pour laisser voir une jupe de satin. Ses cheveux blonds s'échap-
paient en grosses boucles de dessous un large chapeau de feutre noir,
chargé de plumes blanches capricieusement contournées; elle tenait
à la main une petite cravache terminée par un sifflet d'or. Elle m'en
750 toucha légèrement et me dit: «Eh bien! beau dormeur, est-ce ainsi
que vous faites vos préparatifs? Je comptais vous trouver debout.
Levez-vous bien vite, nous n'avons pas de temps à perdre.» Je sautai
à bas du lit.

«Allons, habillez-vous et partons, dit-elle en me montrant du
755 doigt un petit paquet qu'elle avait apporté; les chevaux s'ennuient
et rongent leur frein à la porte. Nous devrions déjà être à dix lieues
d'ici.»

---

1. Violettes de la mort: contrairement au teint de rose qui symbolise la vie, la violette est associée
à la teinte livide de la mort, entre le bleu et le violet.
2. Ganses: petits cordons qui servent de boutonnières.

Je m'habillai en hâte, et elle me tendait elle-même les pièces du vêtement, en riant aux éclats de ma gaucherie et en m'indiquant leur usage quand je me trompais. Elle donna du tour à mes cheveux, et, quand ce fut fait, elle me tendit un petit miroir de poche en cristal de Venise, bordé d'un filigrane d'argent, et me dit : « Comment te trouves-tu ? Veux-tu me prendre à ton service comme valet de chambre ? »

Je n'étais plus le même, et je ne me reconnus pas. Je ne me ressemblais pas plus qu'une statue achevée ne ressemble à un bloc de pierre. Mon ancienne figure avait l'air de n'être que l'ébauche grossière de celle que réfléchissait le miroir. J'étais beau, et ma vanité fut sensiblement chatouillée de cette métamorphose. Ces élégants habits, cette riche veste brodée faisaient de moi un tout autre personnage, et j'admirai la puissance de quelques aunes[1] d'étoffe taillées d'une certaine manière. L'esprit de mon costume me pénétrait la peau et, au bout de dix minutes, j'étais passablement fat[2].

Je fis quelques tours par la chambre pour me donner de l'aisance. Clarimonde me regardait d'un air de complaisance maternelle et paraissait très contente de son œuvre. « Voilà bien assez d'enfantillage, en route, mon cher Romuald ! Nous allons loin et nous n'arriverons pas. » Elle me prit la main et m'entraîna. Toutes les portes s'ouvraient devant elle aussitôt qu'elle les touchait, et nous passâmes devant le chien sans l'éveiller.

À la porte, nous trouvâmes Margheritone ; c'était l'écuyer qui m'avait déjà conduit ; il tenait en bride trois chevaux noirs comme les premiers, un pour moi, un pour lui, un pour Clarimonde. Il fallait que ces chevaux fussent des genets d'Espagne, nés de juments fécondées par le Zéphyr[3] ; car ils allaient aussi vite que le vent, et la lune, qui s'était levée à notre départ pour nous éclairer, roulait dans le ciel comme une roue détachée de son char ; nous la voyions à notre droite sauter d'arbre en arbre et s'essouffler pour courir après nous. Nous arrivâmes bientôt dans une plaine où, auprès d'un bouquet

---

1. Aunes : plusieurs mètres de ce tissu. Une aune correspond à environ 1,2 mètre.
2. Fat : terme péjoratif désignant un bel homme fier de sa personne.
3. Zéphyr : dans la mythologie grecque, il personnifie le vent d'ouest. Selon la légende, il est le père des superbes chevaux qui seront offerts au héros Achille.

790 d'arbres, nous attendait une voiture attelée de quatre vigoureuses
bêtes ; nous y montâmes, et les postillons[1] leur firent prendre un
galop insensé. J'avais un bras passé derrière la taille de Clarimonde
et une de ses mains ployée dans la mienne ; elle appuyait sa tête à
mon épaule, et je sentais sa gorge demi-nue frôler mon bras. Jamais
795 je n'avais éprouvé un bonheur aussi vif. J'avais oublié tout en ce
moment-là, et je ne me souvenais pas plus d'avoir été prêtre que de
ce que j'avais fait dans le sein de ma mère tant était grande la fascination que l'esprit malin exerçait sur moi. À dater de cette nuit,
ma nature s'est en quelque sorte dédoublée, et il y eut en moi deux
800 hommes dont l'un ne connaissait pas l'autre. Tantôt je me croyais
un prêtre qui rêvait chaque soir qu'il était gentilhomme, tantôt un
gentilhomme qui rêvait qu'il était prêtre. Je ne pouvais plus distinguer le songe de la veille, et je ne savais pas où commençait la réalité
et où finissait l'illusion. Le jeune seigneur fat et libertin se raillait
805 du prêtre, le prêtre détestait les dissolutions du jeune seigneur. Deux
spirales enchevêtrées l'une dans l'autre et confondues sans se toucher
jamais représentent très bien cette vie bicéphale[2] qui fut la mienne.
Malgré l'étrangeté de cette position, je ne crois pas avoir un seul instant touché à la folie. J'ai toujours conservé très nettes les perceptions
810 de mes deux existences. Seulement, il y avait un fait absurde que je
ne pouvais m'expliquer : c'est que le sentiment du même moi existât
dans deux hommes si différents. C'était une anomalie dont je ne me
rendais pas compte, soit que je crusse être le curé du petit village
de ***, ou *il signor Romualdo,* amant en titre de la Clarimonde.

815   Toujours est-il que j'étais ou du moins que je croyais être à Venise ;
je n'ai pu encore bien démêler ce qu'il y avait d'illusion et de réalité
dans cette bizarre aventure. Nous habitions un grand palais de marbre
sur le Canaleio[3], plein de fresques et de statues, avec deux Titien[4]
du meilleur temps dans la chambre à coucher de la Clarimonde,
820 un palais digne d'un roi. Nous avions chacun notre gondole et nos

----

1. Postillons : cochers au service de la poste.

2. Bicéphale : à deux têtes.

3. Canaleio : le Grand Canal à Venise, principale artère de la ville ainsi que la plus somptueuse.

4. Le Titien (1490-1576) : peintre de la Renaissance italienne, renommé pour ses portraits.

barcarolles[1] à notre livrée[2], notre chambre de musique et notre poète. Clarimonde entendait la vie d'une grande manière, et elle avait un peu de Cléopâtre dans sa nature. Quant à moi, je menais un train de fils de prince, et je faisais une poussière comme si j'eusse été de la famille de
825 l'un des douze apôtres ou des quatre évangélistes de la sérénissime république[3]; je ne me serais pas détourné de mon chemin pour laisser passer le doge[4], et je ne crois pas que, depuis Satan qui tomba du ciel, personne ait été plus orgueilleux et plus insolent que moi. J'allais au Ridotto[5], et je jouais un jeu d'enfer. Je voyais la meilleure société du monde, des fils
830 de famille ruinés, des femmes de théâtre, des escrocs, des parasites et des spadassins. Cependant, malgré la dissipation de cette vie, je restai fidèle à la Clarimonde. Je l'aimais éperdument. Elle eût réveillé la satiété même et fixé l'inconstance. Avoir Clarimonde, c'était avoir vingt maîtresses, c'était avoir toutes les femmes, tant elle était mobile, changeante et dis-
835 semblable d'elle-même; un vrai caméléon! Elle vous faisait commettre avec elle l'infidélité que vous eussiez commise avec d'autres, en prenant complètement le caractère, l'allure et le genre de beauté de la femme qui paraissait vous plaire. Elle me rendait mon amour au centuple, et c'est en vain que les jeunes patriciens et même les vieux du conseil des
840 Dix[6] lui firent les plus magnifiques propositions. Un Foscari[7] alla même jusqu'à lui proposer de l'épouser; elle refusa tout. Elle avait assez d'or; elle ne voulait plus que de l'amour, un amour jeune, pur, éveillé par elle et qui devait être le premier et le dernier. J'aurais été parfaitement heureux sans un maudit cauchemar qui revenait toutes les nuits, et où je me
845 croyais un curé de village se macérant[8] et faisant pénitence de mes excès du jour. Rassuré par l'habitude d'être avec elle, je ne songeais presque

---

1. Barcarolles : nom donné aux gondoliers à Venise, en référence à leurs chants.
2. Livrée : uniforme arborant les armoiries d'une maison de renom. Il est porté par les gens à son service.
3. Sérénissime république : Venise était une ville-État qui a été indépendante du xiᵉ au xviiiᵉ siècle.
4. Doge : chef de la république de Venise.
5. Ridotto : authentique casino vénitien (1638-1774).
6. Conseil des Dix : organisme gouvernemental qui devait assurer la sécurité de l'État vénitien.
7. Foscari : ancienne, illustre et riche famille de Venise qui compte parmi ses ancêtres un ancien doge, Francesco Foscari.
8. Se macérant : se mortifiant, c'est-à-dire affliger son corps de coups ou de privations dans le but de le purger de ses péchés.

plus à la façon étrange dont j'avais fait connaissance avec Clarimonde. Cependant, ce qu'en avait dit l'abbé Sérapion me revenait quelquefois en mémoire et ne laissait pas que de me donner de l'inquiétude.

850 Depuis quelque temps, la santé de Clarimonde n'était pas aussi bonne; son teint s'amortissait de jour en jour. Les médecins qu'on fit venir n'entendaient rien à sa maladie, et ils ne savaient qu'y faire. Ils prescrivirent quelques remèdes insignifiants et ne revinrent plus. Cependant, elle pâlissait à vue d'œil et devenait de plus en plus froide.

855 Elle était presque aussi blanche et aussi morte que la fameuse nuit dans le château inconnu. Je me désolais de la voir ainsi lentement dépérir. Elle, touchée de ma douleur, me souriait doucement et tristement avec le sourire fatal des gens qui savent qu'ils vont mourir.

Un matin, j'étais assis auprès de son lit, et je déjeunais sur une petite
860 table pour ne la pas quitter d'une minute. En coupant un fruit, je me fis par hasard au doigt une entaille assez profonde. Le sang partit aussitôt en filets pourpres, et quelques gouttes rejaillirent sur Clarimonde. Ses yeux s'éclairèrent, sa physionomie prit une expression de joie féroce et sauvage que je ne lui avais jamais vue. Elle sauta à bas du lit avec
865 une agilité animale, une agilité de singe ou de chat, et se précipita sur ma blessure qu'elle se mit à sucer avec un air d'indicible volupté. Elle avalait le sang par petites gorgées, lentement et précieusement, comme un gourmet qui savoure un vin de Xérès ou de Syracuse; elle clignait les yeux à demi, et la pupille de ses prunelles vertes était devenue
870 oblongue au lieu de ronde. De temps à autre, elle s'interrompait pour me baiser la main, puis elle recommençait à presser de ses lèvres les lèvres de la plaie pour en faire sortir encore quelques gouttes rouges. Quand elle vit que le sang ne venait plus, elle se releva, l'œil humide et brillant, plus rose qu'une aurore de mai, la figure pleine, la main tiède
875 et moite, enfin plus belle que jamais et dans un état parfait de santé.

« Je ne mourrai pas! Je ne mourrai pas! dit-elle à moitié folle de joie et en se pendant à mon cou; je pourrai t'aimer encore longtemps. Ma vie est dans la tienne, et tout ce qui est moi vient de toi. Quelques gouttes de ton riche et noble sang, plus précieux et plus efficace que
880 tous les élixirs du monde, m'ont rendu l'existence. »

Cette scène me préoccupa longtemps et m'inspira d'étranges doutes à l'endroit de Clarimonde, et le soir même, lorsque le sommeil m'eut ramené à mon presbytère, je vis l'abbé Sérapion plus grave et plus soucieux que jamais. Il me regarda attentivement et me dit : « Non content 885 de perdre votre âme, vous voulez aussi perdre votre corps. Infortuné jeune homme, dans quel piège êtes-vous tombé ! » Le ton dont il me dit ce peu de mots me frappa vivement ; mais, malgré sa vivacité, cette impression fut bientôt dissipée et mille autres soins l'effacèrent de mon esprit. Cependant, un soir, je vis dans ma glace, dont elle n'avait pas 890 calculé la perfide position, Clarimonde qui versait une poudre dans la coupe de vin épicé qu'elle avait coutume de préparer après le repas. Je pris la coupe, je feignis d'y porter mes lèvres, et je la posai sur quelque meuble, comme pour l'achever plus tard à mon loisir, et, profitant d'un instant où la belle avait le dos tourné, j'en jetai le contenu sous la 895 table ; après quoi je me retirai dans ma chambre et je me couchai, bien déterminé à ne pas dormir et à voir ce que tout cela deviendrait. Je n'attendis pas longtemps ; Clarimonde entra en robe de nuit, et, s'étant débarrassée de ses voiles, s'allongea dans le lit auprès de moi. Quand elle se fut bien assurée que je dormais, elle découvrit mon bras et tira 900 une épingle d'or de sa tête ; puis elle se mit à murmurer à voix basse :

« Une goutte, rien qu'une petite goutte rouge, un rubis au bout de mon aiguille !... Puisque tu m'aimes encore, il ne faut pas que je meure... Ah ! pauvre amour ! son beau sang d'une couleur pourpre si éclatante, je vais le boire. Dors, mon seul bien ; dors, mon dieu, mon enfant ; je ne te ferai 905 pas de mal, je ne prendrai de ta vie que ce qu'il faudra pour ne pas laisser éteindre la mienne. Si je ne t'aimais pas tant, je pourrais me résoudre à avoir d'autres amants dont je tarirais les veines ; mais depuis que je te connais, j'ai tout le monde en horreur... Ah ! Le beau bras ! Comme il est rond ! Comme il est blanc ! Je n'oserai jamais piquer cette jolie veine 910 bleue. » Et, tout en disant cela, elle pleurait, et je sentais pleuvoir ses larmes sur mon bras qu'elle tenait entre ses mains. Enfin elle se décida, me fit une petite piqûre avec son aiguille et se mit à pomper le sang qui en coulait. Quoiqu'elle en eût bu à peine quelques gouttes, la crainte de m'épuiser la prenant, elle m'entoura avec soin le bras d'une petite bandelette après 915 avoir frotté la plaie d'un onguent qui la cicatrisa sur-le-champ.

Je ne pouvais plus avoir de doutes, l'abbé Sérapion avait raison. Cependant, malgré cette certitude, je ne pouvais m'empêcher d'aimer Clarimonde, et je lui aurais volontiers donné tout le sang dont elle

avait besoin pour soutenir son existence factice. D'ailleurs, je n'avais pas
920 grand-peur ; la femme me répondait du vampire, et ce que j'avais
entendu et vu me rassurait complètement ; j'avais alors des veines
plantureuses qui ne se seraient pas de sitôt épuisées, et je ne marchan-
dais pas ma vie goutte à goutte. Je me serais ouvert le bras moi-même
et je lui aurais dit : « Bois ! Et que mon amour s'infiltre dans ton corps
925 avec mon sang ! » J'évitais de faire la moindre allusion au narcotique
qu'elle m'avait versé et à la scène de l'aiguille, et nous vivions dans
le plus parfait accord. Pourtant, mes scrupules de prêtre me tourmentaient plus que jamais, et je ne savais quelle macération nouvelle
inventer pour mater et mortifier ma chair. Quoique toutes ces visions
930 fussent involontaires et que je n'y participasse en rien, je n'osais pas
toucher le Christ avec des mains aussi impures et un esprit souillé par
de pareilles débauches réelles ou rêvées. Pour éviter de tomber dans
ces fatigantes hallucinations, j'essayais de m'empêcher de dormir,
je tenais mes paupières ouvertes avec les doigts et je restais debout
935 au long des murs, luttant contre le sommeil de toutes mes forces ;
mais le sable de l'assoupissement me roulait bientôt dans les yeux,
et, voyant que toute lutte était inutile, je laissais tomber les bras de
découragement et de lassitude, et le courant me réentraînait vers les
rives perfides. Sérapion me faisait les plus véhémentes exhortations
940 et me reprochait durement ma mollesse et mon peu de ferveur. Un
jour que j'avais été plus agité qu'à l'ordinaire, il me dit : « Pour vous
débarrasser de cette obsession, il n'y a qu'un moyen, et, quoiqu'il soit
extrême, il le faut employer : aux grands maux les grands remèdes. Je
sais où Clarimonde a été enterrée ; il faut que nous la déterrions et que
945 vous voyiez dans quel état pitoyable est l'objet de votre amour ; vous
ne serez plus tenté de perdre votre âme pour un cadavre immonde,
dévoré des vers et près de tomber en poudre ; cela vous fera assurément rentrer en vous-même. » Pour moi, j'étais si fatigué de cette
double vie que j'acceptai : voulant savoir, une fois pour toutes, qui du
950 prêtre ou du gentilhomme était dupe d'une illusion, j'étais décidé à
tuer au profit de l'un ou de l'autre un des deux hommes qui étaient
en moi ou à les tuer tous deux, car une pareille vie ne pouvait durer.
L'abbé Sérapion se munit d'une pioche, d'un levier et d'une lanterne,
et à minuit nous nous dirigeâmes vers le cimetière de ***, dont il

955 connaissait parfaitement le gisement et la disposition. Après avoir
porté la lumière de la lanterne sourde[1] sur les inscriptions de plusieurs tombeaux, nous arrivâmes enfin à une pierre à moitié cachée
par les grandes herbes et dévorée de mousses et de plantes parasites,
où nous déchiffrâmes ce commencement d'inscription :

960
> *Ici gît Clarimonde*
> *Qui fut de son vivant*
> *La plus belle du monde.*

« C'est bien ici », dit Sérapion, et, posant à terre sa lanterne, il glissa
la pince dans l'interstice de la pierre et commença à la soulever. La
965 pierre céda, et il se mit à l'ouvrage avec la pioche. Moi, je le regardais
faire, plus noir et plus silencieux que la nuit elle-même ; quant à lui,
courbé sur son œuvre funèbre, il ruisselait de sueur, il haletait, et son
souffle pressé avait l'air d'un râle d'agonisant. C'était un spectacle
étrange, et qui nous eût vus du dehors nous eût plutôt pris pour des
970 profanateurs et des voleurs de linceuls que pour des prêtres de Dieu.
Le zèle de Sérapion avait quelque chose de dur et de sauvage qui le
faisait ressembler à un démon plutôt qu'à un apôtre ou à un ange, et
sa figure aux grands traits austères et profondément découpés par le
reflet de la lanterne n'avait rien de très rassurant. Je me sentais perler
975 sur les membres une sueur glaciale, et mes cheveux se redressaient
douloureusement sur ma tête ; je regardais au fond de moi-même
l'action du sévère Sérapion comme un abominable sacrilège, et j'aurais voulu que, du flanc des sombres nuages qui roulaient pesamment
au-dessus de nous, sortît un triangle de feu qui le réduisît en poudre.
980 Les hiboux perchés sur les cyprès, inquiétés par l'éclat de la lanterne,
en venaient fouetter lourdement la vitre avec leurs ailes poussié-
reuses, en jetant des gémissements plaintifs ; les renards glapissaient
dans le lointain, et mille bruits sinistres se dégageaient du silence.
Enfin, la pioche de Sérapion heurta le cercueil dont les planches
985 retentirent avec un bruit sourd et sonore, avec ce terrible bruit que
rend le néant quand on y touche ; il en renversa le couvercle, et
j'aperçus Clarimonde pâle comme un marbre, les mains jointes ; son

---

1. Lanterne sourde : qui permet de voir en éclairant mais sans être vu.

blanc suaire ne faisait qu'un seul pli de sa tête à ses pieds. Une petite goutte rouge brillait comme une rose au coin de sa bouche décolorée.

990 Sérapion, à cette vue, entra en fureur : « Ah ! te voilà, démon, courtisane impudique, buveuse de sang et d'or ! » et il aspergea d'eau bénite le corps et le cercueil sur lequel il traça la forme d'une croix avec son goupillon[1]. La pauvre Clarimonde n'eut pas été plutôt touchée par la sainte rosée que son beau corps tomba en poussière ; ce ne fut

995 plus qu'un mélange affreusement informe de cendres et d'os à demi calcinés. « Voilà votre maîtresse, seigneur Romuald, dit l'inexorable prêtre, en me montrant ces tristes dépouilles, serez-vous encore tenté d'aller vous promener au Lido[2] et à Fusine[3] avec votre beauté ? » Je baissai la tête ; une grande ruine venait de se faire au-dedans de moi.

1000 Je retournai à mon presbytère, et le seigneur Romuald, amant de Clarimonde, se sépara du pauvre prêtre, à qui il avait tenu pendant si longtemps une si étrange compagnie. Seulement, la nuit suivante, je vis Clarimonde ; elle me dit, comme la première fois sous le portail de l'église : « Malheureux ! Malheureux ! Qu'as-tu fait ? Pourquoi as-tu

1005 écouté ce prêtre imbécile ? N'étais-tu pas heureux ? Et que t'avais-je fait pour violer ma pauvre tombe et mettre à nu les misères de mon néant ? Toute communication entre nos âmes et nos corps est rompue désormais. Adieu, tu me regretteras. » Elle se dissipa dans l'air comme une fumée, et je ne la revis plus.

1010   Hélas ! Elle a dit vrai : je l'ai regrettée plus d'une fois et je la regrette encore. La paix de mon âme a été bien chèrement achetée ; l'amour de Dieu n'était pas de trop pour remplacer le sien. Voilà, frère, l'histoire de ma jeunesse. Ne regardez jamais une femme, et marchez toujours les yeux fixés en terre, car, si chaste et si calme que vous

1015 soyez, il suffit d'une minute pour vous faire perdre l'éternité.

Source : Théophile Gautier, *Nouvelles*, Paris, Charpentier, 1884, p. 261-295.

---

1. Goupillon : petit bâton servant à prendre l'eau bénite et à la répandre.
2. Lido : lagune de Venise, la plage.
3. Fusine : localité sur la lagune de Venise, en face du Lido. *Lixa Fusina* facilitait les promenades en barque.

ALEXIS K. TOLSTOÏ
(1817-1875)

La Famille du Vourdalak. Fragment inédit des mémoires d'un inconnu — 1847

Récit (texte intégral)

RUSSIE

Liens de sang

LE PRINCIPAL intérêt du récit du comte Alexis Tolstoï (un parent éloigné de Léon, l'auteur d'*Anna Karénine*) est de s'inspirer des récits de vampires paysans et des écrits de dom Calmet. Ici, nous sommes loin de l'image d'un Dracula séducteur ou d'un jeune éphèbe étincelant au soleil. Le vampire — un *vourdalak* — est plutôt un patriarche tyrannique revenu d'entre les morts pour s'en prendre à tous les membres de sa famille. Le récit est habilement mené, cultivant d'abord l'ambiguïté relative au statut du vieil homme (est-il vampire ou non), à laquelle succèdent l'incertitude quant au sort de ses proches et un dénouement aux accents grand-guignolesques quand les *vourdalaks* se lancent à la poursuite du héros. Cette nouvelle écrite directement en français, en 1847, a été retrouvée et publiée pour la première fois en 1950, dans le tome 26 de la *Revue des études slaves*. Tolstoï avait déjà rédigé, en 1841, une autre nouvelle consacrée aux vampires, intitulée *Oupires*. Sa contribution au genre se limite à ces deux récits, et sa notoriété littéraire sera davantage façonnée par ses drames historiques, notamment *La Mort d'Ivan le Terrible* portant sur la biographie du premier tsar de Russie.

LA FAMILLE DU VOURDALAK

Fragment inédit des mémoires d'un inconnu.

L'année 1815 avait réuni à Vienne tout ce qu'il y avait de plus distingué en fait d'éruditions européennes, d'esprits de société brillants et de hautes capacités diplomatiques. Cependant, le Congrès[1] était terminé.

Les émigrés royalistes[2] se préparaient à rentrer définitivement dans leurs châteaux, les guerriers russes, à revoir leurs foyers abandonnés et quelques Polonais mécontents, à porter à Cracovie leur amour de la liberté pour l'y abriter sous la triple et douteuse indépendance que leur avaient ménagée le prince de Metternich, le prince de Hardenberg et le comte de Nesselrode.

Semblable à la fin d'un bal animé, la réunion, naguère si bruyante, s'était réduite à un petit nombre de personnes disposées au plaisir, qui, fascinées par les charmes des dames autrichiennes, tardaient à plier bagage et différaient leur départ.

Cette joyeuse société, dont je faisais partie, se rencontrait deux fois par semaine dans le château de Mme la princesse douairière de Schwarzenberg[3], à quelques milles de la ville, au-delà d'un petit bourg nommé Hitzing. Les grandes manières de la maîtresse du lieu, relevées par sa gracieuse amabilité et la finesse de son esprit, rendaient le séjour de sa résidence extrêmement agréable.

Nos matinées étaient consacrées à la promenade; nous dînions tous ensemble, soit au château, soit dans les environs, et le soir, assis près d'un bon feu de cheminée, nous nous amusions à causer et à raconter des histoires. Il était sévèrement interdit de parler politique.

---

1. Le Congrès de Vienne a eu lieu du 1er novembre 1814 jusqu'au 9 juin 1815. Les diplomates de toute l'Europe se sont réunis afin de s'unir contre les invasions successives de Napoléon Bonaparte, empereur des Français. Ce dernier a été défait à Waterloo le 18 juin 1815. Les dignitaires nommés ci-après ont bien assisté à cet événement.

2. Royalistes : restés fidèles au roi.

3. Éléonore de Lobkowicz (1682-1741) a porté ce titre à la mort de son mari, Adam von Schwarzenberg, prince héritier de la célèbre maison de la noblesse tchèque. Fait étrange, un documentaire autrichien réalisé en 2007 la surnomme la princesse Vampire. Les réalisateurs soutiennent qu'elle aurait inspiré la Lénore dont parle Bram Stoker dans le premier chapitre de *Dracula*. Si Tolstoï a voulu y faire référence, il commet tout de même un anachronisme puisque la scène se déroule en 1815.

Tout le monde en avait eu assez, et nos récits étaient empruntés soit
25 aux légendes de nos pays respectifs, soit à nos propres souvenirs.

Un soir, lorsque chacun eut conté quelque chose et que
nos esprits se trouvaient dans cet état de tension qu'augmente
ordinairement l'obscurité et le silence, le marquis d'Urfé[1], vieil
émigré que nous aimions tous à cause de sa gaîté toute juvénile et de
30 la manière piquante dont il parlait de ses anciennes bonnes fortunes,
profita d'un moment de silence et prit la parole :

« Vos histoires, messieurs, nous dit-il, sont bien étonnantes sans
doute, mais il m'est avis qu'il leur manque un point essentiel, je veux
dire celui de l'authenticité, car je ne sache pas qu'aucun de vous ait
35 vu de ses propres yeux les choses merveilleuses qu'il vient de narrer,
ni qu'il en puisse affirmer la vérité sur sa parole de gentilhomme. »

Nous fûmes obligés d'en convenir et le vieillard continua, en se
caressant le jabot[2] :

« Quant à moi, messieurs, je ne sais qu'une seule aventure de ce
40 genre, mais elle est à la fois si étrange, si horrible et si vraie qu'elle
suffirait à elle seule pour frapper d'épouvante l'imagination des plus
incrédules. J'en ai été malheureusement témoin et acteur en même
temps, et quoique, d'ordinaire, je n'aime pas à m'en souvenir, je vous
en ferai cette fois volontiers le récit dans le cas que ces dames veuillent
45 bien me le permettre. »

L'assentiment fut unanime. Quelques regards craintifs se diri-
gèrent à la vérité sur les carreaux lumineux que la lumière commençait à dessiner sur le parquet ; mais bientôt le petit cercle se rétrécit et
chacun se tut pour écouter l'histoire du marquis. M. d'Urfé prit une
50 prise de tabac, la huma lentement et commença en ces termes :

« Avant tout, mesdames, je vous demande pardon si, dans le cours
de ma narration, il m'arrive de parler de mes affaires de cœur plus
souvent qu'il ne conviendrait à un homme de mon âge. Mais j'en
devrai faire mention pour l'intelligence de mon récit. D'ailleurs, il
55 est pardonnable à la vieillesse d'avoir des moments d'oubli, et ce sera
bien votre faute, mesdames, si, vous voyant si belles devant moi, je

---

1. Marquis d'Urfé : au XVIIᵉ siècle, cette noble famille fréquentait la cour du roi Louis XIV.

2. Jabot : pièce de dentelle ou de mousseline portée au col. Il est l'ancêtre de la cravate.

suis encore tenté de me croire un jeune homme. Je vous dirai donc sans autre préambule que, l'année 1759, j'étais éperdument amoureux de la jolie duchesse de Gramont[1]. Cette passion, que je croyais

60 alors profonde et durable, ne me donnait de repos ni le jour, ni la nuit, et la duchesse, comme font souvent les jolies femmes, se plaisait par sa coquetterie à ajouter à mon tourment. Si bien que, dans un moment de dépit, j'en vins à solliciter et à obtenir une mission diplomatique auprès du hospodar[2] de Moldavie, alors en pourparlers avec

65 le cabinet de Versailles[3] pour des affaires qu'il serait aussi ennuyeux qu'inutile de vous rapporter. La veille de mon départ, je me présentai chez la duchesse. Elle me reçut d'un air moins railleur que d'habitude et me dit d'une voix où perçait une certaine émotion :

« D'Urfé, vous faites là une grande folie. Mais je vous connais et je

70 sais que vous ne reviendrez jamais sur une résolution prise. Ainsi, je ne vous demande qu'une chose : acceptez cette petite croix comme un gage de mon amitié et portez-la sur vous jusqu'à votre retour. C'est une relique de famille à laquelle nous attachons un grand prix. » Avec une galanterie déplacée peut-être, dans un pareil moment, je baisai

75 non la relique, mais bien la charmante main qui me la présentait, et je passai à mon cou la croix que voici et que, depuis, je n'ai jamais quittée.

Je ne vous fatiguerai pas, mesdames, des détails de mon voyage, ni des observations que je fis sur les Hongrois et les Serbes, ce peuple pauvre et ignorant, mais brave et honnête et qui, tout asservi qu'il était

80 par les Turcs, n'avait oublié ni sa dignité, ni son ancienne indépendance. Il me suffira de vous dire qu'ayant appris un peu de polonais lors d'un séjour que j'avais fait à Varsovie, je fus bientôt au courant du serbe, car ces deux idiomes[4], ainsi que le russe et le bohème, ne sont, comme vous le savez sans doute, qu'autant de branches d'une

85 seule et même langue qu'on appelle slavonne.

Or donc, j'en savais assez pour me faire comprendre, lorsqu'un jour j'arrivai dans un village dont le nom ne vous intéresserait guère.

---

1. Béatrix de Choiseul-Stainville, duchesse de Gramont (1730-1794) : femme de cour recherchée pour ses qualités intellectuelles. Elle était la sœur du duc de Choiseul, ministre du roi Louis XV.
2. Hospodar : monarque, seigneur.
3. Versailles : siège de la cour de France sous l'Ancien Régime.
4. Idiomes : langues, dialectes.

Je trouvai les habitants de la maison où je descendis dans une consternation qui me parut d'autant plus étrange que c'était un dimanche,
90 jour où le peuple serbe a coutume de s'adonner à différents plaisirs,
tels que la danse, le tir à l'arquebuse, la lutte, etc. J'attribuais l'attitude
de mes hôtes à quelque malheur nouvellement arrivé et j'allais me
retirer quand un homme d'environ trente ans, de haute stature et de
figure imposante, s'approcha de moi et me prit par la main.

95   « Entrez, entrez, étranger, me dit-il, ne vous laissez pas rebuter par
notre tristesse ; vous la comprendrez quand vous en saurez la cause. »

Il me conta alors que son vieux père, qui s'appelait Gorcha,
homme d'un caractère inquiet et intraitable, s'était levé un jour de
son lit et avait décroché du mur sa longue arquebuse turque.

100   « Enfants, avait-il dit à ses deux fils, l'un Georges, l'autre Pierre,
je m'en vais de ce pas dans les montagnes me joindre aux braves qui
donnent la chasse à ce chien d'Alibek (c'était le nom d'un brigand turc
qui, depuis quelque temps, dévastait le pays). Attendez-moi pendant
dix jours, et, si je ne reviens pas le dixième, faites-moi dire une messe
105 de mort, car alors je serai tué. Mais, avait ajouté le vieux Gorcha, en
prenant son air le plus sérieux, si (ce dont Dieu vous garde) je revenais
après les dix jours révolus, pour votre salut, ne me laissez point entrer.
Je vous ordonne dans ce cas d'oublier que j'étais votre père et de me
percer d'un pieu de tremble, quoique je puisse dire ou faire, car alors
110 je ne serais qu'un maudit *vourdalak* qui viendrait sucer votre sang. »

Il est à propos de vous dire, mesdames, que les *vourdalaks,* ou vampires des peuples slaves, ne sont, dans l'opinion du pays, autre chose
que des corps morts sortis de leurs tombeaux pour sucer le sang des
vivants. Jusque-là, leurs habitudes sont celles de tous les vampires,
115 mais ils en ont une autre qui ne les rend que plus redoutables. Les
vourdalaks, mesdames, sucent de préférence le sang de leurs parents
les plus proches et de leurs amis les plus intimes qui, une fois morts,
deviennent vampires à leur tour, de sorte qu'on prétend avoir vu,
en Bosnie et en Hongrie, des villages entiers transformés en *vour-
120 dalaks.* L'abbé Augustin Calmet, dans son curieux ouvrage sur les
apparitions, en cite des exemples effrayants. Les empereurs d'Allemagne nommèrent plusieurs fois des commissions pour éclaircir des
cas de vampirisme. On dressa des procès-verbaux, on exhuma des

cadavres, qu'on trouva gorgés de sang, et on les fit brûler sur les places
125 publiques après leur avoir fait percer le cœur. Des magistrats témoins
de ces exécutions affirment avoir entendu les cadavres pousser des
hurlements au moment où le bourreau leur enfonçait un pieu dans la
poitrine. Ils en ont fait la déposition formelle et l'ont corroborée de
leur serment et de leur signature.

130   D'après ces renseignements, il vous sera facile de comprendre,
mesdames, l'effet qu'avaient produit les paroles du vieux Gorcha sur
ses fils. Tous deux s'étaient jetés à ses pieds et l'avaient supplié de les
laisser partir à sa place, mais, pour toute réponse, il leur avait tourné
le dos et s'en était allé en chantonnant le refrain d'une vieille ballade.
135 Le jour où j'arrivai dans le village était précisément celui où devait
expirer le terme fixé par Gorcha, et je n'eus pas de peine à m'expliquer
l'inquiétude de ses enfants.

C'était une bonne et honnête famille. Georges, l'aîné des deux
fils, aux traits mâles et bien marqués, paraissait un homme sérieux et
140 résolu. Il était marié et père de deux enfants. Son frère, Pierre, beau
jeune homme de dix-huit ans, trahissait dans sa physionomie plus de
douceur que de hardiesse et paraissait le favori d'une sœur cadette,
appelée Sdenka, qui pouvait bien passer pour le type de la beauté
slave. Outre cette beauté incontestable sous tous les rapports, une
145 ressemblance lointaine avec la duchesse de Gramont me frappa de
prime abord. Il y avait surtout un trait caractéristique au front que je
ne retrouvai dans toute ma vie que chez ces deux personnes. Ce trait
pouvait ne pas plaire au premier coup d'œil, mais on s'y attachait
irrésistiblement dès qu'on l'avait vu plusieurs fois.

150   Soit que je fusse très jeune alors, soit que cette ressemblance, jointe
à un esprit original et naïf, fût réellement d'un effet irrésistible, je
n'eus pas entretenu Sdenka pendant deux minutes que déjà je sentais pour elle une sympathie trop vive pour qu'elle ne menaçât de
se changer en un sentiment plus tendre si je prolongeais mon séjour
155 dans ce village.

Nous étions tous réunis devant la maison, autour d'une table
garnie de fromage et de jattes de lait. Sdenka filait ; sa belle-sœur pré-
parait le souper des enfants qui jouaient dans le sable ; Pierre, avec
une insouciance affectée, sifflait en nettoyant un *yatagan,* ou long

160 couteau turc. Georges, accoudé sur la table, sa tête entre ses mains et
le front soucieux, dévorait des yeux le grand chemin et ne disait mot.

Quant à moi, vaincu par la tristesse générale, je regardais mélan-
coliquement les nuages du soir encadrant le fond d'or du ciel et la
silhouette d'un couvent qu'une noire forêt de pins masquait à demi.

165 Ce couvent, ainsi que je le sus plus tard, avait joui autrefois d'une
grande célébrité à cause d'une image miraculeuse de la Vierge, qui,
d'après la légende, avait été apportée par des anges et déposée sur un
chêne. Mais, dans le commencement du siècle passé, les Turcs avaient
fait une invasion dans le pays ; ils avaient égorgé les moines et saccagé

170 le couvent. Il n'en restait plus que les murs et une chapelle desservie
par une espèce d'ermite. Ce dernier faisait aux curieux les honneurs
des ruines et donnait l'hospitalité aux pèlerins qui, se rendant à pied
d'un lieu de dévotion à un autre, aimaient à s'arrêter au couvent de la
Vierge du Chêne. Ainsi que je l'ai dit, je n'appris tout cela que par la

175 suite, car ce soir-là, j'avais tout autre chose en tête que l'archéologie
de la Serbie. Comme il arrive souvent quand on laisse aller son imagination, je songeais au temps passé, aux beaux jours de mon enfance,
à ma belle France que j'avais quittée pour un pays éloigné et sauvage.

Je songeais à la duchesse de Gramont et, pourquoi ne pas l'avouer,
180 je songeais aussi à quelques autres contemporaines de mesdames vos
grand-mères, dont les images, à mon insu, s'étaient glissées dans mon
cœur à la suite de celle de la charmante duchesse.

Bientôt j'avais oublié et mes hôtes et leur inquiétude.

Tout à coup Georges rompit le silence.

185 « Femme, dit-il, à quelle heure le *vieux* est-il parti ?

— À huit heures, répondit la femme, j'ai bien entendu sonner la
cloche du couvent.

— Alors, c'est bien, reprit Georges, il ne peut pas être plus de sept
heures et demie. » Et il se tut en fixant de nouveau les yeux sur le
190 grand chemin qui se perdait dans la forêt.

J'ai oublié de vous dire, mesdames, que, lorsque les Serbes soup-
çonnent quelqu'un de vampirisme, ils évitent de le nommer par son
nom ou de le désigner d'une manière directe, car ils pensent que ce
serait l'évoquer du tombeau. Aussi, depuis quelque temps, Georges,
195 en parlant de son père, ne l'appelait plus que le *vieux*.

Il se passa quelques instants de silence. Tout à coup, l'un des enfants dit à Sdenka, en la tirant par le tablier :

« Ma tante, quand donc grand-papa reviendra-t-il à la maison ? »

Un soufflet de Georges fut la réponse à cette question intempes-
200 tive. L'enfant se mit à pleurer, mais son petit frère dit, d'un air à la fois étonné et craintif :

« Pourquoi donc, père, nous défends-tu de parler de grand-papa ? »

Un autre soufflet lui ferma la bouche. Les deux enfants se mirent à brailler, et toute la famille se signa.

205 Nous en étions là quand j'entendis l'horloge du couvent sonner lentement huit heures. À peine le premier coup avait-il retenti à nos oreilles que nous vîmes une forme humaine se détacher du bois et s'avancer vers nous.

« C'est lui ! Dieu soit loué ! s'écrièrent à la fois Sdenka, Pierre et sa
210 belle-sœur.

— Dieu nous ait en sa sainte garde ! dit solennellement Georges, comment savoir si les dix jours sont ou ne sont pas écoulés ? »

Tout le monde le regarda avec effroi. Cependant, la forme humaine avançait toujours. C'était un grand vieillard à la moustache d'argent, à
215 la figure pâle et sévère et se traînant péniblement à l'aide d'un bâton. À mesure qu'il avançait, Georges devenait plus sombre. Lorsque le nouvel arrivé fut près de nous, il s'arrêta et promena sur sa famille des yeux qui paraissaient ne pas voir, tant ils étaient ternes et enfoncés dans leurs orbites.

220 « Eh bien, dit-il, d'une voix creuse, personne ne se lève pour me recevoir ? Que veut dire ce silence ? Ne voyez-vous pas que je suis blessé ? »

J'aperçus alors que le côté gauche du vieillard était ensanglanté.

« Soutenez donc votre père, dis-je à Georges, et vous, Sdenka, vous
225 devriez lui donner quelque cordial[1], car le voilà prêt à tomber en défaillance !

— Mon père, dit Georges, en s'approchant de Gorcha, montrez-moi votre blessure, je m'y connais et je vais la panser… »

---

1. Cordial : un verre d'alcool ou tout médicament qui réchauffe le corps.

Il fit mine de lui ouvrir l'habit, mais le vieillard le repoussa rude-
230 ment et se couvrit le côté des deux mains.

« Va, maladroit, dit-il, tu m'as fait mal !

— Mais c'est donc au cœur que vous êtes blessé ! s'écria Georges
tout pâle ; allons, allons, ôtez votre habit, il le faut, il le faut, vous
dis-je ! »

235 Le vieillard se leva droit et raide.

« Prends garde à toi, dit-il d'une voix sourde, si tu me touches, je
te maudis ! »

Pierre se mit entre Georges et son père.

« Laisse-le, dit-il, tu vois bien qu'il souffre !

240 — Ne le contrarie pas, ajouta sa femme, tu sais qu'il ne l'a jamais
toléré ! »

Dans ce moment, nous vîmes un troupeau qui revenait du pâtu-
rage et s'acheminait vers la maison dans un nuage de poussière. Soit
que le chien qui l'accompagnait n'eût pas reconnu son vieux maître,
245 soit qu'il fût poussé par un autre motif, du plus loin qu'il aperçut
Gorcha, il s'arrêta, le poil hérissé, et se mit à hurler comme s'il voyait
quelque chose de surnaturel.

« Qu'a donc ce chien ? dit le vieillard d'un air de plus en plus
mécontent, que veut dire tout cela ? Suis-je devenu étranger dans
250 ma propre maison ? Dix jours passés dans les montagnes m'ont-ils
changé au point que mes chiens mêmes ne me reconnaissent pas ?

— Tu l'entends ? dit Georges à sa femme.

— Quoi donc ?

— Il avoue que les dix jours sont passés !

255 — Mais non, puisqu'il est revenu au terme fixé !

— C'est bon, c'est bon, je sais ce qu'il y a à faire. »

Comme le chien continuait à hurler : « Je veux qu'il soit tué ! s'écria
Gorcha. Eh bien, m'entendez-vous ? »

Georges ne bougea pas ; mais Pierre se leva, les larmes aux yeux, et
260 saisissant l'arquebuse de son père, il tira sur le chien qui roula dans
la poussière.

« C'était pourtant mon chien favori, dit-il tout bas, je ne sais pourquoi le père a voulu qu'il fût tué ! »

— Parce qu'il a mérité de l'être, dit Gorcha. Allons, il fait froid, je
265 veux rentrer!»

Pendant que cela se passait dehors, Sdenka avait préparé pour
le vieux une tisane composée d'eau-de-vie bouillie avec des poires,
du miel et des raisins secs, mais son père la repoussa avec dégoût.
Il montra la même aversion pour le plat de mouton au riz que lui
270 présenta Georges et alla s'asseoir au coin de l'âtre, en murmurant
entre ses dents des paroles inintelligibles.

Un feu de pins pétillait dans le foyer et animait de sa lueur trem-
blottante la figure du vieillard si pâle et si défaite que, sans cet éclairage, on aurait pu la prendre pour celle d'un mort. Sdenka vint
275 s'asseoir auprès de lui.

« Mon père, dit-elle, vous ne voulez rien prendre ni vous reposer;
si vous nous contiez vos aventures dans les montagnes?»

En disant cela, la jeune fille savait qu'elle touchait une corde sensible, car le vieux aimait à parler guerres et combats. Aussi, une espèce
280 de sourire parut sur ses lèvres décolorées sans que ses yeux y prissent
part, et il répondit en passant sa main sur ses beaux cheveux blonds :

« Oui, ma fille, oui, Sdenka, je veux bien te conter ce qui m'est
arrivé dans les montagnes, mais ce sera une autre fois, car je suis
fatigué aujourd'hui. Je te dirai cependant qu'Alibek n'est plus et
285 que c'est de ma main qu'il a péri. Si quelqu'un en doute, continua le
vieillard, en promenant ses regards sur sa famille, en voici la preuve!»

Il défit une manière de besace qui lui pendait derrière le dos et
en tira une tête livide et sanglante à laquelle pourtant la sienne ne le
cédait pas en pâleur! Nous nous en détournâmes avec horreur, mais
290 Gorcha, la donnant à Pierre :

« Tiens, lui dit-il, attache-moi ça au-dessus de la porte, pour que
tous les passants apprennent qu'Alibek est tué et que les routes sont
purgées de brigands, si j'en excepte toutefois les janissaires[1] du sultan!»

Pierre obéit avec dégoût.

295 « Je comprends tout maintenant, dit-il, ce pauvre chien que j'ai tué
ne hurlait que parce qu'il flairait la chair morte!

---

1. Janissaires : soldats de l'infanterie turque.

— Oui, il flairait la chair morte, répondit d'un air sombre Georges qui était sorti sans qu'on s'en aperçût et qui rentrait en ce moment, tenant à la main un objet qu'il déposa dans un coin et que je crus être
300 un pieu.

— Georges, lui dit sa femme à demi-voix, tu ne veux pas, j'espère...

— Mon frère, ajouta sa sœur, que veux-tu faire? Mais non, non, tu n'en feras rien, n'est-ce pas?

— Laissez-moi, répondit Georges, je sais ce que j'ai à faire et je ne
305 ferai rien qui ne soit nécessaire.»

Sur ces entrefaites, la nuit étant venue, la famille alla se coucher dans une partie de la maison qui n'était séparée de ma chambre que par une cloison fort mince. J'avoue que ce que j'avais vu dans la soirée avait impressionné mon imagination. Ma lumière était éteinte,
310 la lune donnait en plein dans une petite fenêtre basse, tout près de mon lit, et jetait sur le plancher et les murs des lueurs blafardes, à peu près comme elle le fait à présent, mesdames, dans le salon où nous sommes. Je voulus dormir et ne le pus. J'attribuai mon insomnie à la clarté de la lune; je cherchai quelque chose qui pût me servir de
315 rideau, mais je ne trouvai rien. Alors, entendant des voix confuses derrière la cloison, je me mis à écouter.

«Couche-toi, femme, disait Georges, et toi, Pierre, et toi, Sdenka. Ne vous inquiétez de rien, je veillerai pour vous.

— Mais, Georges, répondit sa femme, c'est plutôt à moi de veiller,
320 tu as travaillé la nuit passée, tu dois être fatigué. D'ailleurs sans cela je dois veiller notre aîné. Tu sais qu'il ne va pas bien depuis hier!

— Sois tranquille et couche-toi, dit Georges, je veillerai pour nous deux!

— Mais, mon frère, dit alors Sdenka de sa voix la plus douce, il me
325 semble qu'il serait inutile de veiller. Notre père est déjà endormi, et vois comme il a l'air calme et paisible.

— Vous n'y entendez[1] rien ni l'une ni l'autre, dit Georges d'un ton qui n'admettait pas de réplique. Je vous dis de vous coucher et de me laisser veiller.»

---

1. Entendez: comprenez.

330   Il se fit alors un profond silence. Bientôt je sentis mes paupières s'appesantir et le sommeil s'emparer de mes sens.

    Je crus voir ma porte s'ouvrir lentement et le vieux Gorcha paraître sur le seuil. Mais je soupçonnais sa forme plutôt que je ne la voyais, car il faisait bien noir dans la pièce d'où il venait. Il me sembla que ses yeux
335 éteints cherchaient à deviner mes pensées et suivaient le mouvement de ma respiration. Puis il avança un pied, puis il avança l'autre. Puis, avec une précaution extrême, il se mit à marcher vers moi à pas de loup. Puis il fit un bond et se trouva à côté de mon lit. J'éprouvais d'inexprimables angoisses, mais une force invincible me retenait immobile. Le vieux
340 se pencha sur moi et approcha sa figure livide si près de la mienne que je crus sentir son souffle cadavéreux. Alors, je fis un effort surnaturel et me réveillai, baigné de sueur. Il n'y avait personne dans ma chambre, mais, jetant un regard vers la fenêtre, je vis distinctement le vieux Gorcha qui, au-dehors, avait collé son visage contre la vitre et qui
345 fixait sur moi des yeux effrayants. J'eus la force de ne pas crier et la présence d'esprit de rester couché, comme si je n'avais rien vu. Cependant, le vieux paraissait n'être venu que pour s'assurer que je dormais, car il ne fit pas de tentative pour entrer, mais, après m'avoir bien examiné, il s'éloigna de la fenêtre et je l'entendis marcher dans la pièce voisine.
350 Georges s'était endormi et il ronflait à faire trembler les murs. L'enfant toussa dans ce moment et je distinguai la voix de Gorcha.

    « Tu ne dors pas, petit ? disait-il.

    — Non, grand-papa, répondit l'enfant, et je voudrais bien causer avec toi !
355   — Ah, tu voudrais causer avec moi, et de quoi causerons-nous ?

    — Je voudrais que tu me racontes comment tu t'es battu avec les Turcs, car moi aussi, je me battrais volontiers avec les Turcs !

    — J'y ai pensé, enfant, et je t'ai rapporté un petit yatagan que je te donnerai demain.
360   — Ah, grand-papa, donne-le-moi plutôt tout de suite, puisque tu ne dors pas.

    — Mais pourquoi, petit, ne m'as-tu pas parlé tant qu'il faisait jour ?

    — Parce que papa me l'a défendu !

    — Il est prudent, ton papa. Ainsi, tu voudrais bien avoir ton petit
365 yatagan ?

— Oh oui, je le voudrais bien, mais seulement pas ici, car papa pourrait se réveiller !

— Mais où donc alors ?

— Si nous sortions, je te promets d'être bien sage et de ne pas faire 370 le moindre bruit ! »

Je crus distinguer un ricanement de Gorcha et j'entendis l'enfant qui se levait. Je ne croyais pas aux vampires, mais le cauchemar que je venais d'avoir avait agi sur mes nerfs et, ne voulant rien me reprocher dans la suite, je me levai et donnai un coup de poing à la cloison. Il 375 aurait suffi pour réveiller les sept dormants, mais rien ne m'annonça qu'il eût été entendu par la famille. Je me jetai vers la porte, bien résolu de sauver l'enfant, mais je la trouvai fermée du dehors et les verrous ne cédèrent pas à mes efforts. Pendant que je tâchais de l'enfoncer, je vis passer devant ma fenêtre le vieillard avec l'enfant dans ses bras.

380 « Levez-vous, levez-vous ! criai-je de toutes mes forces, et j'ébranlai la cloison de mes coups. Alors seulement Georges se réveilla.

— Où est le vieux ? dit-il.

— Sortez vite, lui criai-je, il vient d'emporter votre enfant ! »

D'un coup de pied, Georges fit sauter la porte, qui de même que 385 la mienne avait été fermée du dehors, et il se mit à courir dans la direction du bois. Je parvins enfin à réveiller Pierre, sa belle-sœur et Sdenka. Nous nous rassemblâmes devant la maison et, après quelques minutes d'attente, nous vîmes revenir Georges avec son fils. Il l'avait trouvé évanoui sur le grand chemin, mais bientôt il était revenu à 390 lui et ne paraissait pas plus malade qu'auparavant. Pressé de questions, il répondit que son grand-père ne lui avait fait aucun mal, qu'ils étaient sortis ensemble pour causer mieux à leur aise, mais qu'une fois dehors, il avait perdu connaissance, sans se rappeler comment. Quant à Gorcha, il avait disparu.

395 Le reste de la nuit, comme on peut se l'imaginer, se passa sans sommeil.

Le lendemain, j'appris que le Danube[1], qui coupait le grand chemin à un quart de lieue[2] du village, avait commencé à charrier des glaçons,

---

1. Danube : important fleuve d'Europe mesurant près de 3000 km. Prenant sa source en Allemagne, il traverse Vienne, Bucarest et Belgrade pour se jeter dans la mer Noire.
2. Quart de lieue : mesure de distance qui équivaut à environ un kilomètre.

ce qui arrive toujours dans ces contrées vers la fin de l'automne et au commencement du printemps. Le passage était intercepté pour quelques jours, et je ne pouvais songer à mon départ. D'ailleurs, quand même je l'aurais pu, la curiosité, jointe à un attrait plus puissant, m'eût retenu. Plus je voyais Sdenka et plus je me sentais porté à l'aimer. Je ne suis pas de ceux, mesdames, qui croient aux passions subites et irrésistibles dont les romans nous offrent des exemples ; mais je pense qu'il est des cas où l'amour se développe plus rapidement que de coutume. La beauté originale de Sdenka, cette ressemblance singulière avec la duchesse de Gramont, que j'avais fuie à Paris et que je retrouvais ici dans un costume pittoresque, parlant un langage étranger et harmonieux, ce trait caractéristique dans la figure pour lequel, en France, j'avais vingt fois voulu me faire tuer, tout cela, joint à la singularité de ma situation et aux mystères qui m'entouraient, devait contribuer à faire mûrir en moi un sentiment qui, dans d'autres circonstances, ne se serait manifesté peut-être que d'une manière vague et passagère.

Dans le courant de la journée, j'entendis Sdenka s'entretenir avec son frère cadet.

« Que penses-tu de tout ceci ? disait-elle, est-ce que toi aussi tu soupçonnes notre père ?

— Je n'ose le soupçonner, répondit Pierre, d'autant moins que l'enfant dit qu'il ne lui a pas fait de mal. Et quant à sa disparition, tu sais qu'il n'a jamais rendu compte de ses absences.

— Je le sais, dit Sdenka, mais alors il faut le sauver, car tu connais Georges…

— Oui, oui, je le connais. Lui parler serait inutile, mais nous cacherons le pieu, et il n'ira pas en chercher un autre, car de ce côté des montagnes il n'y a pas un seul tremble !

— Oui, cachons le pieu, mais n'en parlons pas aux enfants, car ils pourraient en jaser devant Georges !

— Nous nous en garderons bien, dit Pierre. » Et ils se séparèrent.

La nuit vint sans que nous eussions rien appris sur le vieux Gorcha. J'étais, comme la veille, étendu sur mon lit, et la lune donnait en plein dans ma chambre. Quand le sommeil commença à brouiller mes idées, je sentis, comme par instinct, l'approche du vieillard. J'ouvris les yeux, et je vis sa figure livide collée contre ma fenêtre.

Cette fois, je voulus me lever, mais cela me fut impossible. Il me
435 semblait que tous mes membres étaient paralysés. Après m'avoir bien
regardé, le vieux s'éloigna. Je l'entendis faire le tour de la maison et
frapper doucement à la fenêtre de la chambre où couchaient Georges
et sa femme. L'enfant se retourna dans son lit et gémit en rêve. Il se
passa quelques minutes de silence, puis j'entendis encore frapper à la
440 fenêtre. Alors l'enfant gémit de nouveau et se réveilla…

« Est-ce toi, grand-papa ? dit-il.

— C'est moi, répondit une voix sourde, et je t'apporte ton petit
yatagan.

— Mais je n'ose sortir, papa me l'a défendu !

445 — Tu n'as pas besoin de sortir, ouvre-moi seulement la fenêtre et
viens m'embrasser ! »

L'enfant se leva et je l'entendis ouvrir la fenêtre. Alors, rappelant
à moi toute mon énergie, je sautai au bas de mon lit et je courus
frapper à la cloison. En une minute Georges fut debout. Je l'entendis
450 jurer, sa femme poussa un grand cri, bientôt toute la maison était
rassemblée autour de l'enfant inanimé. Gorcha avait disparu comme
la veille. À force de soins, nous parvînmes à faire reprendre connaissance à l'enfant, mais il était bien faible et respirait avec peine. Le
pauvre petit ignorait la cause de son évanouissement. Sa mère et
455 Sdenka l'attribuèrent à la frayeur d'avoir été surpris causant avec son
grand-père. Moi, je ne disais rien. Cependant, l'enfant s'étant calmé,
tout le monde excepté Georges se recoucha.

Vers l'aube du jour, je l'entendis réveiller sa femme, on se parla à
voix basse. Sdenka se joignit à eux et je l'entendis sangloter, ainsi que
460 sa belle-sœur.

L'enfant était mort.

Je passe sous silence le désespoir de la famille. Personne pourtant
n'en attribuait la cause au vieux Gorcha. Du moins, on n'en parlait
pas ouvertement.

465 Georges se taisait, mais son expression toujours sombre avait
maintenant quelque chose de terrible. Pendant deux jours, le vieux
ne reparut pas. Dans la nuit qui suivit le troisième (celui où eut lieu
l'enterrement de l'enfant), je crus entendre des pas autour de la
maison et une voix de vieillard qui appelait le petit frère du défunt. Il

470 me sembla aussi, pendant un moment, voir la figure de Gorcha collée contre ma fenêtre, mais je ne pus me rendre compte si c'était une réalité ou l'effet de mon imagination car, cette nuit, la lune était voilée. Je crus toutefois de mon devoir d'en parler à Georges. Il questionna l'enfant, et celui-ci répondit qu'en effet il s'était entendu appeler
475 par son grand-père et l'avait vu regarder à travers la fenêtre. Georges enjoignit sévèrement à son fils de le réveiller si le vieux paraissait encore.

Toutes ces circonstances n'empêchaient pas ma tendresse pour Sdenka de se développer toujours davantage.
480 Je n'avais pu, de la journée, lui parler sans témoins. Quand vint la nuit, l'idée de mon prochain départ me navra le cœur. La chambre de Sdenka n'était séparée de la mienne que par une espèce de couloir donnant sur la rue d'un côté et sur la cour de l'autre.

La famille de mes hôtes était couchée quand il me vint dans l'idée
485 de faire un tour dans la campagne pour me distraire. Entré dans le couloir, je vis que la porte de Sdenka était entr'ouverte.

Je m'arrêtai involontairement. Un frôlement de robe bien connu me fit battre le cœur. Puis, j'entendis des paroles chantées à demi-voix. C'étaient les adieux qu'un roi serbe, allant à la guerre, adressait
490 à sa belle.

Oh, mon jeune peuplier, disait le vieux roi, je pars pour la guerre et tu m'oublieras !

Les arbres qui croissent au pied de la montagne sont svelts et flexibles, mais ta taille l'est davantage !

495 *Les fruits du sorbier que le vent balance sont rouges, mais tes lèvres sont plus rouges que les fruits du sorbier !*

Et moi, je suis comme un vieux chêne dépouillé de feuilles, et ma barbe est plus blanche que l'écume du Danube !

Et tu m'oublieras, ô mon âme, et je mourrai de chagrin,
500 *car l'ennemi n'osera pas tuer le vieux roi !*

Et la belle répondit :

Je jure de te rester fidèle et de ne pas t'oublier.

Si je manque à mon serment, puisses-tu, après ta mort,

venir sucer tout le sang de mon cœur !

505 *Et le vieux roi dit :*
Ainsi soit-il !
Et il partit pour la guerre. Et bientôt la belle l'oublia !...

Ici, Sdenka s'arrêta, comme si elle eût craint d'achever la ballade.
Je ne me contenais plus. Cette voix si douce, si expressive, était la
510 voix de la duchesse de Gramont... Sans réfléchir à rien, je poussai
la porte et j'entrai. Sdenka venait d'ôter une espèce de casaquin[1] que
portent les femmes de son pays. Sa chemise brodée d'or et de soie
rouge, serrée autour de sa taille par une simple jupe quadrillée, com-
posait tout son costume. Ses belles tresses blondes étaient dénouées et
515 son négligé rehaussait ses attraits. Sans s'irriter de ma brusque entrée,
elle en parut confuse et rougit légèrement.

« Oh, me dit-elle, pourquoi êtes-vous venu et que penserait-on de
moi si l'on nous surprenait ?

— Sdenka, mon âme, lui dis-je, soyez tranquille, tout dort autour
520 de nous, il n'y a que le grillon dans l'herbe et le hanneton dans les airs
qui puissent entendre ce que j'ai à vous dire.

— Oh, mon ami, fuyez, fuyez ! Si mon frère nous surprend, je suis
perdue !

— Sdenka, je ne m'en irai que lorsque vous m'aurez promis de
525 m'aimer toujours, comme la belle le promit au roi de la ballade. Je
pars bientôt, Sdenka, qui sait quand nous nous reverrons ? Sdenka, je
vous aime plus que mon âme, plus que mon salut... ma vie et mon
sang sont à vous... ne me donnerez-vous pas une heure en échange ?

— Bien des choses peuvent arriver dans une heure, dit Sdenka
530 d'un air pensif ; mais elle laissa sa main dans la mienne. Vous ne
connaissez pas mon frère, continua-t-elle en frissonnant ; j'ai un pressentiment qu'il viendra.

— Calmez-vous, ma Sdenka, lui dis-je, votre frère est fatigué de ses
veilles, il a été assoupi par le vent qui joue dans les arbres ; bien lourd
535 est son sommeil, bien longue est la nuit et je ne vous demande qu'une
heure ! Et puis, adieu... peut-être pour toujours !

— Oh, non, non, pas pour toujours ! dit vivement Sdenka ; puis
elle recula, comme effrayée de sa propre voix.

---

1. Casaquin : corsage porté par les femmes de la campagne.

— Oh! Sdenka, m'écriai-je, je ne vois que vous, je n'entends que
540 vous, je ne suis plus maître de moi, j'obéis à une force supérieure,
pardonnez-moi, Sdenka! Et comme un fou je la serrai contre mon cœur.

— Oh, vous n'êtes pas mon ami », dit-elle en se dégageant de mes
bras, et elle alla se réfugier dans le fond de sa chambre. Je ne sais
ce que je lui répondis, car j'étais moi-même confus de mon audace,
545 non qu'en pareille occasion elle ne m'ait réussi quelquefois, mais
parce que, malgré ma passion, je ne pouvais me défendre d'un respect
sincère pour l'innocence de Sdenka.

J'avais, il est vrai, hasardé au commencement quelques-unes de ces
phrases de galanterie qui ne déplaisaient pas aux belles de notre temps,
550 mais bientôt j'en fus honteux, et j'y renonçais, voyant que la simplicité
de la jeune fille l'empêchait de comprendre ce que vous autres, mesdames, je le vois à votre sourire, vous avez deviné à demi-mot.

J'étais là, devant elle, ne sachant que lui dire, quand tout à coup
je la vis tressaillir et fixer sur la fenêtre un regard de terreur. Je suivis
555 la direction de ses yeux et je vis distinctement la figure immobile de
Gorcha qui nous observait du dehors.

Au même instant, je sentis une lourde main se poser sur mon
épaule. Je me retournai. C'était Georges.

« Que faites-vous ici? » me demanda-t-il.

560 Déconcerté par cette brusque apostrophe, je lui montrai son père
qui nous regardait par la fenêtre et qui disparut sitôt que Georges
l'aperçut.

« J'avais entendu le vieux et j'étais venu prévenir votre sœur », lui
dis-je. Georges me regarda comme s'il eût voulu lire au fond de mon
565 âme. Puis il me prit par le bras, me conduisit dans ma chambre et s'en
alla sans proférer une parole.

Le lendemain, la famille était réunie devant la porte de la maison,
autour d'une table chargée de laitage[1].

« Où est l'enfant? dit Georges.

570 — Il est dans la cour, répondit sa mère, il joue tout seul à son jeu
favori et s'imagine combattre les Turcs. »

---

1. Laitage : ensemble des produits laitiers.

À peine avait-elle prononcé ces mots qu'à notre extrême surprise nous vîmes s'avancer du fond du bois la grande figure de Gorcha qui marcha lentement vers notre groupe et s'assit à la table, comme il 575 l'avait fait le jour de mon arrivée.

« Mon père, soyez le bienvenu, murmura sa belle-fille, d'une voix à peine intelligible.

— Soyez le bienvenu, mon père, répétèrent Sdenka et Pierre, à voix basse.

580   — Mon père, dit Georges d'une voix ferme, mais en changeant de couleur, nous vous attendons pour prononcer la prière ! »

Le vieux se détourna en fronçant les sourcils.

« La prière à l'instant même ! répéta Georges, et faites le signe de la croix ou par saint Georges[1]... »

585   Sdenka et sa belle-sœur se penchèrent vers le vieux et le supplièrent de prononcer la prière.

« Non, non, non, dit le vieillard, il n'a pas le droit de me commander et s'il insiste, je le maudis ! »

Georges se leva et courut dans la maison. Bientôt il revint, la 590 fureur dans les yeux.

« Où est le pieu ? s'écria-t-il, où avez-vous caché le pieu ? »

Sdenka et Pierre échangèrent un regard.

« Cadavre ! dit alors Georges en s'adressant au vieux, qu'as-tu fait de mon aîné ? Pourquoi as-tu tué mon enfant ? Rends-moi mon fils, 595 cadavre ! »

Et en parlant ainsi, il devenait de plus en plus pâle et ses yeux s'animaient davantage.

Le vieux le regardait d'un mauvais regard et ne bougeait pas.

« Oh, le pieu, le pieu ! s'écria Georges. Que celui qui l'a caché 600 réponde des malheurs qui nous attendent ! »

Dans ce moment, nous entendîmes les joyeux éclats de rire de l'enfant cadet et nous le vîmes arriver à cheval sur un grand pieu qu'il traînait en caracolant dessus et en poussant, de sa petite voix, le cri de guerre des Serbes quand ils attaquent l'ennemi.

---

1. Saint Georges : martyr chrétien du IVe siècle. Georges de Lydda est célèbre pour avoir combattu un dragon. Il symbolise la victoire du Bien contre le Mal.

605 À cette vue le regard de Georges flamboya. Il arracha le pieu à l'enfant et se précipita sur son père. Celui-ci poussa un hurlement et se mit à courir dans la direction du bois avec une vitesse si peu conforme à son âge qu'elle paraissait surnaturelle.

Georges le poursuivit à travers champs et bientôt nous les per-610 dîmes de vue.

Le soleil s'était couché quand Georges revint à la maison, pâle comme la mort et les cheveux hérissés. Il s'assit près du feu, et je crus entendre ses dents claquer. Personne n'osa le questionner. Vers l'heure où la famille avait coutume de se séparer, il parut recouvrer toute son 615 énergie et, me prenant à part, il me dit de la manière la plus naturelle :

« Mon cher hôte, je viens de voir la rivière. Il n'y a plus de glaçons, le chemin est libre, rien ne s'oppose à votre départ. Il est inutile, ajouta-t-il, en jetant un regard sur Sdenka, de prendre congé de ma famille. Elle vous souhaite par ma bouche tout le bonheur qu'on peut 620 désirer ici-bas, et j'espère que vous aussi vous nous garderez un bon souvenir. Demain, au point du jour, vous trouverez votre cheval sellé et votre guide prêt à vous suivre. Adieu, rappelez-vous quelquefois votre hôte et pardonnez-lui si votre séjour ici n'a pas été aussi exempt de tribulations qu'il l'aurait désiré. »

625 Les traits durs de Georges avaient dans ce moment une expression presque cordiale. Il me conduisit dans ma chambre et me serra la main une dernière fois. Puis il tressaillit et ses dents claquèrent comme s'il grelottait de froid.

Resté seul, je ne songeais pas à me coucher, comme vous le pensez 630 bien. D'autres idées me préoccupaient. J'avais aimé plusieurs fois dans ma vie. J'avais eu des accès de tendresse, de dépit et de jalousie, mais jamais, pas même en quittant la duchesse de Gramont, je n'avais ressenti une tristesse pareille à celle qui me déchirait le cœur dans ce moment. Avant que le soleil n'eût paru, je mis mes habits de voyage 635 et je voulus tenter une dernière entrevue avec Sdenka. Mais Georges m'attendait dans le vestibule. Toute possibilité de la revoir m'était ravie.

Je sautai sur mon cheval et je piquai des deux[1]. Je me promettais bien, à mon retour de Jassy[2], de repasser par ce village, et cet espoir,

---

1. Piquer des deux : donner des coups d'éperon au cheval, des deux pieds à la fois.
2. Jassy : ville de Roumanie, anciennement la capitale de la Moldavie.

si éloigné qu'il fût, chassa peu à peu mes soucis. Je pensais déjà avec
640 complaisance au moment du retour, et l'imagination m'en retraçait
d'avance tous les détails, quand un brusque mouvement du cheval
faillit me faire perdre les arçons[1]. L'animal s'arrêta tout court, se raidit
sur ses pieds de devant et fit entendre des naseaux ce bruit d'alarme
qu'arrache à ses semblables la proximité d'un danger. Je regardai avec
645 attention et vis, à une centaine de pas devant moi, un loup qui creu-
sait la terre. Au bruit que je fis, il prit la fuite, j'enfonçai mes éperons
dans les flancs de ma monture et je parvins à la faire avancer. J'aperçus
alors à l'endroit qu'avait quitté le loup une fosse toute fraîche. Il me
sembla en outre distinguer le bout d'un pieu dépassant de quelques
650 pouces la terre que le loup venait de remuer. Cependant, je ne l'affirme point, car je passai très vite auprès de cet endroit.

Ici, le marquis se tut et prit une prise de tabac.

« Est-ce donc tout ? demandèrent les dames.

— Hélas, non ! répondit M. d'Urfé. Ce que j'ai à vous raconter
655 encore est pour moi d'un souvenir bien plus pénible, et je donnerais
beaucoup pour en être délivré. »

Les affaires qui m'amenaient à Jassy m'y retinrent plus longtemps
que je ne m'y étais attendu. Je ne les terminai qu'au bout de six mois.
Que vous dirai-je ? C'est une vérité triste à avouer, mais ce n'en est pas
660 moins une vérité qu'il y a peu de sentiments durables ici-bas. Le succès
de mes négociations, les encouragements que je recevais du cabinet de
Versailles, la politique en un mot, cette vilaine politique qui nous a si
fort ennuyés ces derniers temps ne tarda pas à affaiblir dans mon esprit
le souvenir de Sdenka. Puis la femme du hospodar, personne bien belle
665 et possédant parfaitement notre langue, m'avait fait, dès mon arrivée,
l'honneur de me distinguer parmi quelques autres jeunes étrangers
qui séjournaient à Jassy. Élevé comme je l'ai été, dans les principes de
la galanterie française, mon sang gaulois se serait révolté à l'idée de
payer d'ingratitude la bienveillance que me témoignait la beauté. Aussi
670 je répondis courtoisement aux avances qui me furent faites, et pour
me mettre à même de faire valoir les intérêts et les droits de la France,
je commençai par m'identifier avec tous ceux du hospodar.

---

1. Arçons : pièces de la selle, placées à l'avant et à l'arrière, servant au cavalier pour s'y agripper.

Rappelé dans mon pays, je repris le chemin qui m'avait amené à Jassy.

Je ne pensais plus ni à Sdenka, ni à sa famille quand, un soir, che-
675 vauchant par la campagne, j'entendis une cloche qui sonnait huit
heures. Ce son ne me parut pas inconnu, et mon guide me dit qu'il
venait d'un couvent peu éloigné. Je lui en demandai le nom, et j'appris que c'était celui de la Vierge du Chêne. Je pressai le pas de mon
cheval et bientôt nous frappâmes à la porte du couvent. L'ermite vint
680 nous ouvrir et nous conduisit à l'appartement des étrangers. Je le
trouvai si rempli de pèlerins que je perdis l'envie d'y passer la nuit et
je demandai si je pourrais trouver un gîte au village.

«Vous en trouverez plus d'un, me répondit l'ermite en poussant
un profond soupir; grâce au mécréant Gorcha, il n'y manque pas de
685 maisons vides!

— Qu'est-ce à dire? demandai-je, le vieux Gorcha vit-il encore?

— Oh, non, celui-là est bien et bellement enterré avec un pieu dans le
cœur! Mais il avait sucé le sang du fils de Georges. L'enfant est revenu une
nuit, pleurant à la porte, disant qu'il avait froid et qu'il voulait rentrer. Sa
690 sotte de mère, bien qu'elle l'eût enterré elle-même, n'eut pas le courage
de le renvoyer au cimetière et lui ouvrit. Alors il se jeta sur elle et la suça
à mort. Enterrée à son tour, elle revint sucer le sang de son second fils, et
puis celui de son mari, et puis celui de son beau-frère. Tous y ont passé.

— Et Sdenka? dis-je.

695 — Oh, celle-là devint folle de douleur; pauvre enfant, ne m'en
parlez pas!»

La réponse de l'ermite n'était pas positive, et je n'eus pas le courage
de répéter ma question.

«Le vampirisme est contagieux, continua l'ermite en se signant;
700 bien des familles au village en sont atteintes, bien des familles sont
mortes jusqu'à leur dernier membre, et si vous voulez m'en croire,
vous resterez cette nuit au couvent, car lors même qu'au village vous
ne seriez pas dévoré par les *vourdalaks,* toujours est-il que la peur qu'ils
vous feront suffira pour blanchir vos cheveux avant que je n'aie fini
705 de sonner matines[1]. Je ne suis qu'un pauvre religieux, continua-t-il,

---

1. Sonner matines: faire tinter les cloches pour annoncer le moment de la première prière
   du matin.

mais la générosité des voyageurs m'a mis à même de pourvoir à leurs besoins. J'ai des fromages exquis, du raisin sec qui vous fera venir l'eau à la bouche rien qu'à le regarder et quelques flacons de vin de Tokay qui ne le cède en rien à celui qu'on sert à Sa Sainteté le Patriarche[1]! »

710 Il me parut en ce moment que l'ermite tournait à l'aubergiste. Je crus qu'il m'avait fait exprès des contes bleus[2] pour me donner l'occasion de me rendre agréable au ciel, en imitant la générosité des voyageurs *qui avaient mis le saint homme à même de pourvoir à leurs besoins.*

Et puis le mot *peur* faisait de tout temps sur moi l'effet du clairon 715 sur un coursier de guerre. J'aurais eu honte de moi-même si je n'étais parti aussitôt. Mon guide, tout tremblant, me demanda la permission de rester et je la lui accordai volontiers.

Je mis environ une demi-heure pour arriver au village. Je le trouvai désert. Pas une lumière ne brillait aux fenêtres, pas une chanson ne se 720 faisait entendre. Je passai en silence devant toutes ces maisons dont la plupart m'étaient connues et j'arrivai enfin à celle de Georges. Soit souvenir sentimental, soit témérité de jeune homme, c'est là que je résolus de passer la nuit.

Je descendis de cheval et frappai à la porte cochère[3]. Personne ne 725 répondit. Je poussai la porte ; elle s'ouvrit en criant sur ses gonds, et j'entrai dans la cour.

J'attachai mon cheval tout sellé sous un hangar, où je trouvai une provision d'avoine suffisante pour une nuit, et j'avançai résolument vers la maison.

730 Aucune porte n'était fermée, pourtant toutes les chambres paraissaient inhabitées. Celle de Sdenka semblait n'avoir été abandonnée que de la veille. Quelques vêtements gisaient encore sur le lit. Quelques bijoux qu'elle tenait de moi, et parmi lesquels je reconnus une petite croix en émail que j'avais achetée en passant 735 par Pesth[4], brillaient sur une table, à la lueur de la lune. Je ne pus me défendre d'un serrement de cœur, bien que mon amour fût passé.

---

1. Sa Sainteté le Patriarche : le pape.
2. Contes bleus : contes de fées, d'après la couleur des premiers livres publiés.
3. Porte cochère : porte à l'ouverture assez grande pour laisser passer le cocher et sa voiture attelée de chevaux.
4. Pesth : Budapest, capitale de la Hongrie.

Cependant, je m'enveloppai dans mon manteau et je m'étendis sur le lit. Bientôt le sommeil me gagna. Je ne me rappelle pas les détails de mon rêve, mais je sais que je revis Sdenka, belle, naïve et aimante
740 comme par le passé. Je me reprochais, en la voyant, mon égoïsme et mon inconstance. Comment ai-je pu, me demandais-je, abandonner cette pauvre enfant qui m'aimait, comment ai-je pu l'oublier ? Puis son idée se confondit avec celle de la duchesse de Gramont, et je ne vis dans ces deux images qu'une seule et même personne. Je me jetai
745 aux pieds de Sdenka et j'implorai son pardon. Tout mon être, toute mon âme se confondait dans un sentiment ineffable de mélancolie et de bonheur.

J'en étais là de mon rêve quand je fus réveillé à demi par un son harmonieux, semblable au bruissement d'un champ de blé agité par
750 la brise légère. Il me sembla entendre les épis s'entrechoquer mélodieusement et le chant des oiseaux se mêler au roulement d'une cascade et au chuchotement des arbres. Puis, il me parut que tous ces sons confus n'étaient que le frôlement d'une robe de femme, et je m'arrêtai à cette idée. J'ouvris les yeux et je vis Sdenka auprès de
755 mon lit. La lune brillait d'un éclat si vif que je pouvais distinguer dans leurs moindres détails les traits adorables qui m'avaient été si chers autrefois, mais dont mon rêve seulement venait de me faire sentir tout le prix. Je trouvai Sdenka plus belle et plus développée. Elle avait le même négligé que la dernière fois, quand je l'avais vue seule ; une
760 simple chemise brodée d'or et de soie, et puis une jupe étroitement serrée au-dessus des hanches.

« Sdenka ! lui dis-je, me levant sur mon séant, est-ce bien vous, Sdenka ?

— Oui, c'est moi, me répondit-elle d'une voix douce et triste, c'est
765 bien ta Sdenka que tu avais oubliée. Ah, pourquoi n'es-tu pas revenu plus tôt ? Tout est fini maintenant, il faut que tu partes ; un moment de plus et tu es perdu ! Adieu, mon ami, adieu pour toujours !

— Sdenka, lui dis-je, vous avez eu bien des malheurs, m'a-t-on dit ! Venez, nous causerons ensemble et cela vous soulagera !
770 — Oh, mon ami, dit-elle, il ne faut pas croire tout ce qu'on dit de nous ; mais partez, partez au plus vite car, si vous restez ici, votre perte est certaine.

— Mais, Sdenka, quel est donc ce danger qui me menace ? Ne pouvez-vous pas me donner une heure, rien qu'une heure pour
775 causer avec vous ? »

Sdenka tressaillit, et une révolution étrange s'opéra dans toute sa personne.

« Oui, dit-elle, une heure, une heure n'est-ce pas, comme lorsque je chantais la ballade du vieux roi et que tu es entré dans cette chambre ?
780 C'est là ce que tu veux dire ? Hé bien, soit, je te donne une heure ! Mais non, non, dit-elle, en se reprenant, pars, va-t'en ! Pars plus vite, te dis-je, fuis !... mais fuis donc tant que tu le peux ! »

Une sauvage énergie animait ses traits.

Je ne m'expliquai pas le motif qui la faisait parler ainsi, mais
785 elle était si belle que je résolus de rester malgré elle. Cédant enfin à mes instances, elle s'assit près de moi, me parla des temps passés et m'avoua en rougissant qu'elle m'avait aimé dès le jour de mon arrivée. Cependant, peu à peu, je remarquai un grand changement dans Sdenka. Sa réserve d'autrefois avait fait place à un étrange
790 laisser-aller. Son regard, naguère si timide, avait quelque chose de hardi. Enfin, je vis avec surprise que, dans sa manière d'être avec moi, elle était loin de la modestie qui l'avait distinguée jadis.

Serait-il possible, me dis-je, que Sdenka ne fût pas la jeune fille pure et innocente qu'elle semblait être il y a deux ans ? N'en aurait-
795 elle pris que l'apparence par crainte de son frère ? Aurais-je été si grossièrement dupe de sa vertu d'emprunt ? Mais alors, pourquoi m'engager à partir ? Serait-ce par hasard un raffinement de coquetterie ? Et moi qui croyais la connaître ! Mais n'importe ! Si Sdenka n'est pas une Diane[1] comme je l'ai pensé, je puis bien la comparer à
800 une autre divinité, non moins aimable et, vive Dieu ! je préfère le rôle d'Adonis[2] à celui d'Actéon[3] !

---

1. Diane : déesse de la chasse et de la lune dans la mythologie romaine. Elle a été assimilée à la déesse vierge Artémis de la mythologie grecque.
2. Adonis : bel amant d'Aphrodite. La légende veut qu'il ait été tué par un sanglier envoyé par Artémis.
3. Actéon : chasseur qui aurait surpris Artémis nue pendant son bain. Pour le punir, la déesse l'aurait métamorphosé en cerf et il aurait été tué par sa propre meute de chiens.

Si cette phrase classique que je m'adressai à moi-même vous paraît hors de saison, mesdames, veuillez songer que ce que j'ai l'honneur de vous raconter se passait en l'an de grâce 1759. La mythologie alors
805 était à l'ordre du jour, et je ne me piquais pas d'aller plus vite que mon siècle. Les choses ont bien changé depuis, et il n'y a pas fort longtemps que la Révolution[1], en renversant les souvenirs du paganisme en même temps que la religion chrétienne, avait mis la déesse Raison à leur place. Cette déesse, mesdames, n'a jamais été ma patronne quand
810 je me trouvai en présence de vous autres, et, à l'époque dont je parle, j'étais moins disposé que jamais à lui offrir des sacrifices. Je m'abandonnai sans réserve au penchant qui m'entraînait vers Sdenka, et j'allai joyeusement au-devant de ses agaceries. Déjà quelque temps s'était écoulé dans une douce intimité quand, en m'amusant à parer
815 Sdenka de tous ses bijoux, je voulus lui passer au cou la petite croix en émail que j'avais trouvée sur la table. Au mouvement que je fis, Sdenka recula en tressaillant.

«Assez d'enfantillage, mon ami, me dit-elle, laisse là ces brimborions[2] et causons de toi et de tes projets!»
820 Le trouble de Sdenka me donna à penser. En l'examinant avec attention, je remarquai qu'elle n'avait plus au cou, comme autrefois, une foule de petites images, de reliquaires et de sachets remplis d'encens que les Serbes ont l'usage de porter dès leur enfance et qu'ils ne quittent qu'à leur mort.
825 «Sdenka, lui dis-je, où sont donc les images que vous aviez au cou?

— Je les ai perdues», répondit-elle d'un air d'impatience, et aussitôt elle changea de conversation.

Je ne sais quel pressentiment vague, dont je ne me rendis pas
830 compte, s'empara de moi. Je voulus partir, mais Sdenka me retint.

«Comment, dit-elle, tu m'as demandé une heure, et voilà que tu pars au bout de quelques minutes!

— Sdenka, dis-je, vous aviez raison de m'engager à partir; je crois entendre du bruit et je crains qu'on ne nous surprenne!

---

1. La Révolution française de 1789.
2. Brimborions : babioles, choses sans valeur et sans utilité.

835   — Sois tranquille, mon ami, tout dort autour de nous, il n'y a
que le grillon dans l'herbe et le hanneton dans les airs qui puissent
entendre ce que j'ai à te dire !

— Non, non, Sdenka, il faut que je parte !...

— Arrête, arrête, dit Sdenka, je t'aime plus que mon âme, plus que
840   mon salut, tu m'as dit que ta vie et ton sang étaient à moi !...

— Mais ton frère, ton frère, Sdenka, j'ai un pressentiment qu'il
viendra !

— Calme-toi, mon âme, mon frère est assoupi par le vent qui joue
dans les arbres ; bien lourd est son sommeil, bien longue est la nuit, et
845   je ne te demande qu'une heure ! »

En disant cela, Sdenka était si belle que la vague terreur qui m'agitait commença à céder au désir de rester auprès d'elle. Un mélange
de crainte et de volupté impossible à décrire remplissait tout mon
être. À mesure que je faiblissais, Sdenka devenait plus tendre, si bien
850   que je me décidai à céder, tout en me promettant de me tenir sur mes
gardes. Cependant, comme je l'ai dit tout à l'heure, je n'ai jamais été
sage qu'à demi, et quand Sdenka, remarquant ma réserve, me pro-
posa de chasser le froid de la nuit par quelques verres d'un vin géné-
reux qu'elle me dit tenir du bon ermite, j'acceptai sa proposition avec
855   un empressement qui la fit sourire. Le vin produisit son effet. Dès le
second verre, la mauvaise impression qu'avait faite sur moi la circonstance de la croix et des images s'effaça complètement ; Sdenka, dans
le désordre de sa toilette, avec ses beaux cheveux à demi tressés, avec
ses joyaux éclairés par la lune, me parut irrésistible. Je ne me contins
860   plus et je la pressai dans mes bras.

Alors, mesdames, eut lieu une de ces mystérieuses révélations que
je ne saurai jamais expliquer, mais à l'existence desquelles l'expérience m'a forcé de croire, quoique jusque-là j'aie été peu porté à les
admettre.

865   La force avec laquelle j'enlaçai mes bras autour de Sdenka fit
entrer dans ma poitrine une des pointes de la croix que vous venez
de voir et que la duchesse de Gramont m'avait donnée à mon départ.
La douleur aiguë que j'en éprouvai fut pour moi comme un rayon de
lumière qui me traversa de part en part. Je regardai Sdenka et je vis
870   que ses traits, quoique toujours beaux, étaient contractés par la mort,

que ses yeux ne voyaient pas et que son sourire était une convulsion imprimée par l'agonie sur la figure d'un cadavre. En même temps, je sentis dans la chambre cette odeur nauséabonde que répandent d'ordinaire les caveaux mal fermés. L'affreuse vérité se dressa devant
875 moi dans toute sa laideur, et je me souvins trop tard des avertissements de l'ermite. Je compris combien ma position était précaire, et je sentis que tout dépendait de mon courage et de mon sang-froid. Je me détournai de Sdenka pour lui cacher l'horreur que mes traits devaient exprimer. Mes regards, alors, tombèrent sur la fenêtre et je
880 vis l'infâme Gorcha, appuyé sur un pieu ensanglanté et fixant sur moi des yeux de hyène. L'autre fenêtre était occupée par la pâle figure de Georges qui, dans ce moment, avait avec son père une ressemblance effrayante. Tous deux semblaient épier mes mouvements, et je ne doutai pas qu'ils s'élanceraient sur moi à la moindre tentative de
885 fuite. Je n'eus donc pas l'air de les apercevoir, mais faisant un violent effort sur moi-même, je continuai, oui, mesdames, je continuai à prodiguer à Sdenka les mêmes caresses que je me plaisais à lui faire avant ma terrible découverte. Pendant ce temps, je songeais avec angoisse au moyen de m'échapper. Je remarquai que Gorcha et Georges échan-
890 geaient avec Sdenka des regards d'intelligence et qu'ils commençaient à s'impatienter. J'entendis aussi au-dehors une voix de femme et des cris d'enfants, mais si affreux qu'on aurait pu les prendre pour des hurlements de chats sauvages. Voici qu'il est temps de plier bagage, me dis-je, et le plus tôt sera le mieux !
895   M'adressant alors à Sdenka, je lui dis à voix haute et de manière à être entendu de ses hideux parents :

« Je suis bien fatigué, mon enfant, je voudrais me coucher et dormir quelques heures, mais il faut d'abord que j'aille voir si mon cheval a mangé sa provende. Je vous prie de ne pas vous en aller et
900 d'attendre mon retour. »

J'appliquai alors mes lèvres sur ses lèvres froides et décolorées, et je sortis. Je trouvai mon cheval couvert d'écume et se débattant sous le hangar. Il n'avait pas touché à l'avoine, mais le hennissement qu'il poussa en me voyant venir me donna la chair de poule, car je craignis
905 qu'il ne trahît mes intentions. Cependant les vampires, qui avaient probablement entendu ma conversation avec Sdenka, ne pensèrent

point à prendre l'alarme. Je m'assurai alors que la porte cochère était ouverte et, m'élançant en selle, j'enfonçai mes éperons dans les flancs de mon cheval.

910   J'eus le temps d'apercevoir, en sortant de la porte, que la troupe rassemblée auprès de la maison et dont la plupart des individus avaient le visage collé contre les vitres, était très nombreuse. Je crois que ma brusque sortie les interdit d'abord, car pendant quelque temps je ne distinguai, dans le silence de la nuit, rien que le galop uniforme de 915 mon cheval. Je croyais déjà pouvoir me féliciter de ma ruse quand, tout d'un coup, j'entendis derrière moi un bruit semblable à un ouragan éclatant dans les montagnes. Mille voix confuses criaient, hurlaient et semblaient se disputer entre elles. Puis toutes se turent comme d'un commun accord, et j'entendis un piétinement précipité, comme si une 920 troupe de fantassins s'approchait au pas de course.

    Je pressai ma monture à lui déchirer les flancs. Une fièvre ardente me faisait battre les artères et, pendant que je m'épuisais en efforts inouïs pour conserver ma présence d'esprit, j'entendis derrière moi une voix qui me criait :

925   « Arrête, arrête, mon ami ! Je t'aime plus que mon âme, je t'aime plus que mon salut ! Arrête, arrête, ton sang est à moi ! »

    En même temps, un souffle froid effleura mon oreille et je sentis Sdenka me sauter en croupe.

    « Mon cœur, mon âme ! me disait-elle, je ne vois que toi, je ne sens 930 que toi, je ne suis pas maîtresse de moi-même, j'obéis à une force supérieure, pardonne-moi, mon ami, pardonne-moi ! »

    Et m'enlaçant dans ses bras, elle tâchait de me renverser en arrière et de me mordre à la gorge. Une lutte terrible s'engagea entre nous. Pendant longtemps je ne me défendis qu'avec peine, mais enfin, je 935 parvins à saisir Sdenka d'une main, par sa ceinture, et de l'autre, par ses tresses, et me raidissant sur mes étriers, je la jetai à terre !

    Aussitôt mes forces m'abandonnèrent et le délire s'empara de moi. Mille images folles et terribles me poursuivaient en grimaçant. D'abord Georges et son frère, Pierre, côtoyaient la route et tâchaient 940 de me couper le chemin. Ils n'y parvenaient pas et j'allais m'en réjouir quand, en me retournant, j'aperçus le vieux Gorcha qui se servait de son pieu pour faire des bonds comme les montagnards tyroliens quand ils franchissent les abîmes. Gorcha aussi resta en arrière. Alors sa belle-fille, qui traînait ses enfants après elle, lui en jeta un qu'il 945 reçut au bout de son pieu. S'en servant comme d'une baliste, il lança de toutes ses forces l'enfant après moi. J'évitai le coup, mais avec un véritable instinct de bouledogue, le petit crapaud s'attacha au cou de mon cheval et j'eus de la peine à l'en arracher. L'autre enfant me fut envoyé de la même manière, mais il tomba au-delà du cheval et en 950 fut écrasé. Je ne sais ce que je vis encore, mais quand je revins à moi, il était grand jour et je me trouvai couché sur la route à côté de mon cheval expirant.

Ainsi finit, mesdames, une amourette qui aurait dû me guérir à jamais de l'envie d'en chercher de nouvelles. Quelques contempo-955 raines de vos grand-mères pourraient vous dire si je fus plus sage à l'avenir.

Quoi qu'il en soit, je frémis encore à l'idée que, si j'avais succombé à mes ennemis, je serais devenu vampire à mon tour; mais le ciel ne permit pas que les choses en vinssent à ce point, et loin d'avoir soif 960 de votre sang, mesdames, je ne demande pas mieux, tout vieux que je suis, que de verser le mien pour votre service!

Source: André Lirondelle, «Alexis Tolstoï, La Famille du Vourdalak, texte français inédit», *Revue des études slaves*, 1950, vol. 26, n°s 1-4, p. 15-33.

ALEXANDRE DUMAS

(1802-1870)

HISTOIRE DE LA DAME PÂLE — 1849

Récit (extrait)

Champion de Dieu

BIEN AVANT Bram Stoker, Alexandre Dumas renoue avec le cadre géographique qui a vu la naissance des vampires : l'Europe centrale, et plus précisément les monts Carpates. Tout le décor de l'intrigue évoque le roman gothique anglais, avec ses châteaux sinistres, ses monastères isolés et ses cimetières laissant échapper de leurs tombes des spectres effrayants. L'auteur parachève ce retour aux sources avec une intrigue outrancièrement manichéenne, où le vampire est clairement associé au Mal et à Satan, alors que son frère le combattant, avec rien de moins qu'une épée bénie, est comparé à un ange exterminateur. Cet antagonisme fraternel n'est pas sans rappeler que le thème du vampirisme implique d'abord et avant tout le retour à la vie d'un double maléfique. Même dans la mort, le vertueux garde un œil sur le damné. La narratrice du récit, une jeune femme pure et candide comme le genre l'exige, est évidemment convoitée par les deux frères, Grégoriska et Kostaki. Cette histoire est racontée par le maître du roman historique, dans les quatre derniers chapitres des *Mille et Un Fantômes,* un recueil de nouvelles fantastiques. À l'époque, ses plus grands succès sont déjà parus : *Les Trois Mousquetaires* (1844), *La Reine Margot* (1845) et *Le Comte de Monte-Cristo* (1844-1846).

HISTOIRE DE LA DAME PÂLE

Dans le récit à tiroirs *Les Mille et Un Fantômes,* la dame pâle (tout comme Alexandre Dumas lui-même) est l'une des invités de monsieur Ledru, dans son domaine de Fontenay-aux-Roses, près de Paris. Elle est la dernière à raconter son histoire. D'origine polonaise, elle a perdu son père et ses frères dans la guerre qui opposait son pays au tsar de Russie. En 1825, elle quitte son château avec toutes ses richesses, accompagnée par dix hommes, afin de trouver refuge dans un monastère situé dans les monts Carpates. Presque arrivés, ils sont attaqués par une bande de brigands dirigée par un jeune chef, Kostaki. Hedwige est sauvée de justesse par le maître des lieux et frère de ce dernier, Grégoriska, l'héritier des Brankovan. Il l'emmène dans le château de sa famille, sous la protection de sa mère. Les deux frères, de pères différents, tombent amoureux d'elle. Alors que Grégoriska prépare sa fuite avec Hedwige, Kostaki est tué en duel. Tout porte à croire que ce fut une lutte fratricide. Sa mère, l'ignorant, demande à Grégoriska de venger son frère et de tuer son bourreau. Il le promet, malgré les circonstances. Quelques jours après les funérailles, il remarque l'extrême pâleur d'Hedwige et c'est alors qu'elle se confie à lui.

Je lui racontai tout : cette étrange hallucination qui me prenait à cette heure où Kostaki avait dû mourir ; cette terreur, cet engourdissement, ce froid de glace, cette prostration qui me couchait sur mon lit, ce bruit de pas que je croyais entendre, cette porte que je croyais voir s'ouvrir, enfin cette
5   douleur aiguë suivie d'une pâleur et d'une faiblesse sans cesse croissantes.

J'avais cru que mon récit paraîtrait à Grégoriska un commencement de folie, et je l'achevais avec une certaine timidité quand, au contraire, je vis qu'il prêtait à ce récit une attention profonde.

Après que j'eus cessé de parler, il réfléchit un instant.

10   « Ainsi, demanda-t-il, vous vous endormez, chaque soir, à neuf heures moins un quart ?

— Oui, quelque effort que je fasse pour résister au sommeil.

— Ainsi, vous croyez voir s'ouvrir votre porte ?

— Oui, quoique je la ferme au verrou.

15   — Ainsi vous ressentez une douleur aiguë au cou?

— Oui, quoique à peine mon cou conserve la trace d'une blessure.

— Voulez-vous me permettre que je voie? dit-il.

Je renversai ma tête sur mon épaule. Il examina cette cicatrice.

— Hedwige, dit-il après un instant, avez-vous confiance en moi?

20   — Vous le demandez! répondis-je.

— Croyez-vous en ma parole?

— Comme je crois aux saints Évangiles.

— Eh bien! Hedwige, sur ma parole! je vous jure que vous n'avez pas huit jours à vivre si vous ne consentez pas à faire, aujourd'hui 25 même, ce que je vais vous dire...

— Et si j'y consens?

— Si vous y consentez, vous serez sauvée peut-être.

— Peut-être?

Il se tut.

30   — Quoi qu'il doive arriver, Grégoriska, repris-je, je ferai ce que vous m'ordonnerez de faire.

— Eh bien! écoutez, dit-il, et surtout ne vous effrayez pas. Dans votre pays comme en Hongrie, comme dans notre Roumanie, il existe une tradition.

35 Je frissonnai, car cette tradition m'était revenue à la mémoire.

— Ah! dit-il, vous savez ce que je veux dire?

— Oui, répondis-je, j'ai vu, en Pologne, des personnes soumises à cette horrible fatalité.

— Vous voulez parler des vampires, n'est-ce pas?

40   — Oui, dans mon enfance, j'ai vu déterrer, dans le cimetière d'un village appartenant à mon père, quarante personnes mortes en quinze jours sans que l'on pût deviner la cause de leur mort. Dix-sept ont donné tous les signes du vampirisme, c'est-à-dire qu'on les a retrouvés frais, vermeils et pareils à des vivants; les autres étaient leurs victimes.

45   — Et que fit-on pour en délivrer le pays?

— On leur enfonça un pieu dans le cœur, et on les brûla ensuite.

— Oui, c'est ainsi que l'on agit d'ordinaire mais, pour nous, cela ne suffit pas. Pour vous délivrer du fantôme, je veux d'abord le connaître, et, de par le ciel, je le connaîtrai. Oui, et, s'il le faut, je 50 lutterai corps à corps avec lui, quel qu'il soit.

— Ah ! Grégoriska ! m'écriai-je, effrayée.

— J'ai dit « quel qu'il soit », et je le répète. Mais il faut, pour mener à bien cette terrible aventure, que vous consentiez à tout ce que je vais exiger.

55   — Dites.

— Tenez-vous prête à sept heures. Descendez à la chapelle ; descendez-y seule. Il faut vaincre votre faiblesse, Hedwige, il le faut. Là, nous recevrons la bénédiction nuptiale. Consentez-y, ma bien-aimée ; il faut, pour vous défendre, que devant Dieu et devant les
60 hommes, j'aie le droit de veiller sur vous. Nous remonterons ici, et alors nous verrons.

— Oh ! Grégoriska, m'écriai-je, si c'est lui, il vous tuera !

— Ne craignez rien, ma bien-aimée Hedwige. Seulement, consentez.

— Vous savez bien que je ferai tout ce que vous voudrez,
65 Grégoriska.

— À ce soir, alors.

— Oui, faites de votre côté ce que vous voulez faire, et je vous seconderai de mon mieux, allez. »

Il sortit. Un quart d'heure après, je vis un cavalier bondissant sur
70 la route du monastère : c'était lui !

À peine l'eus-je perdu de vue que je tombai à genoux et que je priai comme on ne prie plus dans vos pays sans croyance, et j'attendis sept heures, offrant à Dieu et aux saints l'holocauste[1] de mes pensées ; je ne me relevai qu'au moment où sonnèrent sept heures.

75   J'étais faible comme une mourante, pâle comme une morte. Je jetai sur ma tête un grand voile noir, je descendis l'escalier, me soutenant aux murailles, et me rendis à la chapelle sans avoir rencontré personne.

Grégoriska m'attendait avec le père Bazile, supérieur du couvent
80 de Hango. Il portait au côté une épée sainte, relique d'un vieux croisé[2] qui avait pris Constantinople[3] avec Ville-Hardouin et Baudouin de Flandre.

---

1. Holocauste : sacrifice.

2. Croisé : chevalier ayant participé aux Croisades pendant le Moyen Âge.

3. Constantinople : appelée « Byzance » dans l'Antiquité, il s'agit de la ville d'Istanbul, en Turquie.

« Hedwige, dit-il en frappant de la main sur son épée, avec l'aide de Dieu, voici qui rompra le charme qui menace votre vie. Approchez
85 donc résolument, voici un saint homme qui, après avoir reçu ma confession, va recevoir nos serments. »

La cérémonie commença ; jamais peut-être il n'y en eut de plus simple et de plus solennelle à la fois. Nul n'assistait le pope[1] ; lui-même nous plaça sur la tête les couronnes nuptiales. Vêtus de deuil tous
90 deux, nous fîmes le tour de l'autel, un cierge à la main ; puis le religieux, ayant prononcé les paroles saintes, ajouta : « Allez, maintenant, mes enfants, et que Dieu vous donne la force et le courage de lutter contre l'ennemi du genre humain. Vous êtes armés de votre innocence et de sa justice ; vous vaincrez le démon. Allez, et soyez bénis. »
95 Nous baisâmes les livres saints, et nous sortîmes de la chapelle.

Alors, pour la première fois, je m'appuyai sur le bras de Grégoriska, et il me sembla qu'au toucher de ce bras vaillant, qu'au contact de ce noble cœur, la vie rentrait dans mes veines. Je me croyais certaine de triompher, puisque Grégoriska était avec moi ; nous remontâmes
100 dans ma chambre.

Huit heures et demie sonnaient.

« Hedwige, me dit alors Grégoriska, nous n'avons pas de temps à perdre. Veux-tu t'endormir comme d'habitude et que tout se passe pendant ton sommeil ? Veux-tu rester habillée et tout voir ?
105 — Près de toi, je ne crains rien, je veux rester éveillée, je veux tout voir. »

Grégoriska tira de sa poitrine un buis bénit, tout humide encore d'eau sainte, et me le donna.

« Prends donc ce rameau, dit-il, couche-toi sur ton lit, récite les
110 prières à la Vierge et attends sans crainte. Dieu est avec nous. Surtout ne laisse pas tomber ton rameau ; avec lui, tu commanderas à l'enfer même. Ne m'appelle pas, ne crie pas ; prie, espère et attends. »

Je me couchai sur le lit, je croisai mes mains sur ma poitrine, sur laquelle j'appuyai le rameau bénit.
115 Quant à Grégoriska, il se cacha derrière le dais dont j'ai parlé et qui coupait l'angle de ma chambre.

---

1. Pope : prêtre des Églises orthodoxes slaves.

Je comptais les minutes, et, sans doute, Grégoriska les comptait aussi de son côté.

Les trois quarts sonnèrent.

120 Le retentissement du marteau vibrait encore que je ressentis ce même engourdissement, cette même terreur, ce même froid glacial ; mais j'approchai le rameau bénit de mes lèvres, et cette première sensation se dissipa.

Alors, j'entendis bien distinctement le bruit de ce pas lent et 125 mesuré qui retentissait dans l'escalier et qui s'approchait de ma porte.

Puis ma porte s'ouvrit lentement, sans bruit, comme poussée par une force surnaturelle, et alors...

La voix s'arrêta comme étouffée dans la gorge de la narratrice.

Et alors, continua-t-elle avec un effort, j'aperçus Kostaki, pâle 130 comme je l'avais vu sur la litière ; ses longs cheveux noirs, épars sur ses épaules, dégouttaient de sang ; il portait son costume habituel ; seulement il était ouvert sur sa poitrine et laissait voir sa blessure saignante.

Tout était mort, tout était cadavre... chair, habits, démarche... les yeux seuls, ces yeux terribles, étaient vivants.

135 À cette vue, chose étrange ! au lieu de sentir redoubler mon épouvante, je sentis croître mon courage. Dieu me l'envoyait sans doute pour que je pusse juger ma position et me défendre contre l'enfer. Au premier pas que le fantôme fit vers mon lit, je croisai hardiment mon regard avec ce regard de plomb et lui présentai le rameau bénit.

140 Le spectre essaya d'avancer ; mais un pouvoir plus fort que le sien le maintint à sa place. Il s'arrêta :

« Oh ! murmura-t-il, elle ne dort pas, elle sait tout. »

Il parlait en moldave, et cependant j'entendais comme si ces paroles eussent été prononcées dans une langue que j'eusse comprise.

145 Nous étions ainsi en face, le fantôme et moi, sans que mes yeux pussent se détacher des siens, lorsque je vis, sans avoir besoin de tourner la tête de son côté, Grégoriska sortir de derrière la stalle de bois, semblable à l'ange exterminateur et tenant son épée à la main. Il fit le signe de la croix de la main gauche et s'avança lentement, l'épée tendue 150 vers le fantôme ; celui-ci, à l'aspect de son frère, avait à son tour tiré son sabre avec un éclat de rire terrible ; mais, à peine le sabre eut-il touché le fer bénit que le bras du fantôme retomba inerte, près de son corps.

Kostaki poussa un soupir plein de lutte et de désespoir.

« Que veux-tu ? dit-il à son frère.

155 — Au nom du Dieu vivant ! dit Grégoriska, je t'adjure de répondre.

— Parle, dit le fantôme en grinçant des dents.

— Est-ce moi qui t'ai attendu ?

— Non.

— Est-ce moi qui t'ai attaqué ?

160 — Non.

— Est-ce moi qui t'ai frappé ?

— Non.

— Tu t'es jeté sur mon épée, et voilà tout. Donc, aux yeux de Dieu et des hommes, je ne suis pas coupable du crime de fratricide ; donc
165 tu n'as pas reçu une mission divine, mais infernale ; donc tu es sorti de la tombe, non comme une ombre sainte, mais comme un spectre maudit, et tu vas rentrer dans ta tombe.

— Avec elle, oui ! s'écria Kostaki, en faisant un effort suprême pour s'emparer de moi.

170 — Seul ! s'écria à son tour Grégoriska ; cette femme m'appartient. »

Et, en prononçant ces paroles, du bout du fer bénit, il toucha la plaie vive.

Kostaki poussa un cri comme si un glaive de flamme l'eût touché, et, portant la main gauche à sa poitrine, il fit un pas en arrière.

175 En même temps, et d'un mouvement qui semblait suivre le sien, Grégoriska fit un pas en avant ; alors, les yeux sur les yeux du mort, l'épée sur la poitrine de son frère, commença une marche lente, terrible, solennelle ; quelque chose de pareil au passage de don Juan et du Commandeur[1] ; le spectre reculant sous le glaive sacré, sous la volonté
180 irrésistible du champion de Dieu ; celui-ci le suivant pas à pas sans prononcer une parole ; tous deux haletants, tous deux livides, le vivant poussant le mort devant lui et le forçant d'abandonner ce château, qui était sa demeure dans le passé, pour la tombe, qui était sa demeure dans l'avenir.

Oh ! c'était horrible à voir, je vous jure.

---

1. Allusion à la finale de la pièce *Dom Juan ou le Festin de pierre*, écrite par Molière (1665). Selon la légende espagnole, le célèbre séducteur est entraîné aux enfers par la statue d'un homme qu'il a jadis tué.

185 Et pourtant, mue moi-même par une force supérieure, invisible, inconnue, sans me rendre compte de ce que je faisais, je me levai et je les suivis. Nous descendîmes l'escalier, éclairés seulement par les prunelles ardentes de Kostaki. Nous traversâmes ainsi la galerie, ainsi la cour. Nous franchîmes ainsi la porte de ce même pas mesuré : le
190 spectre à reculons, Grégoriska le bras tendu, moi les suivant.

Cette course fantastique dura une heure : il fallait reconduire le mort à sa tombe ; seulement, au lieu de suivre le chemin habituel, Kostaki et Grégoriska avaient coupé le terrain en droite ligne, s'inquiétant peu des obstacles qui avaient cessé d'exister : sous leurs pieds,
195 le sol s'aplanissait, les torrents se desséchaient, les arbres se reculaient, les rocs s'écartaient. Le même miracle s'opérait, pour moi, qui s'opérait pour eux ; seulement, tout le ciel me semblait couvert d'un crêpe noir, la lune et les étoiles avaient disparu, et je ne voyais toujours dans la nuit briller que les yeux de flamme du vampire.

200 Nous arrivâmes ainsi à Hango, ainsi nous passâmes à travers la haie d'arbousiers qui servait de clôture au cimetière. À peine entrée, je distinguai dans l'ombre la tombe de Kostaki, placée à côté de celle de son père ; j'ignorais qu'elle fût là, et cependant je la reconnus.

Cette nuit-là, je savais tout.

205 Au bord de la fosse ouverte, Grégoriska s'arrêta.

« Kostaki, dit-il, tout n'est pas encore fini pour toi, et une voix du ciel me dit que tu seras pardonné si tu te repens. Promets-tu de rentrer dans ta tombe ? Promets-tu de n'en plus sortir ? Promets-tu de vouer enfin à Dieu le culte que tu as voué à l'enfer ?

210 — Non ! répondit Kostaki.

— Te repens-tu ? demanda Grégoriska.

— Non !

— Pour la dernière fois, Kostaki ?

— Non !

215 — Eh bien ! Appelle à ton secours Satan, comme j'appelle Dieu au mien, et voyons, cette fois encore, à qui restera la victoire. »

Deux cris retentirent en même temps ; les fers se croisèrent, tout jaillissants d'étincelles, et le combat dura une minute qui me parut un siècle.

Kostaki tomba ; je vis se lever l'épée terrible, je la vis s'enfoncer
220 dans son corps et clouer ce corps à la terre fraîchement remuée.

Un cri suprême, et qui n'avait rien d'humain, passa dans l'air. J'accourus. Grégoriska était resté debout, mais chancelant. J'accourus et je le soutins dans mes bras.

« Êtes-vous blessé ? lui demandai-je avec anxiété.

225 — Non, me dit-il ; mais, dans un duel pareil, chère Hedwige, ce n'est pas la blessure qui tue, c'est la lutte. J'ai lutté avec la mort, j'appartiens à la mort.

— Ami, ami, m'écriai-je, éloigne-toi, éloigne-toi d'ici et la vie reviendra peut-être.

230 — Non, dit-il, voilà ma tombe, Hedwige ; mais ne perdons pas de temps ; prends un peu de cette terre imprégnée de son sang et applique-la sur la morsure qu'il t'a faite ; c'est le seul moyen de te préserver dans l'avenir de son horrible amour. »

J'obéis en frissonnant. Je me baissai pour ramasser cette terre san-
235 glante et, en me baissant, je vis le cadavre cloué au sol ; l'épée bénite lui traversait le cœur, et un sang noir et abondant sortait de sa blessure, comme s'il venait seulement de mourir à l'instant même.

Je pétris un peu de terre avec le sang, et j'appliquai l'horrible talisman sur ma blessure.

240 « Maintenant, mon Hedwige adorée, dit Grégoriska d'une voix affaiblie, écoute bien mes dernières instructions. Quitte le pays aussitôt que tu pourras. La distance seule est une sécurité pour toi. Le père Bazile a reçu aujourd'hui mes volontés suprêmes, et il les accomplira. Hedwige ! Un baiser ! Le dernier, le seul, Hedwige ! Je meurs. »

245 Et, en disant ces mots, Grégoriska tomba près de son frère.

Dans toute autre circonstance, au milieu de ce cimetière, près de cette tombe ouverte, avec ces deux cadavres couchés à côté l'un de l'autre, je fusse devenue folle ; mais, je l'ai déjà dit, Dieu avait mis en moi une force égale aux événements dont il me faisait non seulement
250 le témoin, mais l'actrice.

Au moment où je regardais autour de moi, cherchant quelques secours, je vis s'ouvrir la porte du cloître, et les moines, conduits par le père Bazile, s'avancèrent deux à deux, portant des torches allumées et chantant les prières des morts.

255 Le père Bazile venait d'arriver au couvent ; il avait prévu ce qui s'était passé et, à la tête de toute la communauté, il se rendait au

cimetière. Il me trouva vivante près des deux morts. Kostaki avait le visage bouleversé par une dernière convulsion. Grégoriska, au contraire, était calme et presque souriant.

260   Comme l'avait recommandé Grégoriska, on l'enterra près de son frère : le chrétien gardant le damné.

Smérande, en apprenant ce nouveau malheur et la part que j'y avais prise, voulut me voir ; elle vint me trouver au couvent de Hango et apprit de ma bouche tout ce qui s'était passé dans cette terrible
265   nuit.

Je lui racontai dans tous les détails la fantastique histoire ; mais elle m'écouta comme m'avait écoutée Grégoriska, sans étonnement, sans frayeur.

« Hedwige, répondit-elle après un moment de silence, si étrange
270   que soit ce que vous venez de raconter, vous n'avez dit cependant que la vérité pure. La race des Brankovan est maudite jusqu'à la troisième et quatrième génération, et cela parce qu'un Brankovan a tué un prêtre. Mais le terme de la malédiction est arrivé ; car, quoique épouse, vous êtes vierge, et en moi la race s'éteint. Si mon fils vous
275   a légué un million, prenez-le. Après moi, à part les legs pieux que je compte faire, vous aurez le reste de ma fortune. Maintenant, suivez le conseil de votre époux. Retournez au plus vite dans les pays où Dieu ne permet point que s'accomplissent ces terribles prodiges. Je n'ai besoin de personne pour pleurer mes fils avec moi. Adieu, ne vous
280   enquérez plus de moi. Mon sort à venir n'appartient plus qu'à moi et à Dieu. »

Et, m'ayant embrassée sur le front comme d'habitude, elle me quitta et vint s'enfermer au château de Brankovan.

Huit jours après, je partis pour la France. Comme l'avait espéré
285   Grégoriska, mes nuits cessèrent d'être fréquentées par le terrible fantôme. Ma santé même s'est rétablie, et je n'ai gardé de cet événement que cette pâleur mortelle qui accompagne jusqu'au tombeau toute créature qui a subi le baiser d'un vampire.

Source : Alexandre Dumas, *Les Mille et Un Fantômes*, Paris, Calmann-Lévy éditeurs, 1861, p. 224-236.

CHARLES BAUDELAIRE
(1821-1867)

Les Métamorphoses du vampire — 1857

Poésie (texte intégral)

Éros et Thanatos

Traducteur des récits d'Edgard Allan Poe, Charles Baudelaire, l'un des plus grands poètes français, s'est toujours intéressé à cette part de l'être humain qui est fascinée et attirée par le macabre (au point de versifier entre autres sur une charogne !). Dans *Les Métamorphoses du vampire,* la morte-vivante inspire des sentiments contradictoires, occultant derrière un voile de lubricité sa véritable nature abjecte et répulsive. Une fois son amante rassasiée, le narrateur découvre qu'il s'est en réalité livré à l'étreinte d'un cadavre, la volupté cédant à l'horreur et à la répugnance. Esclave de son désir, l'homme se laisse facilement leurrer, et le vampire en profite alors pour assouvir ses besoins nourriciers. Ce poème fait partie des six pièces condamnées par le tribunal de police correctionnelle, lors de la parution originale, en 1857. Jugées immorales, elles sont toutefois réimprimées à part, dans *Les Épaves,* en 1866. Il est intéressant de se rappeler que Baudelaire a dédié ses *Fleurs du mal* « au poète impeccable, au parfait magicien ès langue française », c'est-à-dire à son « maître et ami », Théophile Gautier. *La Morte amoureuse* était par ailleurs sa nouvelle préférée.

LES MÉTAMORPHOSES DU VAMPIRE

La femme, cependant, de sa bouche de fraise,
En se tordant ainsi qu'un serpent sur la braise,
Et pétrissant ses seins sur le fer de son busc[1],
Laissait couler ces mots tout imprégnés de musc[2] :
5 « Moi, j'ai la lèvre humide, et je sais la science
De perdre au fond d'un lit l'antique conscience.
Je sèche tous les pleurs sur mes seins triomphants,
Et fais rire les vieux du rire des enfants.
Je remplace, pour qui me voit nue et sans voiles,
10 La lune, le soleil, le ciel et les étoiles !
Je suis, mon cher savant, si docte aux voluptés,
Lorsque j'étouffe un homme en mes bras veloutés[3],
Ou lorsque j'abandonne aux morsures mon buste,
Timide et libertine, et fragile et robuste,
15 Que sur ces matelas qui se pâment d'émoi,
Les anges impuissants se damneraient pour moi ! »

Quand elle eut de mes os sucé toute la moelle,
Et que languissamment je me tournai vers elle
Pour lui rendre un baiser d'amour, je ne vis plus
20 Qu'une outre aux flancs gluants, toute pleine de pus !
Je fermai les deux yeux dans ma froide épouvante,
Et, quand je les rouvris à la clarté vivante,
À mes côtés, au lieu du mannequin puissant
Qui semblait avoir fait provision de sang,
25 Tremblaient confusément des débris de squelette,
Qui d'eux-mêmes rendaient le cri d'une girouette
Ou d'une enseigne, au bout d'une tringle de fer,
Que balance le vent pendant les nuits d'hiver.

Source : Charles Baudelaire, *Les Fleurs du mal,* Paris, Poulet-Malassis et De Broise, 1857, p. 206-207.

---

1. Busc : corset.
2. Musc : parfum d'origine animale, plutôt fort et aux arômes boisés.
3. Le poète a remplacé l'adjectif « veloutés » par « redoutés » dans toutes les éditions ultérieures.

JOSEPH SHERIDAN LE FANU
(1814-1873)

CARMILLA — 1871

Récit (extraits)

IRLANDE

La comtesse vampire

ON ATTRIBUE à Le Fanu la paternité d'un genre littéraire très en vogue en Angleterre et en Irlande, dans la seconde moitié du XIXe siècle : la *ghost story*. Le décès de son épouse, en 1858, l'incite à mener une existence recluse pendant laquelle il se livre à une production littéraire intense. C'est au cours de celle-ci qu'il rédige *Carmilla,* un récit de vampire aux sous-entendus érotico-saphiques qui constitue l'une des sources d'inspiration du *Dracula* de Bram Stoker, publié une vingtaine d'années plus tard. Le Fanu donne la parole à Laura, une jeune Anglaise de 19 ans qui raconte sa surprenante aventure plus de 10 ans après l'avoir vécue. Habitant avec son père un château isolé en Styrie (l'Autriche d'aujourd'hui), elle tisse bientôt des liens intimes avec une jeune inconnue, Carmilla, qui vient vivre avec eux. Plutôt secrète, cette étrange invitée de noble ascendance en dévoile le moins possible sur sa vie, son passé et ses projets futurs. Par contre, elle semble éprouver des sentiments intenses à l'égard de sa jeune hôtesse. « Je me demande si vous vous sentez aussi étrangement attirée vers moi que je me sens attirée vers vous », lui révèle-t-elle, dès leur première rencontre. Il n'en fallait pas plus pour subjuguer des générations de lecteurs.

CARMILLA

Extrait 1

Une inquiétante attirance

Au cours d'une promenade avec son père, Laura apprend la mort étrange d'une jeune voisine, la nièce du général Spieldorf. Alors qu'ils retournent au château, ils sont témoins d'un accident de la route. Un riche attelage chavire en effet sous leurs yeux. Une jolie jeune fille semble évanouie et sa mère, pressée par un voyage d'une importance capitale, la confie aux bons soins du père de Laura pour une durée de trois mois. C'est ainsi que Carmilla surgit tout à coup dans la vie de la narratrice.

Ce qu'elle consentit à m'apprendre se réduisait à rien, à mon sens (tant j'étais déraisonnable dans mon estimation).

Le tout se bornait à trois révélations fort vagues :

En premier lieu, elle se nommait Carmilla.

5 En second lieu, elle appartenait à une très noble et très ancienne famille.

En troisième lieu, sa demeure se trouvait quelque part à l'occident.

Elle refusa de me faire connaître le nom de ses parents, leur blason, le nom de leur domaine et même celui du pays où ils vivaient.

10 N'allez pas croire que je la tourmentais sans cesse de mes questions. Je guettais les moments propices et procédais par insinuation plutôt que par demande pressante (à l'exception d'une ou deux attaques directes). Mais quelle que fût ma tactique, j'aboutissais toujours à un échec complet. Reproches et caresses ne produisaient aucun effet sur

15 elle. Pourtant, je dois ajouter qu'elle se dérobait avec tant de grâce mélancolique et suppliante, tant de déclarations passionnées de tendresse à mon égard et de foi en mon honneur, tant de promesses de tout me révéler un jour, que je n'avais pas le cœur de rester longtemps fâchée contre elle.

20 Elle avait coutume de me passer ses beaux bras autour du cou, de m'attirer vers elle, et, posant sa joue contre la mienne, de murmurer à mon oreille :

« Ma chérie, ton petit cœur est blessé. Ne me juge pas cruelle, parce que j'obéis à l'irrésistible loi qui fait ma force et ma faiblesse. Si ton 25 cœur adorable est blessé, mon cœur farouche saigne en même temps que lui. Dans le ravissement de mon humiliation sans bornes, je vis de ta vie ardente, et tu mourras, oui, tu mourras avec délices, pour te fondre en la mienne. Je n'y puis rien : de même que je vais vers toi, de même, à ton tour, tu iras vers d'autres, et tu apprendras l'extase de 30 cette cruauté qui est pourtant de l'amour. Donc, pour quelque temps encore, ne cherche pas à en savoir davantage sur moi et les miens, mais accorde-moi ta confiance de toute ton âme aimante. »

Après avoir prononcé cette rhapsodie[1], elle resserrait son étreinte frémissante, et ses lèvres me brûlaient doucement les joues par de 35 tendres baisers.

Son langage et son émoi me semblaient pareillement incompréhensibles.

J'éprouvais le désir de m'arracher à ces sottes étreintes (qui, je dois l'avouer, étaient assez rares), mais toute mon énergie semblait 40 m'abandonner. Ses paroles, murmurées à voix très basse, étaient une berceuse à mon oreille, et leur douce influence transformait ma résistance en une sorte d'extase d'où je ne parvenais à sortir que lorsque mon amie retirait ses bras.

Elle me déplaisait grandement dans ces humeurs mystérieuses. 45 J'éprouvais une étrange exaltation, très agréable, certes, mais à laquelle se mêlait une vague sensation de crainte et de dégoût. Je ne pouvais penser clairement à Carmilla au cours de ces scènes ; néanmoins, j'avais conscience d'une tendresse qui tournait à l'adoration, en même temps que d'une certaine horreur. Je sais qu'il y a là un 50 véritable paradoxe, mais je suis incapable d'expliquer autrement ce que je ressentais.

Tandis que j'écris ces lignes d'une main tremblante, plus de dix ans après, je garde le souvenir horrifié et confus de certains incidents,

---

1. Rhapsodie : poème en vers récité par les rhapsodes, les troubadours de l'Antiquité grecque.

LE BAISER, JOSEPH GRANIE, 1900.

Le vampire peut à l'occasion être attiré par un être humain du même sexe. Cette attirance se mue parfois en sentiments passionnels, comme dans *Carmilla* de Le Fanu.

de certaines situations, au cours de l'ordalie[1] que je subissais à mon
55 insu ; par contre, je me rappelle avec une très grande netteté le cours
principal de mon histoire. En vérité, je crois que, dans la vie de chacun
de nous, les scènes pendant lesquelles nos passions ont été stimulées
d'une façon particulièrement effroyable sont celles, entre toutes, qui
laissent l'impression la plus vague sur notre mémoire.

60   Parfois, après une heure d'apathie, mon étrange et belle compagne
me prenait la main et la serrait longtemps avec tendresse ; une légère
rougeur aux joues, elle fixait sur mon visage un regard plein d'un feu
languide[2], en respirant si vite que son corsage se soulevait et retombait au rythme de son souffle tumultueux. On eût cru voir se mani-
65 fester l'ardeur d'un amant. J'en étais fort gênée, car cela me semblait
haïssable et pourtant irrésistible. Me dévorant des yeux, elle m'attirait
vers elle, et ses lèvres brûlantes couvraient mes joues de baisers tandis
qu'elle murmurait d'une voix entrecoupée : « Tu es mienne, tu seras
mienne, et toi et moi, nous ne ferons qu'une à jamais ! » Après quoi,
70 elle se rejetait en arrière sur sa chaise longue, couvrait ses yeux de ses
petites mains et me laissait toute tremblante.

Extrait 2

Un invité clairvoyant
    La visite d'un vendeur itinérant irrite Carmilla.

Un jour, nous regardions toutes deux par l'une des fenêtres du salon
quand nous vîmes pénétrer dans la cour un vagabond que je connaissais bien, car il venait généralement au château deux fois par an.
75 C'était un bossu qui avait, comme presque tous ses pareils, un visage
maigre aux traits anguleux. Il portait une barbe noire taillée en pointe,
et un large sourire découvrait ses dents d'une éclatante blancheur. Par-
dessus ses vêtements marron, noirs et rouges, se croisaient plus de cour-
roies et de ceintures que je n'en pouvais compter, auxquelles étaient
80 accrochés des objets hétéroclites. Sur son dos, il portait une lanterne

---

1. Ordalie : épreuve envoyée par Dieu dans un contexte judiciaire au Moyen Âge.
2. Languide : empreint de langueur, affaibli, malade.

magique et deux boîtes, dont l'une contenait une salamandre et l'autre, une mandragore. Ces monstres ne manquaient jamais de faire rire mon père. Ils étaient composés de diverses parties de singes, de perroquets, d'écureuils, de poissons et de hérissons, desséchées et fort adroi-
85 tement cousues ensemble, de façon à produire un effet saisissant. Il avait aussi un violon, une boîte d'accessoires de prestidigitateur, deux fleurets[1] et deux masques accrochés à sa ceinture, et plusieurs autres boîtes mystérieuses pendillant tout autour de lui. Il tenait à la main une canne noire, à bout de cuivre. Un chien maigre au poil
90 rude le suivait comme son ombre : mais, ce jour-là, il s'arrêta devant le pont-levis dans une attitude soupçonneuse, et, presque aussitôt, se mit à pousser des hurlements lugubres.

Cependant, le saltimbanque, debout au milieu de la cour, ôta son chapeau grotesque, nous fit un salut cérémonieux, puis commença à
95 nous débiter des compliments volubiles en un français exécrable et un allemand presque aussi mauvais. Ensuite, ayant pris son violon, il se mit à racler un air plein d'entrain qu'il chanta fort gaiement d'une voix discordante, tout en exécutant une danse bouffonne ; si bien que je ne pus m'empêcher de rire aux éclats, malgré les hurlements du chien.

100 Enfin, il s'avança jusqu'à la fenêtre, multipliant sourires et saluts, son violon sous le bras, son chapeau à la main, puis, avec une volu-bilité étourdissante, sans jamais reprendre haleine, il nous débita un boniment interminable dans lequel il énuméra ses divers talents, les ressources des arts multiples qu'il mettait à notre service, les curio-
105 sités et les divertissements qu'il était à même de nous montrer si nous lui en donnions l'ordre.

« Plairait-il à Vos Seigneuries d'acheter une amulette contre l'ou-pire qui, si j'en crois les rumeurs, erre à travers ces bois ainsi qu'un loup ? dit-il en jetant son chapeau sur les pavés. Il tue les gens à plu-
110 sieurs lieues à la ronde, mais voici un charme infaillible : il vous suf-fira de l'épingler à votre oreiller, et vous pourrez lui rire au nez. »

Ces charmes consistaient en petits morceaux de parchemin de forme oblongue, couverts de diagrammes et de signes cabalistiques.

Carmilla en acheta un sur-le-champ ; je suivis son exemple.

---

1. Fleurets : épées d'entraînement à l'escrime.

115 Le colporteur tenait les yeux levés vers nous, et nous lui adressions un sourire amusé depuis notre fenêtre (du moins, je puis en répondre en ce qui me concerne). Pendant qu'il nous dévisageait, ses yeux noirs semblèrent découvrir quelque chose qui retint sa curiosité.

En un instant, il eut déroulé une trousse de cuir pleine de bizarres 120 petits instruments d'acier de toutes sortes.

« Regardez bien ceci, madame, me dit-il en me la montrant. Entre autres choses beaucoup moins utiles, je professe l'art de la dentisterie... Peste soit du chien ! Silence, sale bête ! Il hurle si fort que Vos Seigneuries ont peine à m'entendre... Votre noble amie, à votre droite, 125 est pourvue de dents extrêmement tranchantes : longues, fines, pointues comme une alêne[1], comme une aiguille ! Ha, ha, ha ! grâce à mes yeux perçants, j'ai vu cela de façon très nette. Si la noble demoiselle en souffre (et je crois qu'elle doit en souffrir), me voici avec ma lime, mon poinçon et mes pinces. S'il plaît à Sa Seigneurie, je vais les 130 arrondir, je vais les émousser : elle n'aura plus des dents de poisson, elle aura les dents qui conviennent à une si belle demoiselle. Hein ? La demoiselle est-elle mécontente ? Me serais-je montré trop hardi et l'aurais-je offensée sans le vouloir ? »

En vérité, la demoiselle avait l'air fort courroucé tandis qu'elle 135 s'écartait de la fenêtre.

— Comment ce saltimbanque a-t-il le front de nous insulter de la sorte ? Où est ton père, Laura ? Je vais exiger réparation. Mon père à moi aurait fait attacher ce misérable à la pompe ; puis il l'aurait fait fouetter et brûler jusqu'à l'os avec un fer rouge aux armes du château ! » 140 Sur ces mots, elle s'éloigna de la fenêtre pour aller s'asseoir sur un siège.

À peine avait-elle perdu de vue l'offenseur que son courroux se calma aussi promptement qu'il avait pris naissance. Peu à peu, elle retrouva son ton de voix habituel et sembla oublier le petit bossu et 145 ses folies.

Ce soir-là, mon père me parut fort déprimé. En rentrant au château, il nous apprit qu'il venait d'être informé d'un autre cas semblable aux deux derniers qui avaient eu récemment une issue fatale. La

---

1. Alêne : poinçon de fer servant à coudre le cuir.

sœur d'un jeune paysan de son domaine, à un mille de distance, était
150 très malade. Après avoir été « attaquée » (selon ses propres termes)
comme les précédentes victimes, elle ne cessait pas de décliner lentement mais régulièrement.

« Les causes de ce mal sont parfaitement naturelles, conclut mon
père. Mais ces pauvres gens se contaminent l'un l'autre par leurs
155 superstitions : leur imagination reflète les images de terreur qui ont
empoisonné l'esprit de leurs voisins.

— Ce seul fait me semble terrifiant en soi, dit Carmilla.

— Comment cela ? demanda mon père.

— Je suis horrifiée à l'idée que je pourrais imaginer des choses
160 pareilles : j'estime que cette chimère serait aussi effroyable que la réalité.

— Nous sommes entre les mains du Seigneur. Rien n'arrive ici-bas
sans Sa permission, et tout finira bien pour ceux qui L'aiment. Il est
notre fidèle Créateur : Il nous a faits, tous tant que nous sommes, et
Il prendra soin de nous.

165 — Le Créateur ! disons plutôt la Nature ! s'exclama Carmilla en
réponse à ces douces paroles. Oui, la maladie qui ravage ce pays est
naturelle. Tout provient de la Nature, n'est-ce pas ? Tout ce qui existe
dans le ciel, sur la terre et sous la terre agit et vit selon ce qu'ordonne
la Nature : telle est ma conviction.

170 — Le médecin a dit qu'il viendrait me voir aujourd'hui, reprit mon
père après quelques instants de silence. Je veux savoir ce qu'il pense de
tout cela et le consulter sur ce que nous avons de mieux à faire.

— Les médecins ne m'ont jamais fait aucun bien, déclara Carmilla.

— Tu as donc été malade ? lui demandai-je.

175 — Plus que tu ne l'as jamais été.

— Il y a longtemps ?

— Oui, très longtemps. J'ai eu cette même maladie dont nous
venons de parler ; mais je n'en garde aucun souvenir, en dehors de la
grande faiblesse et des souffrances que j'ai subies alors. Je dois ajouter
180 qu'elles ont été moindres que celles dont s'accompagnent beaucoup
d'autres affections.

— Tu étais très jeune à cette époque ?

— Oui, mais laissons là ce sujet : tu ne voudrais pas tourmenter
une amie, n'est-ce pas ?

185 Elle fixa sur moi un regard empreint de langueur, puis, me prenant par la taille d'un geste tendre, elle m'entraîna hors de la pièce, cependant que mon père examinait des papiers près de la fenêtre.

— Pourquoi ton papa prend-il plaisir à nous effrayer ainsi ? me demanda-t-elle en soupirant, tandis qu'un léger frisson parcourait
190 tout son corps.

— Tu te trompes, ma chère Carmilla : rien ne saurait être plus loin de son esprit.

— As-tu peur, ma chérie ?

— J'aurais très peur si je me croyais vraiment en danger d'être
195 attaquée comme l'ont été ces pauvres femmes.

— Tu as peur de mourir ?

— Bien sûr : tout le monde éprouve cette crainte.

— Mais mourir comme peuvent le faire deux amants, mourir ensemble afin de pouvoir vivre ensemble... Les jeunes filles sont sem-
200 blables à des chenilles pendant leur existence ici-bas, pour devenir enfin des papillons quand vient l'été. Mais, dans l'intervalle, il y a des larves et des chrysalides, comprends-tu, dont chacune a ses penchants, ses besoins et sa structure. C'est ce que dit M. Buffon[1] dans son gros livre qui se trouve dans la pièce voisine. »

Extrait 3

> Métamorphose
> Cette scène évoque l'un des pouvoirs fascinants du vampire :
> sa capacité à se transformer.

205 À l'instar de Carmilla, j'avais pris l'habitude de fermer à clé la porte de ma chambre, car je m'étais mis en tête toutes les craintes fantasques de ma compagne au sujet de cambrioleurs nocturnes et d'assassins rôdant au cœur des ténèbres. J'avais aussi adopté sa coutume d'inspecter rapidement ma chambre pour bien m'assurer que
210 nul voleur ou nul meurtrier ne s'y trouvait embusqué.

---

1. George-Louis Leclerc, comte de Buffon (1707-1788) : naturaliste français, auteur de l'*Histoire naturelle, générale et particulière, avec la description du Cabinet du Roy*, publiée entre 1749 et 1789.

Ces sages mesures une fois prises, je me couchai et m'endormis aussitôt. Une bougie brûlait dans ma chambre : habitude de très vieille date, dont rien n'aurait pu m'amener à me défaire.

Ainsi fortifiée, je pouvais, me semblait-il, reposer en paix. Mais
215 les rêves traversent les pierres des murs, éclairent des chambres enténébrées ou enténèbrent des chambres éclairées ; et leurs personnages, narguant tous les serruriers du monde, font leurs entrées ou leurs sorties comme il leur plaît.

Cette nuit-là, j'eus un rêve qui marqua le début d'un mal très
220 étrange.

Je ne puis appeler cela un cauchemar, car j'avais pleinement conscience d'être endormie. Mais j'avais également conscience de me trouver dans ma chambre, couchée dans mon lit, comme je m'y trouvais en réalité. Je voyais, ou croyais voir, la pièce et ses meubles tels
225 que je les avais vus avant de fermer les yeux, à cette exception près qu'il faisait très sombre. Dans cette obscurité, j'aperçus une forme vague qui contournait le pied du lit. Tout d'abord, je ne pus la distinguer nettement, mais je finis par me rendre compte que c'était un animal noir comme la suie, semblable à un chat monstrueux. Il me
230 parut avoir quatre ou cinq pieds de long car, lorsqu'il passa sur le devant du foyer, il en couvrit toute la longueur. Il ne cessait pas d'aller et de venir avec l'agitation sinistre et souple d'un fauve en cage. Malgré la terreur que j'éprouvais (comme vous pouvez l'imaginer), j'étais incapable de crier. L'horrible bête précipita son allure tandis
235 que les ténèbres croissaient dans la chambre. Finalement, il fit si noir que je ne distinguai plus que les yeux de l'animal. Je le sentis bondir légèrement sur mon lit. Les deux yeux énormes vinrent tout près de mon visage, et, soudain, j'éprouvai une très vive douleur, comme si deux aiguilles, à quelques centimètres l'une de l'autre, s'enfonçaient
240 profondément dans ma gorge. Je m'éveillai en hurlant. La chambre était éclairée par la bougie qui brûlait toute la nuit, et je vis une forme féminine, debout au pied du lit, un peu sur la droite. Elle portait une ample robe de couleur sombre, et ses cheveux dénoués recouvraient ses épaules. Un bloc de pierre n'eût pas été plus immobile. Je ne pou-
245 vais déceler le moindre mouvement de respiration. Tandis que je la regardais fixement, la silhouette me parut avoir changé de place : elle

se trouvait maintenant plus près de la porte. Bientôt, elle fut tout contre ; la porte s'ouvrit, l'apparition disparut.

Enfin soulagée, je redevins capable de respirer et de bouger. 250 D'abord, l'idée me vint que j'avais oublié de tourner la clé dans la serrure et que Carmilla en avait profité pour me jouer un mauvais tour. Je me précipitai vers la porte et la trouvai fermée de l'intérieur, comme d'habitude. Au comble de l'horreur, je n'eus pas le courage de l'ouvrir. Je me précipitai dans mon lit, me cachai la tête sous les 255 couvertures et demeurai ainsi, plus morte que vive, jusqu'au matin.

Extrait 4

> **Une sentence méritée**
>
> Cherchant à venger la mort de sa nièce bien-aimée, le général Spieldorf mène une enquête. Il découvre que sa nièce avait une nouvelle amie peu avant son mort et qu'elle était nulle autre que Mircalla, comtesse de Karnstein, morte pourtant depuis longtemps. À son récit, Laura comprend que Carmilla et elle ne sont qu'une seule et même personne. À la recherche de sa tombe, ils s'informent à un bûcheron. Une fois trouvée, il ne reste plus qu'à suivre les procédures judiciaires pour s'assurer – en toute légalité – que le cadavre de la comtesse trouve la mort définitivement.

« Y a-t-il longtemps que vous travaillez dans cette forêt ? lui demanda mon père.

— J'abats des arbres ici depuis ma plus tendre jeunesse, répondit-il dans son patois. J'ai succédé à mon père qui, lui-même, avait succédé 260 à d'innombrables générations de bûcherons. Je pourrais vous montrer, dans ce village en ruine, la maison où tous mes ancêtres ont vécu.

— Pourquoi ce village a-t-il été abandonné ? demanda le général.

— Parce qu'il était hanté par des revenants[1], monsieur. Plusieurs ont été suivis jusque dans leurs tombes, reconnus coupables de vam- 265 pirisme et exterminés selon la coutume établie : c'est-à-dire qu'on

---

1. En français dans le texte original.

les a décapités, transpercés d'un pieu et brûlés. Mais ils avaient eu le temps de tuer un grand nombre de villageois.

« D'ailleurs, après que l'on eut pris toutes ces mesures légales, que l'on eut ouvert plusieurs tombes et privé plusieurs vampires de leur
270 vie empruntée, le village ne fut pas délivré pour autant. Mais, un jour, un gentilhomme de Moravie, de passage à Karnstein, apprit l'état des choses, et, étant expert en la matière, comme le sont beaucoup de ses compatriotes, offrit de débarrasser les villageois de leur bourreau. Voici comment il procéda. Un soir de pleine lune, il monta, peu après
275 le coucher du soleil, en haut du clocher de cette chapelle, d'où il pouvait observer le cimetière au-dessous de lui. Il resta à son poste de guet jusqu'au moment où il vit le vampire sortir de sa tombe, poser à terre le linceul dans lequel on l'avait enseveli et se diriger vers le village pour en tourmenter les habitants.

280 « Le gentilhomme descendit alors du clocher, s'empara du suaire et regagna son observatoire. Quand le vampire revint et ne retrouva pas son linceul, il se mit à invectiver furieusement le Morave qu'il avait aperçu au faîte du clocher, et qui, en réponse, lui fit signe de venir chercher son bien. Là-dessus, le vampire, ayant accepté cette invita-
285 tion, commença à grimper ; mais, dès qu'il fut arrivé aux créneaux[1], le gentilhomme lui fendit la tête d'un coup d'épée, puis le précipita dans le cimetière. Après quoi, ayant descendu l'escalier tournant, il alla retrouver sa victime et la décapita. Le lendemain, il remit les restes du vampire aux villageois qui enfoncèrent un pieu dans le cœur
290 du monstre, puis brûlèrent la tête et le corps, selon les rites consacrés.

« Le gentilhomme fut autorisé par celui qui était, à cette époque, le chef de la famille Karnstein, à faire disparaître la tombe de la comtesse Mircalla, dont on oublia très vite l'emplacement. » [...]

Enfin, ils s'arrêtèrent devant un pan de mur qu'ils se mirent à exa-
295 miner avec le plus grand soin, arrachant le lierre qui le recouvrait, sondant le plâtre du bout de leur canne, grattant à certains endroits, frappant à d'autres. À la longue, ils constatèrent la présence d'une large plaque de marbre où se trouvaient deux lettres gravées en relief.

---

1. Créneaux : ouvertures pratiquées en haut d'une tour.

Avec l'aide du bûcheron, qui n'avait pas tardé à revenir, ils mirent
300 à jour une inscription commémorative et un écusson : ceux du tombeau, depuis longtemps perdu, de Mircalla, comtesse de Karnstein.

Le général (qui, pourtant, je le crains, n'était guère enclin à prier) leva les yeux et les mains vers le ciel pendant quelques instants en une silencieuse action de grâce.

305   « Demain, dit-il enfin, un magistrat de la Haute Cour sera ici, et il sera procédé à une enquête, conformément à la loi. »

[...] Le lendemain de ce jour mémorable, l'enquête officielle eut lieu dans la chapelle du château de Karnstein. On ouvrit le tombeau de la comtesse Mircalla. Le général et mon père reconnurent tous deux
310 leur belle et perfide invitée. Bien qu'il se fût écoulé cent cinquante ans depuis son inhumation, son visage avait conservé les teintes chaudes de la vie, et ses yeux étaient grand ouverts. Aucune odeur cadavérique ne s'exhalait du cercueil. Les deux médecins présents (l'un appointé par le gouvernement, l'autre par le promoteur de l'enquête) attestèrent
315 ce fait prodigieux que l'on pouvait percevoir une faible respiration et de légers battements du cœur. Les membres étaient parfaitement flexibles, la chair avait gardé toute son élasticité. Au fond du cercueil de plomb, le corps baignait dans sept ou huit pouces de sang. Toutes les preuves du vampirisme se trouvaient donc réunies.

320   En conséquence, on mit le corps debout, selon la coutume antique, et l'on enfonça un pieu aigu dans le cœur du vampire qui poussa alors un cri perçant, en tous points semblable à celui d'un être vivant prêt à rendre l'âme. Puis, on trancha la tête, et un flot de sang ruissela du cou sectionné. Après quoi, on plaça le corps et la tête sur un
325 bûcher. Les cendres furent dispersées dans l'eau de la rivière, qui les emporta au loin. Et depuis lors, le pays n'a jamais plus été infesté par les visites d'un vampire.

Source : Joseph Sheridan Le Fanu, *Carmilla,* trad. de l'anglais par J. Papy, Verviers, Belgique, Marabout, 1978, p. 45-48 ; 53-60 ; 73-75 ; 81-83 ; 130-147.

BRAM STOKER
(1847-1912)

DRACULA — 1897

Récit (extrait)

La délivrance du vampire

L'ÉPISODE QUI suit est rapporté dans le journal tenu par le docteur Seward. Il constitue en soi tout le chapitre XVI de l'illustre roman de Bram Stoker. Dans *Dracula,* Jonathan Harker, un jeune clerc anglais, est envoyé en Transylvanie afin de régler les derniers détails de la vente d'une propriété londonienne. L'acquéreur n'est nul autre que le comte Dracula, et Harker ignore tout à ce moment de la nature maléfique de son hôte. Une fois arrivé en Angleterre, Dracula s'infiltre la nuit dans la chambre de Lucy Westenra afin de se gorger de son sang. La jeune fille dépérit à vue d'œil malgré les efforts d'un professeur expert en sciences occultes appelé à son chevet, le docteur Abraham Van Helsing. Les nombreuses transfusions sanguines et les fleurs d'ail ne parviennent pas à sauver Lucy. Après son inhumation, la presse rapporte des cas d'enfants qui disparaissent la nuit après avoir accompagné une mystérieuse « dame bien belle ». On les retrouve affaiblis au petit matin, légèrement mordus à la gorge. Il n'en faut pas tant pour confirmer les soupçons de Van Helsing concernant la métamorphose de Lucy en vampire. Accompagné du fiancé de celle-ci, Arthur Holmwood, du docteur John Seward et d'un solide gaillard texan, Quincey Morris, le savant se rend au cimetière afin de détruire ce qu'est devenue la malheureuse victime de Dracula.

DRACULA

XVI – *Journal du Dr Seward*

Il était minuit moins un quart lorsque nous escaladâmes le mur bas du cimetière. La nuit était obscure ; de temps à autre seulement, la lune apparaissait entre les gros nuages que le vent chassait à travers le ciel. Nous formions un groupe serré, Van Helsing, toutefois, marchant
5 légèrement en tête pour nous montrer le chemin. Lorsque nous fûmes près du tombeau, j'observai attentivement Arthur, car je craignais que cet endroit plein de si tristes souvenirs ne le troublât profondément ; mais il garda tout son sang-froid. Je supposai que le mystère même de ce que nous entreprenions atténuait en quelque sorte son chagrin. Le
10 professeur fit tourner la clef dans la serrure, ouvrit la porte, et voyant que chacun de nous avait un mouvement d'hésitation, résolut la difficulté en entrant le premier. Nous le suivîmes, et il referma la porte. Il alluma alors une lanterne et montra le cercueil. Toujours en hésitant, Arthur avança, tandis que Van Helsing s'adressait à moi.

15 — Vous étiez ici hier, avec moi. Le corps de Miss Lucy était-il dans ce cercueil ?

— Oui, répondis-je.

Il se tourna alors vers les autres :

— Vous entendez, leur dit-il. Et pourtant, il y a encore quelqu'un
20 qui ne me croit pas ! Il prit son tournevis, enleva le couvercle du cercueil. Arthur regardait, très pâle, mais il ne disait rien. Dès que le couvercle fut retiré, il approcha de plus près encore du cercueil. De toute évidence, il ignorait qu'il y avait un cercueil de plomb ; quand il vit la déchirure qui y était faite, le sang lui monta un instant au
25 visage, mais, presque aussitôt, il redevint blême ; il restait toujours silencieux.

Van Helsing souleva le morceau de plomb ; tous, nous regardâmes et frémîmes d'horreur.

Le cercueil était vide !

30 Pendant plusieurs minutes, personne ne prononça un seul mot. Ce fut Quincey Morris qui, finalement, rompit le silence :

— Professeur, fit-il, j'ai confiance en vous, je vous l'ai dit. Votre parole me suffit. Aussi, en temps ordinaire, je ne vous poserais pas une question comme celle-ci, je ne voudrais pas paraître mettre en
35 doute ce que vous avancez ; mais nous sommes ici en présence d'un mystère si grave que cette question me semble permise. Est-ce vous qui avez fait cela ?

— Je vous jure par tout ce que j'ai de plus sacré que je ne l'ai pas enlevée d'ici, que je n'y suis absolument pour rien. Voici ce qui s'est
40 passé : avant-hier soir, nous sommes venus ici, mon ami Seward et moi, animés des meilleures intentions, croyez-moi. J'ai ouvert ce cercueil qui alors était scellé, et nous nous sommes aperçus qu'il était vide, comme maintenant. Nous avons alors décidé d'attendre ; et, en effet, nous avons bientôt vu une silhouette blanche à
45 travers les arbres. Le lendemain, hier, nous sommes revenus en plein jour, et elle était là, étendue dans le cercueil. N'est-ce pas, mon cher John ?

— Oui.

— La première nuit, nous sommes arrivés à temps. Un autre enfant
50 avait disparu et, Dieu merci ! nous l'avons retrouvé entre les tombes et ne portant aucune blessure. Hier, étant donc déjà venu dans la journée, je suis revenu un peu avant le coucher du soleil, car, quand le soleil se couche, les non-morts peuvent sortir de leurs tombes. J'ai attendu ici toute la nuit, jusqu'au matin, mais je n'ai rien vu.

55 Sans doute est-ce parce que j'avais suspendu à ces portes de l'ail, que les non-morts ne supportent pas, et d'autres choses aussi qu'ils évitent toujours. La nuit dernière, on n'est pas sorti ; aussi, ce soir, avant le coucher du soleil, suis-je venu enlever l'ail et les autres objets que j'avais accrochés à la porte. Voilà pourquoi nous trouvons le cer-
60 cueil vide.

Mais suivez-moi bien. Jusqu'ici, les choses sont fort étranges. Venez vous cacher avec moi non loin d'ici et vous verrez des choses beaucoup plus étranges encore. Donc — et, ce disant, il referma la lanterne — sortons.

65 Il ouvrit la porte ; l'un après l'autre, nous passâmes devant lui qui sortit le dernier, et, derrière lui, referma la porte à clef.

Oh! que l'air nocturne semblait frais et pur après l'horreur de ce caveau! Qu'il était agréable de voir les nuages fuir à toute vitesse dans le ciel, et la clarté de la lune qui apparaissait entre deux de
70 ces bizarres et sauvages chevauchées — semblables aux instants de bonheur qui, dans une vie d'homme, chassent et croisent les instants de tristesse! Qu'il était doux de respirer cet air frais qui n'était chargé d'aucune odeur de mort; qu'il était réconfortant d'apercevoir les lueurs du ciel au-delà de la colline et d'entendre au
75 loin le bruit confus qui monte d'une grande ville! Chacun de nous avait l'air très grave, accablé par la révélation qui venait de lui être faite; Arthur se taisait; il essayait, je le devinais, de saisir le pourquoi de tout ceci, de pénétrer la signification profonde du mystère; moi-même, je me sentais plutôt patient, prêt à rejeter de nouveau mes
80 doutes et à accepter les conclusions de Van Helsing. Quincey Morris, lui, restait impassible à la façon d'un homme qui admet tout ce qu'on lui dit, mais l'admet avec un esprit méfiant.

Comme il ne pouvait pas fumer, il se mit à chiquer. Quant à Van Helsing, il était occupé à une besogne bien précise. Tout d'abord, il
85 prit dans son sac une matière qui ressemblait à un biscuit mince, à une sorte d'hostie, et qui était soigneusement enveloppée dans une serviette blanche; puis deux poignées d'une substance blanchâtre – de la pâte, eût-on dit. Il émietta le biscuit et, entre ses mains le travaillant avec la pâte, n'en fit qu'une seule masse. Ensuite, il découpa
90 celle-ci en bandes minces, qu'il roula pour les placer l'une après l'autre dans les interstices tout autour de la porte du tombeau. Cela n'allait pas sans m'étonner, on le devine, et comme je me trouvais près de lui, je lui demandai ce qu'il faisait. Arthur et Quincey, curieux eux aussi, s'approchèrent de nous.

95 — Je ferme le tombeau, me répondit-il, afin que la non-morte ne puisse pas y rentrer.

— Et c'est cette sorte de pâte que vous y mettez qui l'en empêchera? fit Quincey. Vraiment, on dirait que vous jouez!

— N'est-ce pas?

100 — Mais de quoi vous servez-vous donc?

C'était Arthur qui venait de poser cette question. Van Helsing se découvrit en signe de respect, tandis qu'il répondait:

— L'Hostie. Je l'ai apportée d'Amsterdam. J'ai obtenu une Indulgence[1].

105 Réponse bien faite pour impressionner le plus sceptique d'entre nous, et chacun sentit que devant un dessein aussi grave du professeur — un dessein qui l'amenait à se servir de la chose la plus sacrée — il était impossible de douter encore. Au milieu d'un silence par lequel, à notre tour, nous témoignions tout le respect que nous 110 éprouvions, nous allâmes chacun prendre la place que Van Helsing nous avait désignée autour du tombeau, mais où il était impossible à quiconque de nous apercevoir.

Je plaignais mes compagnons, mais surtout Arthur. En ce qui me concernait, mes visites précédentes au cimetière m'avaient accoutumé 115 à ce guet lugubre et horrible ; et cependant si, moins d'une heure auparavant, je rejetais encore les preuves qu'avançait Van Helsing, maintenant le cœur me manquait. Jamais les tombes n'avaient paru, dans la nuit, d'un blanc aussi effrayant ; jamais les cyprès, les ifs, les genévriers, n'avaient symbolisé de la sorte la mélancolie ; jamais les 120 arbres, jamais l'herbe n'avaient ployé sous le vent de cette façon sinistre ; jamais les branches n'avaient craqué avec tant de mystère, et jamais les hurlements lointains des chiens n'avaient fait monter dans la nuit un tel présage de malheur.

Notre silence dura longtemps — silence profond, douloureux — 125 puis enfin le professeur attira notre attention : « Sh... sh... sh...! » Et du doigt, il nous montrait, venant de l'allée des ifs et s'avançant vers nous, une silhouette blanche — une silhouette blanche, encore assez indistincte, et qui tenait contre sa poitrine quelque chose de sombre. Soudain, elle s'arrêta et, au moment même, un rayon de la lune, entre 130 deux nuages, éclaira cette apparition : c'était une femme vêtue d'un linceul. Nous ne voyions pas le visage, car elle gardait la tête penchée vers ce qu'elle portait dans les bras et que nous reconnûmes bientôt pour être un enfant blond. Elle s'arrêta, et on entendit un petit cri aigu, tel celui que pousse parfois un enfant dans son sommeil, ou 135 un chien qui rêve, couché devant le feu. Tous, nous voulûmes nous

---

1. Indulgence : rémission d'un péché par l'Église catholique dans des cas d'exception.

précipiter vers elle, mais Van Helsing, que chacun de nous voyait derrière son if, d'un geste de la main nous arrêta. La silhouette blanche se remit à avancer. Elle fut bientôt assez près de nous pour que nous la distinguions clairement, et la lune brillait toujours.

140   Je sentis mon cœur se glacer et, au même moment, j'entendis le cri d'horreur étouffé d'Arthur : nous venions de reconnaître les traits de Lucy Westenra. Lucy Westenra, mais à quel point changée ! La douceur que nous lui avions connue était remplacée par une expression dure et cruelle et, au lieu de la pureté, son visage était marqué de 145 voluptueux désirs. Van Helsing quitta sa cachette et, faisant de même, nous avançâmes jusqu'à la porte du tombeau devant laquelle nous nous rangeâmes tous les quatre. Van Helsing éleva sa lanterne dont il ouvrit la petite porte et dont la lumière éclaira le visage de Lucy ; ses lèvres étaient écarlates, tout humides de sang frais dont un filet avait 150 coulé sur son menton et souillé son vêtement immaculé de morte. Faut-il le dire ? À nouveau, l'horreur nous fit frémir. À la lumière vacillante de la lanterne, je sus que même les nerfs d'acier de Van Helsing avaient cédé. Arthur se trouvait à côté de moi et, si je ne lui avais pas saisi le bras, il serait tombé.

155   Quand Lucy — j'appelle Lucy cette chose qui était devant nous, puisqu'elle avait la forme de Lucy — nous vit, elle recula en laissant échapper un grognement furieux, tel un chat pris à l'improviste. Puis ses yeux se posèrent sur nous l'un après l'autre. C'étaient les yeux de Lucy quant à la forme et à la couleur ; mais les yeux de Lucy 160 impurs et brillant d'un feu infernal au lieu de ces douces et candides prunelles que nous avions tous tant aimées. À l'instant, ce qui restait de mon amour se changea en un sentiment fait de haine et d'exécration ; si on avait dû la tuer alors, j'aurais voulu le faire moi-même, et avec quel cruel plaisir ! Tandis qu'elle continuait à nous regarder 165 de ses yeux flamboyants et pervers, son visage rayonna d'un sourire voluptueux.

Seigneur ! Que c'était odieux à voir ! Aussi impitoyable qu'un démon, d'un mouvement brusque elle jeta à terre l'enfant que, jusqu'ici, elle avait tenu serré contre son sein, grondant cette fois, 170 en lui jetant un dernier regard, comme un chien gronde quand il est forcé d'abandonner un os. L'enfant cria encore, puis resta là,

immobile et gémissant. La dureté avec laquelle elle avait accompli ce geste arracha un cri de douleur à Arthur ; lorsqu'elle avança vers lui, les bras tendus et souriant toujours du même sourire lascif, il recula
175 et se cacha le visage dans les mains.

Cependant, elle avançait toujours vers lui, en disant sur un ton langoureux, tandis qu'elle avait des gestes pleins de grâce et de volupté :

— Venez avec moi, Arthur. Quittez vos compagnons, et venez avec moi. J'ai besoin de vous tenir dans mes bras. Venez ! C'est ensemble
180 maintenant que nous nous reposerons ! Venez, ô mon mari ! Venez donc !

Il y avait dans sa voix une douceur démoniaque — quelque chose qui ressemblait au tintement de verres qui s'entrechoquent — qui résonnait dans notre cerveau à chacun, tandis que nous écoutions les
185 paroles qu'elle adressait à Arthur. Celui-ci, à la vérité, paraissait subir un charme : se découvrant le visage, il ouvrit tout grands les bras. Elle allait s'y réfugier, quand Van Helsing, d'un bond, fut entre eux, sa petite croix d'or à la main. Elle recula aussitôt et, les traits soudain convulsés de rage, elle passa à côté du professeur en se précipitant
190 vers le tombeau comme si elle voulait y entrer.

Mais lorsqu'elle fut à un ou deux pieds de la porte, elle s'arrêta, une force irrésistible l'empêchant d'aller plus loin.

Elle se retourna vers nous, le visage parfaitement éclairé par les rayons de la lune et par la lumière de la lanterne que Van Helsing
195 tenait maintenant d'une main ferme. Jamais je n'avais vu sur un visage une telle expression, tout à la fois de rancune et de dépit, et personne, je l'espère, n'en verra jamais de semblable. Les joues, jusqu'ici restées colorées, devinrent livides, les yeux semblèrent jeter des étincelles venant tout droit de l'enfer, les rides qui apparurent
200 sur le front ressemblaient aux replis des serpents de la Méduse[1], et la charmante bouche aux lèvres brillantes de sang s'ouvrit presque en forme de carré, comme dans ces masques grecs ou japonais qui représentent la colère. Si jamais un visage a pu signifier un arrêt

---

1. Méduse : créature hideuse de la mythologie grecque à la chevelure de serpents. Son regard pouvait à lui seul pétrifier ceux qui la regardaient.

de mort, si jamais regards ont été capables de tuer, ce visage et ces
205 regards, nous les avions à ce moment devant nous.

Ainsi donc, pendant une demi-minute certainement et qui nous
parut une éternité, elle resta là, entre la croix que Van Helsing gardait
toujours levée et sa tombe dont l'Hostie lui interdisait l'entrée. Le
professeur mit fin au silence en demandant à Arthur :

210   — Dites, mon ami... Répondez-moi : dois-je poursuivre mon
œuvre ?

L'autre s'agenouilla et, le visage à nouveau enfoui dans les mains,
il lui dit :

— Faites comme vous l'entendez, mon ami... Faites comme vous
215 l'entendez... Il n'y aura jamais rien de plus horrible que ceci.

Et il gémit, tandis que Quincey et moi, en même temps, nous
approchions de lui pour le soutenir.

Van Helsing posa la lanterne à terre ; puis, allant à la porte du
tombeau, il se mit à enlever les parcelles du Signe sacré qu'il avait
220 placées çà et là.

Alors, quand il se retira, nous vîmes, surpris, terrifiés, cette femme,
dont le corps était aussi tangible que le nôtre, passer à travers un
interstice où il eût été difficile d'introduire une lame de couteau.
Nous éprouvâmes tous un sentiment de soulagement lorsque, avec
225 calme, le professeur replaça autour de la porte des bandes de la
fameuse pâte.

Ceci fait, il alla relever l'enfant et nous dit :

— Maintenant, venez, mes amis ; nous ne pouvons plus rien
jusqu'à demain. Un enterrement est prévu pour midi, de sorte que
230 nous reviendrons peu après. Vers deux heures, tous les parents et amis
du défunt seront partis, et nous, nous resterons après que le fossoyeur
aura refermé la grille. Alors, nous aurons beaucoup à faire, mais cela
ne ressemblera pas du tout à ce à quoi nous venons de nous occuper.
Quant à ce petit, il n'a pas trop souffert, et il sera complètement remis
235 demain soir. Comme l'autre enfant, nous allons le laisser à un endroit
où la police puisse le trouver ; puis, nous rentrerons.

— Mon cher Arthur, fit-il en s'approchant de ce dernier, cette
épreuve est terrible pour vous ; mais plus tard, quand vous vous la
remémorerez, vous comprendrez à quel point elle était nécessaire.

240 Les heures d'amertume dont je vous parlais, vous les vivez maintenant, mon garçon ; demain, plaise à Dieu ! elles seront passées et vous connaîtrez une très grande tranquillité d'esprit, si même ce n'est pas le bonheur ; aussi ne vous laissez pas trop abattre par le chagrin. Jusqu'à demain, je ne vous demande pas de me pardonner.

245 Je ramenai Arthur et Quincey chez moi et, sur le chemin du retour, nous essayâmes de nous rendre du courage les uns aux autres.

Nous avions laissé l'enfant en un lieu sûr et nous étions très fatigués. Tous trois, nous dormîmes plus ou moins bien.

29 septembre, au soir — Un peu avant deux heures, Arthur,
250 Quincey et moi passâmes prendre le professeur à son hôtel. Chose étrange, il se trouva que, tous, nous étions habillés de noir. Naturellement, Arthur était en grand deuil ; mais c'est par une sorte d'instinct que chacun des autres, dans notre petit groupe, s'était vêtu complètement de noir. Dès une heure et demie, nous arrivions au
255 cimetière ; nous nous promenâmes dans les allées à l'écart, évitant d'être vus, de sorte que, les fossoyeurs ayant terminé leur tâche et le sacristain ayant refermé la grille à clef puisqu'il croyait tout le monde parti, nous nous trouvâmes, somme toute, les maîtres du lieu. Van Helsing avait remplacé son petit sac noir par un sac de cuir de forme
260 allongée, comme celui d'un joueur de cricket ; et on devinait qu'il était très lourd.

Lorsque, ayant entendu les derniers pas s'éloigner sur la route, nous fûmes certains d'être seuls, sans qu'aucun de nous eût rien dit, nous suivîmes le professeur qui se dirigeait vers le tombeau. Il
265 ouvrit la porte, et dès que nous fûmes entrés, nous la refermâmes derrière nous. Il prit dans son sac la lanterne qu'il alluma, ainsi que deux bougies ; quand, à leur tour, elles furent allumées, il les fixa sur deux autres cercueils grâce à la cire qu'il avait fait fondre à un bout de l'une et de l'autre ; de la sorte, elles donnaient la lumière
270 dont il avait besoin pour procéder à son travail. Quand, une fois de plus, il enleva le couvercle du cercueil de Lucy, tous nous regardâmes aussitôt — Arthur tremblant comme une feuille — et nous vîmes que le corps gisait là, dans toute sa beauté.

Mais, dans mon cœur, il n'y avait plus place pour l'amour ; seule, la
275 haine l'habitait, la haine que m'inspirait cette chose odieuse qui avait

pris la forme de Lucy sans rien garder de son âme. Je vis que même le visage d'Arthur se fermait. Bientôt, il demanda à Van Helsing :

— Est-ce là vraiment le corps de Lucy, ou seulement un démon qui a pris sa forme ?

280 — C'est son corps et ce n'est pas son corps. Mais attendez un moment, et vous allez la voir telle qu'elle était, et telle qu'elle est encore réellement.

En tout cas, on avait l'impression de vivre un cauchemar qui se serait appelé Lucy. Les dents pointues, les lèvres voluptueuses et cou-
285 vertes de sang — et ceci seul aurait suffi à vous faire frémir d'horreur — tout ce corps sensuel, visiblement dépourvu d'âme, c'était comme la dérision diabolique de ce qui avait été la douce candeur de Lucy.

Méthodiquement, comme à l'accoutumée, Van Helsing se mit à retirer de son sac des instruments divers et à les placer de façon à les
290 avoir sous la main. D'abord, il prit un fer à souder et un peu de soudure maigre[1], puis une petite lampe à huile qui, une fois allumée dans un coin du caveau, dégagea un gaz dont la flamme bleue donna une forte chaleur, puis les instruments mêmes qui devaient lui servir à l'opéra-tion, enfin, un pieu en bois, cylindrique, épais d'environ trois pouces
295 et long d'environ trois pieds. Il présenta au feu le bout de ce pieu, puis il le tailla en une pointe très fine. Un gros marteau fut enfin retiré du sac. Pour moi, voir un médecin se préparer à agir, cela avait toujours quelque chose de réconfortant, d'encourageant, mais tous ces prépa-ratifs inspirèrent à Arthur et à Quincey une véritable consternation.
300 Tous deux cependant s'efforçaient de garder leur courage, et ils restèrent très calmes et silencieux.

Van Helsing nous dit alors :

— Avant de commencer quoi que ce soit, laissez-moi vous expli-quer ce dont il s'agit ; de fait, cette connaissance nous est transmise par
305 la science et les expériences des anciens et de tous ceux qui ont étudié les pouvoirs du non-mort. Cet état de non-mort est étroitement lié à la malédiction d'immortalité. La mort est refusée à ces êtres, et ils doivent, de siècle en siècle, faire de nouvelles victimes et multiplier les

---

1. Soudure maigre : dont le mélange est davantage composé de plomb que d'étain.

maux de la terre ; car quiconque meurt ayant été la proie d'un non-
310 mort, devient à son tour non-mort et, à son tour, fait sa proie de son
prochain. De sorte que le cercle va toujours s'élargissant, comme les
cercles qu'une pierre jetée dans l'eau forment à la surface de cette eau.
Arthur, mon ami, si vous aviez embrassé Lucy quelques instants avant
sa mort, comme vous en aviez le désir, ou si, l'autre nuit, vous l'aviez
315 prise dans vos bras déjà ouverts pour la recevoir, vous seriez devenu,
à l'heure de votre mort, un *nosferatu,* comme on dit en Europe
orientale et, les années passant, vous auriez fait de plus en plus de
ces non-morts qui nous remplissent d'horreur. Comme non-morte,
la carrière de cette malheureuse jeune fille ne fait que commencer.
320 Les enfants dont elle a sucé le sang ne sont pas encore dans un état
désespéré ; mais si, non-morte, elle continue à vivre, ils perdront de
plus en plus de sang puisque obéissant au pouvoir qu'elle exerce sur
eux, ils la rechercheront de plus en plus ; de sa bouche odieuse, elle
tirera jusqu'à leur dernière goutte de sang. Au contraire, si elle meurt
325 réellement, tout le mal cessera ; les légères blessures disparaîtront
de la gorge des enfants qui retourneront à leurs jeux, oubliant toute
leur aventure ; mais, chose plus importante encore et qui nous sera à
tous une bénédiction, la mort véritable s'étant emparée de cette non-
morte, l'âme de la pauvre et chère enfant sera à nouveau délivrée.

330 Au lieu d'accomplir pendant la nuit son œuvre maligne et, le jour,
d'en subir de plus en plus l'humiliation, elle prendra sa place parmi
les autres anges. Aussi, mon ami, sera-ce pour elle une main bénie que
celle qui lui donnera le coup de grâce. Je suis prêt à le faire. Mais n'y
a-t-il personne parmi nous qui mérite mieux que moi ce privilège ?
335 Quel bonheur de pouvoir penser désormais, éveillé dans le silence
de la nuit : « C'est ma main qui l'a envoyée parmi les étoiles, la main de
celui qui l'aimait le plus au monde, la main qu'elle-même aurait
choisie pour cela si elle avait pu choisir. » Dites-moi, n'y a-t-il personne ici qui souhaite pouvoir se tenir à soi-même un tel langage ?

340 Tous, nous regardions Arthur ; et comme nous tous, il comprenait
la généreuse intention qui animait Van Helsing quand il proposait
que ce fût sa main à lui, Arthur, qui nous rende la mémoire de Lucy à
jamais sacrée, alors que nous avions pu la croire souillée à jamais. Il

s'avança et dit d'une voix ferme, encore que sa main tremblât et que
345 son visage fût blême :

— Du fond de mon cœur, mon ami, mon véritable ami, je vous
remercie. Dites-moi ce que je dois faire, et je vous obéirai sans défaillir.

— Brave garçon ! Il vous faudra un moment de courage, un seul,
et tout sera fini ! Il s'agit de lui passer ce pieu à travers le corps...
350 Épreuve terrible, je vous le répète, mais elle sera brève et, ensuite,
votre bonheur sera d'autant plus grand que votre douleur était
immense. Quand vous sortirez d'ici, il vous semblera avoir des ailes.
Mais une fois que vous aurez commencé, la moindre hésitation vous
sera interdite.

355 Pensez que nous sommes ici, nous, vos amis, qui vous entourons,
et que nous prierons pour vous pendant ces minutes épouvantables.

— Bon, dit Arthur d'une voix étouffée par l'émotion. Que dois-je faire ?

— Prenez ce pieu de la main gauche, la pointe placée sur le cœur,
et le marteau de la main droite. Quand nous commencerons à réciter
360 la prière des morts, — c'est moi qui la lirai : j'ai apporté le livre ; les
autres me répondront — frappez, au nom de Dieu, afin que notre
chère morte repose en paix, et que la non-morte disparaisse à jamais !

Arthur prit le pieu et le marteau, et une fois qu'il fut fermement
décidé à agir, ses mains ne tremblèrent pas le moins du monde,
365 n'hésitèrent même pas. Van Helsing ouvrit le missel, commença à
lire ; Quincey et moi lui répondîmes de notre mieux. Arthur plaça
la pointe du pieu sur le cœur de Lucy, et je vis qu'elle commençait à
s'enfoncer légèrement dans la chair blanche. Alors, avec le marteau,
Arthur frappa de toutes ses forces.

370 Le corps, dans le cercueil, se mit à trembler, à se tordre en d'affreuses contorsions ; un cri rauque, propre à vous glacer le sang,
s'échappa des lèvres rouges ; les dents pointues s'enfoncèrent dans les
lèvres au point de les couper, et elles se couvrirent d'une écume écarlate. Mais, à aucun moment, Arthur ne perdit courage. Il ressemblait
375 au dieu Thor[1] tandis que son bras ferme s'élevait et retombait, enfonçant de plus en plus le pieu miséricordieux, et que le sang jaillissait du

---

1. Thor : dieu du tonnerre dans la mythologie germanique, armé d'un marteau.

cœur percé et se répandait tout autour. La résolution était peinte sur son visage, comme s'il était certain d'accomplir un devoir sacré et, à le voir, nous ne nous sentions que plus de courage, de sorte que nos
380 voix, plus fortes, résonnaient maintenant dans le caveau.

Peu à peu, le corps cessa de trembler, les contorsions s'espacèrent, mais les dents continuaient à s'enfoncer dans les lèvres, les traits du visage à frémir.

Finalement, ce fut l'immobilité complète. La terrible tâche était
385 terminée.

Arthur lâcha le marteau. Il chancelait et serait tombé si nous n'avions pas été là pour le soutenir. De grosses gouttes de sueur coulaient sur son front, et il haletait. L'effort qu'on avait exigé de lui, assurément, était surhumain, et s'il n'y avait été obligé que par
390 des considérations humaines, il ne l'eût jamais accompli. Pendant quelques minutes, nous fûmes donc occupés de lui seul, et aucun d'entre nous ne regarda plus le cercueil.

Toutefois, lorsque nos yeux s'y posèrent à nouveau, nous ne pûmes retenir un murmure de surprise. Nous regardions avec une attention telle
395 qu'Arthur se leva — il s'était assis sur le sol — et vint regarder, lui aussi. Et, sur son visage, une expression de joie remplaça la détresse et l'épouvante.

Là, dans le cercueil, ne gisait plus l'horrible non-morte que nous avions fini par redouter et par haïr à un tel point que le soin de la détruire avait été accordé comme un privilège à celui d'entre nous
400 qui y avait le plus de droits ; c'était Lucy comme nous l'avions connue de son vivant, avec son visage d'une douceur et d'une pureté sans pareilles. Le chagrin, les soucis, les souffrances, avaient, il est vrai, marqué ce visage ; mais il ne nous en était que plus cher. Chacun de nous sentit à ce moment que la sainte tranquillité qui se répandait, tel
405 un rayon de soleil, sur ce pauvre visage et sur ce pauvre corps, n'était qu'un gage, qu'un symbole terrestre du repos éternel.

Van Helsing vint poser sa main sur l'épaule d'Arthur, et il lui demanda :
— Maintenant, dites-moi, mon ami, mon cher Arthur, est-ce que vous me pardonnez ?
410 Alors seulement, quand il prit dans la sienne la main du vieux professeur, Arthur réagit à l'effort presque inimaginable qu'il avait dû fournir.

Cette main, il la porta à ses lèvres, la baisa longuement, puis il s'écria :

— Si je vous pardonne ! Dieu vous bénisse, vous qui avez rendu son âme à ma bien-aimée, et à moi la paix !

415 Ses deux mains sur les épaules de Van Helsing et la tête contre sa poitrine, il se mit à pleurer tout bas, tandis que nous restions là, sans bouger. Quand enfin il leva la tête, Van Helsing lui dit :

— Et maintenant, mon enfant, vous pouvez l'embrasser. Posez, si vous voulez, un baiser sur ses lèvres de morte, ainsi qu'elle l'eût sou-
420 haité. Car à présent, elle n'est plus un démon au sourire affreux, et elle ne le sera plus, de toute éternité. Elle n'est plus une non-morte, suppôt du diable. Elle est une vraie morte de Dieu, et son âme est près de Lui !

Arthur se pencha et mit un baiser sur le visage paisible. Puis, nous les fîmes sortir du tombeau, Quincey et lui. Alors, j'aidai le professeur
425 à scier le haut du pieu, laissant la pointe enfoncée dans le corps. Puis, nous coupâmes la tête et remplîmes la bouche d'ail.

Enfin, le cercueil de plomb étant soudé et le couvercle du cercueil de bois vissé à nouveau, nous rassemblâmes tous les outils et sortîmes à notre tour. Lorsque le professeur eut refermé la porte à clef, il remit
430 celle-ci à Arthur.

Dehors, l'air était doux, le soleil brillait, les oiseaux chantaient, il semblait que la nature entière s'était mise à un autre diapason. Tout, partout, nous paraissait joyeux et calme, car nous-mêmes éprouvions une tranquillité profonde, encore que cette joie en nous fût fort tem-
435 pérée. Avant de nous éloigner, Van Helsing tint à nous avertir :

— Maintenant, mes amis, la première partie de notre travail est faite, la plus dure pour nous.

Mais il reste une autre tâche, en un sens plus importante : découvrir l'auteur de tous ces malheurs et le faire disparaître de ce monde.
440 Je possède certaines clefs qui, dans une certaine mesure, faciliteront nos recherches. Mais cette tâche sera longue, comportera des dangers et encore des souffrances. Vous m'aiderez, n'est-ce pas ? Tous, nous avons maintenant appris à croire. Et puisqu'il en est ainsi, nous voyons où est notre devoir, n'est-ce pas votre avis ? Et n'avons-nous
445 pas promis d'aller jusqu'au bout ?

Tour à tour, nous lui serrâmes la main en lui promettant de l'aider. Lorsque nous nous mîmes à marcher, il reprit :

— Demain soir, à sept heures, nous dînerons ensemble chez notre ami John. J'inviterai deux autres personnes que vous ne connaissez pas encore[1]. À ce moment, tous mes plans seront prêts, et je vous les expliquerai. Mon cher John, revenez avec moi ; je dois vous consulter sur certaines choses. Ce soir, je pars pour Amsterdam, mais je serai de retour demain soir déjà. Et alors, commencera notre grande investigation ; toutefois, j'ai beaucoup à vous dire auparavant ; je dois vous mettre au courant de tout ce qu'il y a à faire et de tout ce qu'il y a à redouter. Pourtant, une fois que nous nous serons mis à l'œuvre, nous ne pourrons plus reculer.

Source : Bram Stoker, *Dracula, l'homme de la nuit,* trad. de l'anglais par È. et L. Paul-Margueritte, [En ligne], 1920, http://fr.wikisource. org/wiki/Dracula (Consulté le 30 août 2013)

---

1. Ce sont Jonathan Harker et son épouse, Mina. Ils se joindront à eux pour combattre le maître des vampires, Dracula.

Le vampire, lithographie de R. de Moraine,
tirée des *Tribunaux secrets*, 1864.

L'usage du pieu détruit le monstre.

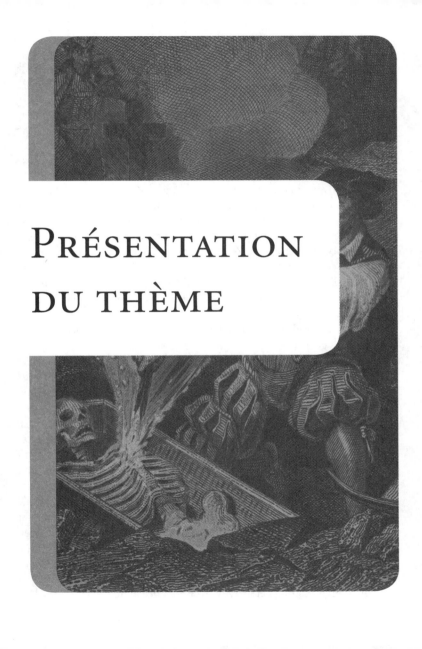

Présentation du thème

LE VAMPIRE À TRAVERS L'HISTOIRE

Les embryons d'une croyance universelle

Figure archétypale du monstre buveur de sang humain, le vampire hante l'imaginaire de nombreuses cultures. Remonter aux sources d'un tel mythe implique d'emblée d'en relever les multiples formes qu'il a empruntées au cours de son évolution. Ainsi, quelques créatures peuplant les récits de l'Antiquité évoquent, par leur comportement hématophage (du grec *haima*, « sang », et *phagein*, « manger »), les vampires des temps modernes. Dans la mythologie grecque, on rapporte l'existence de Lamia, fille du roi Bélos qui est séduite par Zeus. De cette union naissent des enfants qui attisent bientôt la jalousie de la déesse Héra, épouse légitime de Zeus. Réagissant parfois avec humeur aux coutumières infidélités de son époux, Héra fait périr la progéniture de la malheureuse Lamia. Cette dernière, devenue envieuse de toutes les mères, se transforme alors en un horrible monstre qui dévore les enfants ou boit leur sang. Le nom de cette créature infanticide en vient aussi à désigner de belles prédatrices — les lamies — qui sucent le sang des jeunes gens dans leur sommeil et épuisent leur virilité.

Parmi les lointains précurseurs du vampire européen, on cite également Empousa, fille d'Hécate, créature aux pieds de bronze qui se métamorphose en ravissante séductrice afin de tromper les voyageurs et de les dévorer. Elle s'unit aussi la nuit avec les hommes endormis et les vide de leur sang. Le moyen de s'en débarrasser est cependant fort simple : il suffit de l'injurier. Tout aussi menaçantes sont les stryges, femmes au corps d'oiseau, qui s'attaquent également aux enfants pour se repaître de leur sang. Afin de se prémunir contre leurs méfaits, on invoque la déesse Carna, protectrice des nourrissons. Dans le panthéon babylonien, Lilitû est une divinité maléfique qui, elle aussi, s'abreuve du sang des enfants, tout comme son avatar hébraïque Lilith, première femme d'Adam, bannie du jardin d'Éden pour avoir défié son autorité. Avides de la semence des hommes, ces créatures infernales épuisent la vitalité sexuelle de leurs amants. Mentionnons enfin que, dans la mythologie grecque, les défunts séjournent aux Enfers et, privés de conscience et de sang, ne sont plus que l'ombre de ce qu'ils avaient été parmi les vivants. Ainsi, lorsque Ulysse se rend au bord de l'Océan — dans le livre XI de *L'Odyssée* — pour consulter l'âme du devin Tirésias et apprendre de ce dernier comment regagner sa patrie, le sang de moutons immolés attire les ombres des Enfers. Une fois sustentées, elles s'entretiennent avec le héros, et ce passage du texte d'Homère préfigure les vampires, dans la mesure où le sang redonne ici force et vigueur à des morts.

L'éclosion du mythe à l'époque médiévale

La tradition chrétienne possède aussi des démons qui s'inscrivent dans la lignée des ensorceleuses polymorphes de l'Antiquité. À partir du VIIe siècle, le diable et ses suppôts ne sont plus des entités éthérées mais bien des êtres aux attributs physiques leur permettant de s'unir charnellement avec les humains. Ainsi, les succubes (démons femelles) et les incubes (démons mâles) revêtent une apparence séductrice pour confondre leurs victimes. La bulle du pape Innocent VIII, datée du 9 décembre 1484, confirme l'existence de ces entités lubriques.

L'évangélisation des peuples slaves, à partir de la seconde moitié du IXe siècle, constitue un des faits à l'origine de la croyance aux vampires. L'incinération des cadavres figure parmi les pratiques funéraires païennes, tandis que les usages de l'Église prescrivent plutôt de les ensevelir. Ainsi, les morts acquièrent une présence physique inquiétante qui leur faisait défaut auparavant. Par conséquent, si un défunt veut exercer une quelconque action malfaisante ou vengeresse sur les vivants, il possède dorénavant un corps pour le faire et non plus seulement une âme errante et vindicative[1].

Au Moyen Âge, la croyance populaire admet le possible retour des morts dans toute leur intégrité physique[2]. Même si le christianisme

---

1. Les Slaves faisaient parfois couper les pieds des cadavres ou placer sur eux de lourdes pierres afin de les immobiliser dans leur tombe. La crainte de leur retour était si grande que la pratique de l'incinération, malgré la réprobation des autorités religieuses, ne sera pas totalement abandonnée et coexistera avec celle de l'inhumation entre les IXe et XIIIe siècles.

2. Lors du deuxième Concile de Limoges, en 1031, l'évêque de Cahors a raconté que le corps d'un chevalier de son diocèse, mort excommunié, fut retrouvé à plusieurs reprises hors de sa tombe. On l'inhuma alors dans une terre profane, loin du cimetière.

accrédite dans son culte la résurrection de la chair, celle-ci doit se produire lors du Jugement dernier et non pas au gré des sentences prononcées par l'Église. En effet, on allègue que nombreux sont les morts qui, frappés d'excommunication, sortent de leur tombe. On signale leur présence en Angleterre à compter du XIIᵉ siècle, et les chroniqueurs les désignent sous le nom de *cadaver sanguisugus*[1]. Dans la seconde moitié du XIVᵉ siècle, dans certains pays d'Europe centrale et orientale, on rapporte que des morts mastiquent leur propre chair ou leur linceul dans leur tombeau, en émettant des grognements qui ressemblent à ceux du porc. Ces morts-vivants voraces, appelés *nachzehrer* (du verbe allemand *zehren*, « dévorer »), auraient été particulièrement actifs lors des épidémies de peste, car on croyait que leur mâchonnement était à l'origine du fléau. Dans certaines régions, comme la Silésie, on les présume capables de ravir à distance la force vitale de leurs victimes. Une précaution courante consiste alors à placer une motte de terre sous le menton des défunts pour immobiliser la mâchoire.

La non-décomposition de certains corps compte parmi les facteurs qui ont le plus contribué à diffuser la croyance aux morts-vivants. En Grèce, par exemple, on nomme « brucolaques » ces cadavres animés et on explique leur apparition par un suicide ou une sentence d'excommunication. La mise au ban de la communauté chrétienne est vue comme une punition terrible car, comme l'explique le chercheur Matei Cazacu :

> [...] l'excommunication lie l'âme pécheresse au corps et interdit leur séparation après la mort. Par conséquent, tant que l'anathème n'est pas levé, le corps ne pourrit pas et l'âme, prisonnière, est condamnée à errer dans la nuit pour chercher son pardon. Le vampire est né[2].

L'une des formules imprécatoires de l'Église orthodoxe grecque relatives à l'excommunication condamne ainsi le cadavre à rester

---

1. Littéralement « cadavre sangsue ».
2. Matei Cazacu, *Dracula*, Paris, Tallandier, 2004, p. 345.

indissoluble[1]. Or, comme le soulignera ironiquement Voltaire[2] plus tard, cette doctrine entre en contradiction avec celle de l'Église catholique. Cette dernière stipule en effet que l'imputrescibilité des dépouilles constitue un signe incontestable de leur sainteté, alors que l'Église orthodoxe interprète un tel phénomène comme une malédiction[3]. Les peuples slaves pratiquent d'ailleurs la coutume du double enterrement. Les familles font exhumer le cadavre d'un proche trois ou sept ans après son inhumation, afin d'en vérifier l'aspect. La dissolution complète de la dépouille est vue comme la preuve absolue du passage de l'âme dans l'au-delà. On lave alors les ossements à l'eau, on les asperge de vin et, une fois bénis par le pope, ils sont inhumés de nouveau dans un sac de toile blanche. Encore aujourd'hui, certaines communautés villageoises se livrent à ce rituel en Olténie. Par contre, si le corps est dans un état suspect de conservation, on y voit une intervention surnaturelle. C'est justement de cette croyance que sont nés les vampires. Ils apparaissent d'ailleurs assez tôt chez les Slaves orientaux. Le folklore ukrainien, par exemple, comporte plusieurs récits d'*upyrs,* morts maléfiques dotés d'une langue bifide, qui aspirent le sang des vivants.

Au fil des ans, les brucolaques gagnent en férocité et en viennent à désigner indistinctement loups-garous et vampires. L'étroite parenté entre ces deux dernières créatures découle sans doute en partie du fait que, dans le folklore européen, un loup-garou a de fortes chances de se transformer en vampire après sa mort. De plus, un vampire peut se métamorphoser en loup. La peur des loups-garous connaît son apogée au XVIᵉ siècle, en France ainsi que dans certains pays de l'Europe orientale, comme la Serbie, la Bohême et la Hongrie. Mais les vampires vont eux aussi jouir bientôt d'une sinistre renommée qui se propagera à plusieurs pays du vieux continent.

---

1. Voir l'*Encyclopédie théologique,* publiée par l'abbé Migne, tome XXV, Paris, [s. é.], 1849, p. 626.

2. Voltaire, *Œuvres complètes,* tome XIX, Paris, Hachette, 1876, p. 398.

3. L'Église orthodoxe grecque a tenté de concilier ces divergences théologiques en prétendant qu'un cadavre exhalant des effluves parfumés était celui d'un saint, alors que des relents pestilentiels émanaient plutôt des dépouilles des damnés. Clive Leatherdale, *Dracula : du mythe au réel,* Paris, Éditions Dervy, 1996, p. 40.

Les premiers cas notoires de vampirisme

Dans la première moitié du xviiie siècle, les vampires auraient surtout sévi en Russie, en Serbie, en Autriche, en Prusse, en Pologne et en Moravie. On parle alors d'une véritable épidémie dont plusieurs cas font l'objet d'enquêtes officielles et de procès-verbaux. Parmi ceux-ci, le rapport *Visum et Repertum*[1] (« vu et reconnu »), rédigé par un chirurgien militaire dénommé Johann Flückinger, contresigné par deux médecins et plusieurs officiers d'une garnison autrichienne stationnée en Serbie[2], paraît en 1732. Son contenu est si extraordinaire qu'il attire l'attention de plusieurs autorités, dont l'empereur d'Autriche Charles VI et l'ambassadeur de France à Vienne, M. de Bussy. Le roi de Prusse, Frédéric-Guillaume Ier, en fait même parvenir une copie à l'Académie royale des sciences de Prusse afin d'obtenir une expertise. Ce rapport débute par un compte rendu des interrogatoires menés auprès des villageois. On y apprend qu'en 1727, un paysan nommé Arnold Paole, mort après une chute d'une charrette de foin, serait devenu vampire. De son vivant, il affirmait du reste qu'une telle créature l'avait déjà persécuté. Environ un mois après son décès, Paole aurait attaqué et vampirisé quatre habitants du village serbe Medwegya, non loin de la rivière Morava. Son cadavre est exhumé quarante jours[3] après son décès, et on constate qu'il est totalement préservé de toute décomposition :

> Et ils trouvèrent qu'il était resté parfaitement conservé, non tombé en putréfaction, et aussi qu'un sang tout frais lui était sorti des yeux, des oreilles et du nez, que sa chemise, le linge qui le recouvrait et

---

1. Pour lire le rapport dans son intégralité, voir Claude Lecouteux, *Histoire des vampires,* Paris, Éditions Imago, 2009, p. 155-159.
2. À l'issue de la guerre austro-turque de 1716-1718, une partie de la Serbie se retrouve annexée à l'Autriche pendant 20 ans. Le gouvernement de Vienne y dépêche des troupes pour assurer la protection des nouvelles frontières et administrer la région.
3. Selon les croyances slaves, la métamorphose d'un cadavre en vampire s'opère sur une période de 40 jours. Le mort-vivant, d'abord invisible, se manifeste ensuite sous différentes formes animales. Il atteint le faîte de sa puissance au terme de ce laps de temps en prenant l'aspect d'un humain. Dans la tradition de l'Église orthodoxe, Dieu juge l'âme du mort au bout de 40 jours.

d'autres linges étaient eux aussi tout tachés de sang : les anciens ongles de ses mains et de ses pieds s'étaient détachés, de même que la peau, mais en revanche d'autres avaient poussé. Voyant par là qu'il était un vrai vampire, ils lui enfoncèrent, selon la coutume, un pieu dans le cœur, et pendant cela il poussa un gémissement bien audible, tandis qu'une grande quantité de sang sortait de lui[1].

Les corps des quatre victimes de Paole sont à leur tour tirés de leur sépulture pour y subir le même traitement. Mais cinq ans après les actions de Paole, d'autres vampires viennent tourmenter les villageois. En trois mois, 17 personnes meurent mystérieusement. Flückinger, accompagné d'officiers, de chirurgiens et des anciens du village, se rend au cimetière afin d'ouvrir les tombes suspectes et d'en autopsier les corps. Ils exhument une femme de 60 ans appelée Militza et s'étonnent de son aspect : non seulement son corps est intact, mais elle semble avoir pris du poids depuis sa mort ! Il n'en faut pas plus pour la suspecter d'être le vampire à l'origine de la nouvelle épidémie, sans compter qu'avant de mourir, elle avait consommé de la viande de moutons attaqués et contaminés par Paole. On déterre en tout quinze cadavres, dont ceux de trois bébés. Dix d'entre eux présentent des caractéristiques de vampires, c'est-à-dire le corps non putréfié et baignant dans le sang. Des gitans tranchent leur tête, les brûlent de même que les cadavres et jettent les cendres dans la rivière, alors que les corps décomposés sont remis en terre.

Flückinger emploie alors pour l'une des premières fois le mot « vampire » afin de désigner les prétendus morts-vivants. Selon Antoine Faivre, le terme slave « vampire », orthographié « vanpir », intègre cependant le lexique occidental en 1725 lors de la rédaction en allemand d'un rapport décrivant les agissements d'un mort-vivant dans le village serbe de Kisolova[2]. La revue franco-hollandaise *Le glaneur historique, moral, littéraire, galant et calotin,* exposant le cas

---

1. Traduction d'A. Faivre du manuscrit allemand. Daniela Soloviova-Horville, *Les Vampires : du folklore slave à la littérature occidentale,* Paris, L'Harmattan, 2011, p. 150.

2. Il s'agit du cas de Peter Plogojowitz, présumé vampire qui aurait tué neuf personnes. Claude Lecouteux, *op. cit.,* p. 72-73.

d'Arnold Paole, inaugure l'usage du mot en français (orthographié « vampyre ») dans son numéro 18 du 3 mars 1732, et un « appendice au vampyrisme » suit le 17 mars. L'appellation des revenants suceurs de sang va bien sûr connaître plusieurs variantes régionales. Ainsi, en Roumanie, on les désigne sous le nom de *strigoï* ou *moroï*. En Valachie et en Moldavie, ils se font appeler *vroucolacas* ou *murony*; *oupires* ou *wampir* en Pologne; *vampir* et *vukodlak* en Serbie. Les enfants russes, utilisant un vocabulaire plus imagé, les nomment *mjertovjec* (le mort qui marche).

L'identification du vampire

Dans le folklore de l'Europe orientale et centrale, le vampire n'est pas qu'un monstre hématophage, contrairement aux lamies, aux empouses et aux stryges de l'Antiquité. Il est un revenant représentant le double maléfique d'un être proche. Certes, les Églises catholique et orthodoxe ont toujours admis l'existence des spectres immatériels apparaissant aux vivants avec la permission de Dieu. Mais, à l'opposé des fantômes conventionnels dépourvus d'enveloppe charnelle, le vampire est un « revenant en corps ». Sa corporalité en fait donc un paria parmi les revenants en incarnant un simulacre blasphématoire du Christ ressuscité. En outre, alors que celui-ci prescrit de manger sa chair et de boire son sang, ce que symbolisent[1] le pain et le vin de l'Eucharistie, afin d'obtenir la vie éternelle, le vampire se nourrit du sang des hommes pour prolonger indéfiniment son existence *post mortem* et ainsi accéder à une immortalité sacrilège.

Outre l'incorruptibilité de certains cadavres, le sang qui s'en écoule, leur teint vermeil[2], leurs yeux parfois ouverts, leurs ongles, cheveux et barbe qui poussent dans la tombe constituent des preuves irréfutables de leur nature vampirique. De plus, le vampire du folklore enfle après son absorption de sang, contrairement à la plupart de

---

1. En fait, selon le dogme de l'Église catholique, il ne s'agit pas seulement de symboles. La transsubstantiation implique la présence réelle de la chair et du sang du Christ dans la communion.
2. En Serbie et en Bulgarie, pour désigner une personne rubiconde, on utilisait l'expression « rouge comme un vampire ».

ses homologues littéraires et cinématographiques qui, eux, souffrent rarement d'embonpoint posthume[1]. En outre, la zoomorphie du vampire légendaire ne se limite pas à l'apparence du loup : il peut se transformer notamment en chien, en sanglier, en grenouille ou en cheval. Contrairement à ce qu'on pourrait croire, la chauve-souris ne fait pas partie de ses multiples déguisements. C'est le romancier Bram Stoker qui, pour la première fois, dote un vampire de cette caractéristique dans *Dracula* (1897). Il s'inspire sans doute du naturaliste Buffon qui a donné, en 1763, dans son *Histoire naturelle générale et particulière,* le nom de « vampire » à une espèce de chauve-souris carnivore (et non hématophage comme il le croyait) d'Amérique du Sud. Il faut attendre la fin du XIXe siècle pour que trois espèces de chiroptères d'Amérique tropicale soient répertoriées comme étant de véritables buveuses de sang animal[2]. En fait, selon les croyances serbes, quand le vampire vole, c'est sous la forme d'un... papillon de nuit.

Dans la superstition slave, les personnes susceptibles de venir grossir les rangs des suceurs de sang sont passablement nombreuses. Bien sûr, quiconque succombe à l'agression d'un vampire se mue à son tour en mort-vivant[3], d'où la peur d'une contagion épidémique. On craint le retour posthume des excommuniés, des suicidés, de ceux qui ont péri de mort violente ou par noyade ainsi que des victimes de meurtres impunis[4], bref de tous ceux arrachés à la vie prématurément et dans des circonstances dramatiques. On suspecte également les bâtards, les sorciers, les individus inhumés sans cérémonie chrétienne ou nés le jour de Noël ou de Pâques, les dévoyés, les enfants nés avec des dents, avec les sourcils joints ou avec une malformation congénitale. En Serbie et en Roumanie, les garçons nés « coiffés » (le crâne recouvert du placenta ou de la membrane amniotique) sont

---

1. Il faut préciser toutefois que le comte Dracula de Bram Stoker respecte cet aspect du folklore car, lorsque Jonathan Harker le découvre dans son cercueil, il le décrit pareil à « une sangsue gonflée et repue » et à la « face boursouflée ». Bram Stoker, *Dracula,* Paris, Presses Pocket, 1992, p. 78-79.

2. Jean-Marc Pons, « Histoire naturelle du vampire », dans Barbara Sadoul (dir.), *Visages du vampire,* Paris, Éditions Dervy, 1999, p. 13-19.

3. Les victimes s'affaiblissent et meurent en quelques jours.

4. Les membres d'une famille qui ne vengent pas un des leurs risquent également la mutation vampirique.

prédisposés à devenir des vampires après leur décès. Ailleurs, on se méfie des roux, couleur supposée des cheveux de Judas et de Caïn, de même que de ceux aux yeux très foncés ou d'un bleu très clair. Lors des obsèques, on enferme les animaux, car si un chat, un chien, une poule ou tout autre animal passe par-dessus le corps d'un défunt ou de sa fosse, il pourrait se transformer en vampire. Une femme enceinte qui néglige de saler sa nourriture fait courir le risque à ses enfants d'être affligés de la malédiction, tout comme un fils maudit par son père ou le septième enfant d'une fratrie. Comme on peut le constater, c'est souvent une particularité physique ou un châtiment religieux qui rend un individu suspect, traduisant ainsi ce réflexe ancestral de l'homme qui tend à marginaliser la différence.

Le vampire folklorique n'a rien de l'image donjuanesque que le cinéma a contribué à fixer dans l'imaginaire. Il présente au contraire un aspect repoussant avec un corps qui se gonfle à la suite de l'ingestion de sang humain ou animal, des cheveux embroussaillés, un teint rubicond, des yeux profondément enfoncés dans leur orbite et injectés de sang, les bras et les jambes couverts de gale. D'autres descriptions en font un être à la consistance gélatineuse, dépourvu d'os ou avec une ossature très flexible, voire cartilagineuse. Un tel corps est si mou qu'il peut devenir malléable au point de s'extraire de sa tombe par le moindre orifice[1]. Le vampire roumain, lui, présente également un aspect étonnant et effrayant :

> Les *strigoï* sont grands, aux yeux rouges, ont des ongles longs, le corps recouvert de poil, la colonne vertébrale prolongée par une queue poilue. Certains soutiennent qu'ils ont des pieds de cheval, des mains poilues et une bouche large comme un ogre[2].

Contrairement à ce qu'on pourrait croire, le vampire issu du folklore ne possède pas les fameuses canines acérées, aujourd'hui indissociables de son image, et ses proies ne présentent donc pas des signes

---

1. Daniela Soloviova-Horville, *op. cit.,* p. 65. Par ailleurs, Stoker reprend ce trait dans *Dracula,* notamment pour Lucy « qui paraissait aussi concrète que nous, un moment auparavant, [passait pourtant] par une fente où il eût été difficile d'enfoncer une lame de couteau ». Bram Stoker, *op. cit.,* p. 283.
2. Matei Cazacu, *op. cit.,* p. 362.

de morsure mais plutôt des marques bleutées au cou et au ventre. Le vampire aspire le sang par succion à travers les pores de la peau. Il s'en prend souvent aux personnes endormies, qui racontent à leur réveil avoir ressenti une forte pression sur leur poitrine, accompagnée d'une sensation d'étouffement, comme si le vampire s'était couché sur elles. Du reste, certains récits parlent de vampires « étrangleurs » et non suceurs de sang. Selon d'autres croyances, leur seule présence auprès des vivants suffit à priver ces derniers de leur essence vitale[1].

L'arsenal du chasseur

Pour confiner le vampire dans son cercueil, il existe des mesures préventives dont la simplicité semble à première vue dérisoire, compte tenu de la gravité de la menace appréhendée. En Russie, on dépose des graines de pavot dans le cercueil ou sur les routes menant au cimetière. Le vampire se laisse distraire à les recompter chaque nuit, l'empêchant ainsi de troubler la quiétude des vivants. Les Serbes et les Bulgares usent d'une méthode analogue en dispersant du sable, de l'avoine et des graines autour de la tombe. Dans la région des Sudètes, en République tchèque, un autre procédé consiste à enrouler le cadavre dans une sorte de bas, et le vampire doit, chaque année, en défaire une maille. À un tel rythme, nul doute que plusieurs générations de vivants se trouvent à l'abri des visiteurs d'outre-tombe. On peut également ensevelir le corps sur le ventre afin que le mort-vivant, qui gratte la terre pour sortir, s'enfonce davantage. Enterrer à un carrefour le corps des suicidés et des excommuniés est une autre sage précaution. Le vampire, ne sachant quel chemin emprunter, risque fort d'être désorienté à son réveil. Une méthode plus radicale consiste à clouer le monstre au fond de son cercueil à l'aide d'une barre de fer[2]. En Grèce et en Turquie, il ne faut pas

---

1. Le vampire devient ici un parasite qui aspire l'énergie de sa victime et non son sang (certains auteurs le nomment « vampire psychique »). *Le Horla* (1886-1887) de Guy de Maupassant en est une représentation célèbre en littérature.
2. En 2012, une équipe d'archéologues ont exhumé dans la ville de Sozopol, sur la mer Noire, des restes humains datant du Moyen Âge qui témoignent de cette pratique. Voir *Le Monde*, 5 juin 2012. Lire aussi l'article d'Alexandre Lévy « Cet été, j'irai voir le "Dracula de Sozopol" » dans le *Courrier international* du 15 juin 2012.

sortir lorsqu'on entend son nom appelé une seule fois, car le vampire ne peut héler sa victime potentielle à plusieurs reprises. Pour éviter qu'une âme en peine revienne animer sa dépouille, on place parfois une hostie consacrée (en Grèce) ou une gousse d'ail (en Roumanie) dans la bouche du cadavre. Les paysans roumains se protègent d'ailleurs des vampires en suspendant de l'ail dans leur maison et en en frottant les portes, les fenêtres, les cheminées et les trous de serrure. En Bulgarie, on plante un bulbe d'ail sur la tombe des vampires potentiels. L'aubépine est aussi considérée comme une protection efficace. En Dalmatie, on préconise de porter sur soi trois épines de cet arbuste. Le vampire se présentant souvent comme un cadavre enflé par l'absorption du sang d'autrui, une épine le piquant peut sans doute le faire dégonfler comme une baudruche[1]! En Russie et en Pologne, on recommande de manger un pain fait avec de la farine et du sang de vampire pour s'immuniser contre ses attaques. Divers symboles religieux, comme le crucifix, se prêtent également à des usages conjuratoires. Afin de protéger les habitations des intrusions de vampires, on s'assure d'y retrouver une Bible, de l'encens ou de l'eau bénite. On y accroche aussi de courtes prières apocryphes[2]. On croit qu'un recueil de celles-ci, porté sur soi, protège des êtres maléfiques, quand bien même on ne sait pas les lire, détail non négligeable pour une paysannerie en grande majorité illettrée.

La destruction du vampire

Afin de mettre fin aux agissements néfastes d'un vampire, accusé d'être à l'origine de plusieurs calamités, comme les épidémies ou les sécheresses, il faut tout d'abord trouver son cercueil. On pourrait croire *a priori* qu'une telle recherche se trouve facilitée par le fait que la fosse doit être à découvert ou que, du moins, la terre en a été fraîchement remuée, indices évidents de la résurrection du cadavre, mais ce n'est généralement pas le cas. Pour expliquer ce mystère, certains ont avancé l'idée que les vampires possèdent la faculté de se dématérialiser

---

1. Pour prévenir la métamorphose, il n'est pas rare, en Serbie et en Roumanie, de piquer le cadavre avec une aiguille ou une épine. En Bosnie et en Herzégovine, on plante une épine d'aubépine sous la langue du mort.
2. Se dit d'un texte dont l'Église ne reconnaît pas l'origine divine.

sous forme de brouillard et qu'ils peuvent ainsi s'échapper de leur fosse grâce à de petits orifices dans le sol. Si ceux-ci sont introuvables, les paysans de Valachie amènent au cimetière un cheval noir (blanc en Albanie)[1], monté par un adolescent vierge et nu, pour le faire passer au-dessus des tombes. Celles que l'étalon refuse de franchir contient possiblement un vampire, car l'animal peut, dit-on, sentir l'impureté. On raconte également en Bohême que le *dhampire*[2], individu né de l'union charnelle d'un vampire avec une humaine, possède le don infaillible de débusquer son père, à condition bien sûr de le rétribuer généreusement (et on peut deviner que de nombreux charlatans se sont enrichis grâce à cette croyance). L'affaissement d'une tombe constitue aussi un signe de la venue prochaine du vampire qui l'occupe. Peu importe toutefois la manière de repérer un buveur de sang car, une fois qu'il est exhumé, on doit procéder sans tarder à son élimination. Le pieu, dont l'usage a été consacré par le cinéma, constitue l'arme de prédilection, à condition d'utiliser du bois de tremble en Russie (bois qui aurait servi à faire la croix du Christ) ou encore, dans d'autres contrées, de l'aubépine (qui évoque sa couronne d'épines). Le pieu est planté dans le cœur ou l'abdomen, afin de fixer le vampire au fond de son cercueil. Durant cette mise à mort, il faut éviter de recevoir des éclaboussures de sang, car cela suffirait à transformer une personne en vampire. Ensuite, on tranche la tête et on incinère les restes du corps avec les pieux. En Roumanie, ce rituel se nomme « la grande réparation ». Certaines communautés vont jusqu'à exhumer tous les cadavres d'un cimetière afin de s'assurer que le vampire ne les a pas contaminés.

La superstition face à la raison

Au début du XVIIIe siècle, les relations de voyages connaissent un succès croissant auprès des lecteurs occidentaux avides d'évasion

---

1. Dans le film *Dracula* (J. Badham, 1979), on a recours à cette méthode pour trouver le vampire.
2. En Bulgarie et en Serbie, on les nomme *glogove* (de *glog*, « aubépine ») ou *vampiritch*. Dans la culture populaire contemporaine, le plus célèbre d'entre eux est sans nul doute Blade, personnage de bande dessinée apparu pour la première fois en 1973, dans le numéro 10 de la série *Tomb of Dracula*, publiée par Marvel. Ce tueur de vampires fait son entrée au cinéma en 1998, sous les traits de Wesley Snipes. Trois films ont été produits à ce jour, de même qu'une série télévisée.

et d'exotisme. Ces récits comportent notamment des descriptions géographiques des contrées visitées ainsi que des informations historico-politiques. Les voyageurs y consignent les coutumes locales, et les traitements infligés aux morts récalcitrants figurent parmi les plus curieuses et les plus pittoresques. Les lecteurs des grandes capitales européennes ne se lassent pas de découvrir ces étranges pratiques qu'ils considèrent comme des vestiges de croyances archaïques. Or, certaines des exécutions de présumés vampires débordent bientôt du cadre ethnographique pour empiéter sur l'espace médiatique occidental. Des résumés des enquêtes autrichiennes (*voir la page 154*) se retrouvent dans les gazettes et périodiques de France, d'Angleterre, d'Allemagne et d'Italie. En faisant de ces événements singuliers des nouvelles dignes de mention dans ses pages, la presse tend ainsi à cautionner leur authenticité[1], en particulier quand celle-ci parle de « prodige dûment attesté »[2].

Les histoires de vampires défrayant la chronique soulèvent bientôt de vifs débats en Europe occidentale. Doit-on accorder un quelconque crédit à ces récits extraordinaires ou s'en amuser? Pour certains, l'existence des vampires ne prête guère au doute puisque des rapports officiels viennent la corroborer. Pour d'autres, il s'agit d'un tissu d'inepties colportées par des villageois naïfs et ignorants. Quoi qu'il en soit, plusieurs traités sont publiés afin de confirmer ou de récuser l'existence des morts-vivants. Parmi ces derniers, les *Dissertations sur les apparitions des anges, des démons et des esprits, et sur les revenants et vampires de Hongrie, de Bohême, de Moravie et de Silésie* du moine bénédictin dom Augustin Calmet, parues en 1746, demeure sans doute le plus célèbre[3].

Au XVIIIe siècle, les vampires suscitent toujours la peur chez les populations rurales de l'est de l'Europe, alors que les savants,

---

1. Pour un compte rendu des incursions des vampires dans la presse, voir Antoine Faivre, « Du vampire villageois aux discours des clercs (Genèse d'un imaginaire à l'aube des Lumières) », dans Jean Marigny (dir.), *Les Vampires*, Colloque de Cerisy, Cahiers de l'Hermétisme, Paris, Albin Michel, 1994, p. 51-53.

2. *Le Glaneur,* n°18, 3 mars 1732.

3. L'ouvrage est souvent cité sous le titre de *Traité sur les apparitions des esprits et sur les vampires ou les revenants de Hongrie, de Moravie, etc.* Il s'agit du titre de la troisième édition, parue en 1751. Par ailleurs, les titres des différentes éditions dénotent une certaine confusion de l'auteur qui fait de Paole et de Plogojowitz des paysans hongrois alors qu'ils étaient serbes.

essayistes et philosophes des Lumières raillent, avec un certain mépris, ces superstitions d'un âge révolu. Les autorités ecclésiastiques réagissent et le pape Benoît XIV adresse, en 1756, une missive à l'archevêque polonais de Léopold, l'enjoignant d'interdire aux prêtres d'entretenir la croyance aux vampires afin de se faire payer messes et exorcismes[1].

Dans les milieux universitaires et médicaux, la polémique fait rage. Pourfendeurs de la crédulité populaire, Voltaire et Rousseau[2] s'indignent que l'on puisse encore prêter foi aux morts-vivants à une époque marquée en principe par le triomphe de la pensée rationnelle sur la superstition. Les incantations magiques disparaissent au profit de la science positiviste et des prouesses qu'elle peut accomplir. Pour certains philosophes, Voltaire en tête, les véritables vampires ne sont pas ces chimériques revenants hématophages, issus des croyances slaves, mais plutôt tous ces exploiteurs menant une vie parasitaire aux dépens d'autrui. Le vampirisme revêt dès lors une dimension métaphorique[3].

Au XIXe siècle, le nouveau paysage de la révolution industrielle — avec ses usines, ses cheminées crachant une épaisse fumée noire, ses chemins de fer — ne sied plus vraiment aux récits de vampires. Que des paysans superstitieux d'Europe orientale profanent encore des cadavres à l'époque de la machine à vapeur et du gaz d'éclairage peut paraître curieux *a priori* mais il ne faut pas oublier que ceux-ci vivent dans des contrées reculées, en marge de ce nouveau monde façonné par la modernité. En outre, il est intéressant de constater que la chasse aux vampires s'intensifie au moment où celle aux sorcières connaît son déclin. De la fin du XVe au XVIIe siècle, quand un

---

1. Benoît XIV, « C'est la faute aux prêtres », dans Roger Vadim, *Histoires de vampires,* Paris, Robert Laffont, 1961, p. 89-90.

2. Rousseau condamne cette croyance dans une lettre envoyée à l'archevêque de Paris (*Œuvres complètes de Jean-Jacques Rousseau,* tome II, Paris, Chez Furne, 1835, p. 786).

3. Au cinéma, le film *Batman Returns* (T. Burton, 1992) nous montre l'un de ces vampires allégoriques. Il s'agit de Max Shreck (le nom est d'ailleurs emprunté à l'acteur interprétant le vampire en 1922, dans le *Nosferatu* de Murnau), un homme d'affaires assoiffé non de sang mais de pouvoir qui, au lieu de répandre la peste comme les vampires, pollue Gotham City avec des déchets toxiques. Il meurt électrocuté par la Femme-Chat, et sa carcasse carbonisée évoque le sort réservé aux vampires brûlés sur les bûchers.

malheur frappe une collectivité paysanne, comme une épidémie ou une mauvaise récolte, la vindicte populaire s'exerce contre toutes ces femmes suspectées d'accointances diaboliques. La sorcellerie est considérée par plusieurs comme l'unique explication aux calamités qui les affligent. Cependant, la fin des persécutions à l'endroit des sorcières n'étouffe pas complètement cette paranoïa suscitée par les tragédies décimant périodiquement les communautés villageoises. Les vampires sont donc les nouveaux boucs émissaires, et leur destruction donne cette illusion rassurante de tenir les puissances malfaisantes en échec.

Il faut noter que la peur des morts-vivants sévit encore aujourd'hui dans certaines parties de l'Europe. En Olténie, région du sud-ouest de la Roumanie, des villageois continuent, de nos jours, à percer avec un pieu le cœur ou le ventre des défunts par mesure préventive[1]. Ioanna Andreesco, dans son essai *Où sont passés les vampires ?*[2], a mené une enquête dans les années 1990 dans un petit village de cette contrée où l'on a exhumé la dépouille d'un garde forestier, présumé vampire, afin de la brûler ! Et, conformément à la coutume de leurs ancêtres valaques, les villageois ont amené deux étalons sur la tombe du suspect afin de déceler la présence du mort-vivant. En 2012, en Serbie, le conseil municipal du village de Bajina Basta a émis une « alerte aux vampires » après que la demeure d'un vampire légendaire — un vieux moulin — eut été détruite. Le vampire, Sava Savonovic, l'un des plus connus du folklore serbe, se serait alors mis en quête d'un nouveau toit. Pour chasser un hôte aussi indésirable, des villageois, terrifiés, se sont empressés de suspendre de l'ail aux portes et fenêtres de leur maison et d'accrocher une croix dans chaque pièce[3] !

Des phénomènes démystifiés

Que la croyance aux vampires demeure encore de nos jours vivace dans certains villages slaves n'est pas sans susciter l'étonnement.

---

1. Cristina Lica, « Pour échapper aux vampires, rien ne vaut les vieilles recettes », *Courrier international,* 13 septembre 2011.
2. Ioanna Andreesco, *Où sont passés les vampires ?*, Paris, Éditions Payot & Rivages, 2004.
3. *Le Progrès,* 28 novembre 2012.

Il reste maintenant à savoir si certains faits irréfutables ont pu, au cours des siècles, contribuer à enraciner de telles superstitions au détriment de la vraisemblance la plus élémentaire. Comme précisé plus haut, la conservation exceptionnelle de certains corps et l'absence de rigidité cadavérique ont été les principales assises de la croyance aux morts-vivants. Mais au XVIIIe siècle, des essayistes et médecins vont s'efforcer de jeter un éclairage rationnel sur le phénomène. Ainsi, en 1755, le médecin personnel de Marie-Thérèse, archiduchesse d'Autriche et reine de Hongrie et de Bohême, Gerard van Swieten, rédige un rapport médical[1] dans lequel il fustige la croyance aux vampires. Il soutient que les chasseurs de morts-vivants, pressés d'enrayer la menace, exhument des corps qui n'ont tout simplement pas eu le temps de se décomposer. Il précise en outre que l'étanchéité de certains cercueils et une terre compacte ou durcie par le gel expliquent un long processus de putréfaction. Van Swieten s'insurge contre toutes les méthodes d'extermination des supposés vampires, qu'il juge comme étant de purs actes de profanation, et conclut que les apparitions et agressions s'expliquent, quant à elles, par une imagination perturbée par la peur.

Une autre hypothèse avancée cette fois-ci par dom Calmet et moult historiens concerne les inhumations prématurées. En effet, lors des épidémies de peste et de choléra qui frappent périodiquement l'Europe, du XIVe jusqu'au milieu du XIXe siècle, on se hâte d'enterrer les victimes pour éviter la contagion. Or, certaines d'entre elles, dans un état comateux ou léthargique qu'on confond avec la mort, sont inhumées vivantes. Lorsqu'elles se réveillent dans leur cercueil, on peut sans peine imaginer leurs cris désespérés, que des paysans effrayés prennent pour des signes d'une résurrection maléfique. En outre, les victimes de cette tragique méprise peuvent, une fois mortes de suffocation, présenter un cadavre encore préservé de la décomposition et maculé du sang provenant des blessures qu'elles se sont infligées en tentant vainement de briser leur caisse de bois. Certains pestiférés,

---

1. « Rapport médical sur les vampires », dans Roger Vadim, *op. cit.*, p. 79-87. À la suite de ce rapport, Marie-Thérèse énonce un décret en mars 1755 condamnant ces croyances comme « superstition et fraude ». Elle défend aux ordres religieux et aux autorités locales de juger les supposés cas de vampirisme.

reposant dans leur cercueil exhumé, toujours vivants mais dans un état cataleptique, sont également pris à tort pour des morts-vivants et exécutés. Par conséquent, « le sang qu'on leur trouve beau et vermeil, la flexibilité de leurs membres, les cris qu'ils poussent lorsqu'on leur perce le cœur ou qu'on leur coupe la tête prouvent qu'ils vivent encore[1] ».

Finalement, un cadavre laissant échapper un grognement quand on lui plante un pieu (comme rapporté dans le cas d'Arnold Paole) s'explique par l'air s'échappant des poumons. Un visage boursoufflé et des traces de sang dans le cercueil ne sont pas des indices incriminant un vampire bien repu, mais des signes normaux de décomposition. Mais quand un phénomène se dérobe à toute compréhension, l'explication surnaturelle n'est jamais longue à s'imposer…

LE CONTEXTE LITTÉRAIRE : VERS LE ROMANTISME

Du folklore à la poésie

Le rationalisme empirique et le positivisme des Lumières, loin de balayer les anciennes terreurs, semblent paradoxalement leur avoir donné un nouvel essor. En fait, le surnaturel devient le refuge de plusieurs poètes, écrivains et artistes exprimant dans leurs œuvres la nostalgie d'une époque où la magie et le mystère excitaient l'imagination[2]. Le passage du XVIIIe au XIXe siècle se caractérise par de nouvelles valeurs axées sur le profit, une morale étouffante et un matérialisme ambiant qui implique que le monde repose uniquement sur des réalités tangibles. Le mouvement romantique naît du besoin de trouver un exutoire à cette société inhibitrice et trop cartésienne.

Si la figure du vampire puise principalement ses racines folkloriques dans le registre de croyances slaves, il en va de même pour ses

---

1. Dom Augustin Calmet, *Traité sur les apparitions des esprits et des vampires, ou les revenants de Hongrie, de Moravie, etc.*, tome II, Paris, De Bure l'aîné, 1751, p. 211.
2. Dans sa nouvelle *La Peur*, Guy de Maupassant traduit bien ce regret d'un passé où l'on croyait aux prodiges : « […] la science, de jour en jour, recule les limites du merveilleux […] on a dépeuplé l'imagination en supprimant l'invisible. Notre terre m'apparaît aujourd'hui comme un monde abandonné, vide et nu. Les croyances sont parties qui la rendaient poétique. »

ramifications littéraires[1]. En 1748, l'Allemand Heinrich August Ossenfelder publie un court poème intitulé *Der Vampir* (*Le Vampire*) dans lequel un amoureux d'outre-tombe prévient sa victime qu'il va aspirer, tel un vampire, le pourpre de ses joues et la ravir de force si elle ne consent pas à assouvir sa passion. On considère qu'il s'agit de la toute première œuvre de fiction mettant en scène un vampire qui n'est pas sans évoquer ici l'esprit-amant (*dux-ljubovnik*) des Slaves du Sud, le *latawiec* polonais ou encore le *zburator* de Roumanie. Les jeunes femmes s'abandonnant aux caresses de ces amants d'outre-tombe (qui partagent la luxure insatiable des incubes) dépérissent à vue d'œil.

Goethe s'inspire lui aussi du thème de la mort lubrique dans *La Fiancée de Corinthe* (1797), poème narratif dans lequel une mère, chrétienne depuis peu, condamne sa fille à une vie de cloître. Après sa mort, celle-ci, revient dans la maison familiale et y rencontre celui dont elle était la promise. Le jeune homme, à l'instar des victimes souvent consentantes des vampires, se laisse apitoyer et conquérir par les charmes de la revenante, et cette nuit d'amour lui sera funeste. La morte-vivante se caractérise ici par plusieurs traits de la figure du vampire classique qui s'apprête à naître dans la littérature en prose, le plus important étant sans doute que ses étreintes si ardemment désirées apportent simultanément mort et volupté. Néanmoins, elle inspire davantage la pitié que la terreur.

Robert Southey fait office de novateur en présentant le premier vampire féminin dans la poésie anglaise. Dans *Thabala the Destroyer* (1801), Oneiza se voit libérée d'un démon une fois son corps percé par la lance de son père. En 1810, John Stagg rédige *The Vampire*, poème dans lequel une femme apprend que l'étrange maladie de son mari est provoquée par un vampire. L'introduction du texte, en prose, renseigne le lecteur sur la nature des morts-vivants suceurs de sang. En outre, le portrait du vampire Sigismond se rapproche assez fidèlement de celui du folklore slave :

La foule alors fracasse les portes du dôme funéraire
où l'on avait déposé Sigismond.
Tous le découvrent dans son tombeau,

---

1. Dans *Entretien avec un vampire* (Anne Rice, 1976), Louis et Claudia, dans leur quête sur les origines du vampirisme, se rendent en Europe de l'Est. Ils y trouvent des congénères mais, à leur grande déception, ceux-ci ne sont que des cadavres repoussants, dépourvus d'âme.

chaud comme vivant, intact de corps,
le visage maculé de sang,
les yeux terribles couleur de rubis.
Il montrait tous les signes de sa vie antérieure,
sauf qu'il gisait, immobile[1].

Le vampirisme traditionnel ne constitue toutefois pas un thème dominant de la poésie anglaise. Le stéréotype de la femme fatale d'essence surnaturelle, même si elle n'est pas toujours un vampire au sens étroit du terme, inspire en revanche plusieurs poètes romantiques. On pense à Samuel Taylor Coleridge avec *Christabel* (1816) ou encore à John Keats avec *Lamia*[2] et *La Belle Dame sans merci,* tous deux publiés en 1819. Dans ce dernier poème, un chevalier est envoûté par les charmes d'une fée qui le conduit à sa perte.

En 1813, Lord Byron s'intéresse à son tour à la damnation subie par un vampire. Dans *Le Giaour,* le chevalier musulman Hassan profère contre son meurtrier chrétien une implacable malédiction le condamnant à quitter le tombeau pour s'abreuver du sang de sa famille[3]. Plus tardif, le poème d'Henry Thomas Liddell (1833), *The Vampire Bride,* reprend à son tour l'image de la femme-vampire, réveillée par un jeune homme qui a frivolement passé son alliance au doigt d'une statue le jour de son mariage :

Elle planta ses dents au-dessous de son cœur,
Et but le sang chaud de la vie. [...]
Ses veines maudites semblaient prêtes à éclater,
Elle était gorgée d'une nourriture infernale ;
Et la bouche du vampire écumait d'une mousse écarlate ;
Le sang suintait de ses pores mêmes[4].

---

1. Cité dans Clive Leatherdale, *op. cit.,* p. 59 (traduction de l'éditeur).
2. Ce démon féminin aux étreintes dangereuses de la mythologie antique est également le sujet d'œuvres en prose. Citons les deux nouvelles d'un proche de H. P. Lovecraft, l'Américain Clark Asthon Smith (1893-1961), *La Fin de l'histoire* (*The End of the Story*) et *L'Enchanteresse de Sylaire* (*The Enchantress of Sylaire*), toutes deux publiées dans le magazine *Weird Tales,* respectivement en 1930 et 1941. Dans le dernier récit, l'auteur greffe au mythe de la lamie ceux du vampire et du loup-garou.
3. Dans les traditions slaves, le vampire s'en prend tout d'abord aux membres de sa famille.
4. Notre traduction.

L'attraction de la femme vampire et la répulsion qu'elle provoque quand elle révèle sa véritable nature constituent également le thème du poème de Charles Baudelaire, *Les Métamorphoses du vampire*[1] (1857), qui accentue l'aspect nécrophile du vampirisme. Mais, pour l'auteur des *Fleurs du mal,* la figure du vampire peut aussi revêtir un caractère allégorique, comme en témoigne *Le Vampire* (1857), poème traitant de l'esclavage amoureux et des sentiments ambivalents qu'il suscite.

La prose féconde le mythe

Dans la culture populaire, la figure du vampire se décline principalement à travers deux archétypes[2]: l'aristocrate châtelain vêtu de son éternelle cape noire[3] et l'éphèbe mélancolique au teint pâle devant qui la gent féminine tombe en pâmoison. Le plus illustre représentant de la première catégorie demeure indiscutablement Dracula, personnage éponyme du roman de Bram Stoker, publié pour la première fois en 1897 et dont le cinéma a assuré une prolifique descendance. Toutefois, l'image du célèbre comte est devenue quelque peu caricaturale, et le maniérisme théâtral et suranné de ses émules prête maintenant davantage à rire qu'à effrayer. Par conséquent, le mort-vivant hématophage se débarrasse peu à peu de ses attributs nobiliaires pour rompre avec la typologie traditionnelle perpétuée pendant plusieurs décennies par le septième art. D'essence moins manichéenne, le suceur de sang contemporain ne prend pas nécessairement plaisir à tuer et il s'interroge sur sa condition. En empruntant la voie de l'introspection, le vampire s'est, d'une certaine façon, humanisé.

---

1. Le poème a été retranché de la première édition du recueil *Les Fleurs du mal* (1857) à la suite d'un jugement le considérant comme une atteinte à la morale publique.

2. Au cinéma, le vampire revêt parfois une apparence uniquement monstrueuse. Pensons aux deux versions de *Nosferatu,* celle de F.W. Murnau (1922) et celle de Werner Herzog (1979), ou, plus récemment, à *Trente Jours de nuit* (D. Slade, 2007). Mais le vampire séducteur reste largement la figure la plus exploitée.

3. Le théâtre serait à l'origine de ce stéréotype vestimentaire, intégré notamment dans la pièce *Dracula* d'Hamilton Deane, jouée pour la première fois en 1924. La cape est pendant longtemps tellement indissociable de l'accoutrement du vampire que le romancier et scénariste Robert Bloch publie, en 1939, dans les pages de la revue *Unknown,* une nouvelle intitulée *La Cape* (*The Cloak*) dans laquelle un individu se rendant à une fête costumée revêt une authentique cape de vampire qui le transforme en cette créature.

Du roman gothique au thème romantique

Le roman gothique anglais[1] a déjà érigé un décor propice aux errances nocturnes des vampires. Les fantômes désertent leurs châteaux, cimetières et cryptes pour céder la place aux morts-vivants, à la grande satisfaction des lecteurs avides de peur et de mystère. La consistance physique de ces revenants d'un genre nouveau en littérature s'accorde en outre avec la philosophie matérialiste des Lumières. Les progrès de la pensée scientifique tendent en effet à remettre en question l'existence même de l'âme et ainsi à réduire l'humain à un être de chair et de sang. Par conséquent, les morts cessent de se manifester sous leur traditionnelle forme vaporeuse[2] pour devenir des cadavres doués de vie, qu'ils soient ranimés par la science ou une quelconque intervention diabolique. Le XIXe siècle voit ainsi la naissance des deux personnages les plus emblématiques de ce courant idéologique et romanesque : *Frankenstein* (1818) et *Dracula* (1897).

Après la poésie, Lord Byron esquisse un autre récit de vampire qu'il ne mène toutefois pas à son terme. Le canevas en est repris par son secrétaire et médecin personnel, John William Polidori, qui en fait une longue nouvelle intitulée simplement *Le Vampire*. Publiée en 1819 dans le *New Monthly Magazine*, l'œuvre obtient un large succès en Europe, sans doute parce que l'éditeur laisse intentionnellement croire qu'il s'agit d'une œuvre de Byron. Lord Ruthven, le vampire du titre, se présente sous les traits d'un aristocrate distingué fréquentant la meilleure société. Polidori, s'inspirant sans doute de la personnalité de Byron, fait de Ruthven un séducteur mystérieux et hautain qui prend plaisir à corrompre l'innocence, d'où son attirance pour la jeune sœur du héros. Non seulement *Le Vampire* est-il l'un des premiers récits[3] en prose consacré à un revenant

---

1. Genre qui est très à la mode de 1764 à 1820 et qui doit sa désignation à la présence récurrente de décors médiévaux (monastères, couvents, châteaux, ruines, etc.). On y raconte des histoires terrifiantes de spectres, de brigands, de châtelains cruels, de moines dépravés et de jeunes filles cloîtrées. *Le Château d'Otrante* d'Horace Walpole (1764) en est le parfait exemple.

2. Par contre, les fantômes reviennent en force dès le milieu du XIXe siècle à la faveur de l'engouement, tant aux États-Unis qu'en Europe, pour le spiritisme. Arthur Conan Doyle, le père de Sherlock Holmes, est d'ailleurs l'un des adhérents les plus célèbres à cette croyance.

3. En 1801, Ignaz Ferdinand Arnold, un écrivain allemand, publie un roman intitulé *Der Vampir*. Mais, contrairement à la nouvelle de Polidori, cette œuvre passe inaperçue et demeure aujourd'hui introuvable.

suceur de sang, mais il met aussi en scène un personnage dont les caractéristiques vont contribuer à façonner le moule de plusieurs de ses successeurs, dont le plus célèbre est le comte Dracula. Du paysan qu'il était dans le folklore, le vampire se voit ainsi anobli par la littérature. La nouvelle de Polidori va motiver une suite écrite, en 1820, par Cyprien Bérard, directeur du théâtre de Vaudeville à Paris et ami de Charles Nodier[1], intitulée *Lord Ruthwen, ou les vampires,* qui ne suscite guère l'enthousiasme. Néanmoins, la même année, Nodier monte un mélodrame, inspiré également du récit de Polidori et ayant pour titre *Le Vampire,* qui remporte un vif succès en dépit de critiques mitigées. La pièce connaît plusieurs adaptations parodiques pour ensuite inspirer des opéras romantiques, en France et en Allemagne. Enfin, en 1851, Alexandre Dumas met en scène une nouvelle adaptation reprenant la trame de la pièce de Nodier qu'il a vue en 1823. C'est d'ailleurs lors de cette représentation que les deux écrivains font connaissance. Nodier confie même à Dumas qu'il a déjà vu un vrai vampire lors d'un séjour en Croatie[2].

Très répandu en poésie, le personnage de l'amante surnaturelle hante également les pages de la littérature en prose. En 1836, Théophile Gautier raconte, dans *La Morte amoureuse,* la passion interdite d'un jeune prêtre pour une courtisane revenue d'entre les morts. Dans une existence parallèle, Romuald se détourne de sa vocation pour goûter aux délices que lui procure l'énigmatique Clarimonde. Afin de sauver l'âme de son jeune protégé de plus en plus tenté par une vie d'apostasie, Sérapion doit éliminer la morte-vivante sous une pluie d'eau bénite[3]. Le personnage du vieux prêtre plein de sagesse n'est pas sans annoncer le stéréotype du chasseur de vampires. Il ne lui manque que le pieu et le crucifix. Toutefois, la nouvelle de Gautier ne fait pas du vampire un monstre, loin de là. Le lecteur se prend d'une véritable

1. Certains pensent que ce roman a été écrit en réalité par Nodier. Jacques Finné, « Aperçu de littérature vampirique », dans Barbara Sadoul (dir.), *op. cit.,* p. 25. Il faut dire que Nodier s'intéresse également aux histoires de vampires slaves. Il reprend des cas rapportés par dom Calmet pour les inclure dans son anthologie *Infernaliana,* publiée anonymement en 1822.

2. Alexandre Dumas, *Mes mémoires,* tome III, Paris, M. Lévy frères & C. Lévy, 1863-1884, p. 173-177.

3. Un récit du XIXᵉ siècle de la région de Prilep, en Macédoine, raconte comment un évêque détruit la dépouille d'un vampire en l'aspergeant d'eau bénite. Aux XIIᵉ et XIIIᵉ siècles, les clercs anglais recommandent également l'usage de l'eau bénite pour venir à bout des morts récalcitrants. Daniela Soloviova-Horville, *op. cit.,* p. 85 et 121.

sympathie pour la belle Clarimonde qui ne demande pas mieux que de soustraire Romuald à une existence misérable vouée à Dieu. En outre, elle ne souhaite pas tuer son amant, mais lui prendre un minimum de sang pour assurer sa survie et continuer ainsi à lui prodiguer son amour. La résurrection de Clarimonde, à l'instar de la revenante de *La Fiancée de Corinthe,* prouve que l'amour et le désir ne s'éteignent pas nécessairement avec la mort, un thème profondément romantique.

La belle Clarimonde n'est pas la seule courtisane d'outre-tombe à susciter d'irrépressibles passions. L'un des premiers récits de vampires de la littérature américaine, *Car la vie est dans le sang* (*For the Blood is the Life,* F. M. Crawford, 1911[1]) nous fait connaître la jolie Cristina, tuée pas deux voleurs et qui, devenue vampire, exerce une attraction irrésistible sur un jeune homme, Angelo. Chaque nuit, celui-ci est victime de la soif intarissable du vampire, dans un état confondant rêve et réalité, à l'instar de ce que vit Romuald dans *La Morte amoureuse.* Un prêtre et un domestique délivrent Angelo de l'emprise du vampire à l'aide d'eau bénite et d'un pieu bien affûté. La nouvelle se distingue par le fait que Cristina, de son vivant, n'inspire qu'indifférence à Angelo, alors qu'une fois devenue vampire, elle l'envoûte totalement. La résurrection vampirique pare Cristina de traits (lèvres écarlates, yeux remplis d'avidité) qui décuplent sa puissance séductrice, caractéristique que le cinéma, en particulier les films de vampires anglais des années 1960 et 1970, reprend fréquemment. Onirisme et vampirisme sont de nouveau étroitement liés dans la nouvelle d'Edward Frederic Benson, *La Chambre dans la tour* (*The Room in the Tower,* 1912), dans laquelle une morte-vivante devient l'incarnation d'un rêve prémonitoire. Son retour posthume s'explique par le fait que son trépas est dû à un suicide, l'empêchant de reposer dans un sol consacré, un interdit qui évoque la figure du vampire de certaines traditions européennes[2].

La Famille du Vourdalak, d'Alexis K. Tolstoï (1847), renoue avec la dimension manichéenne du vampire, et pour cause : il y dépeint des créatures issues du folklore, motivées uniquement par leur goût du sang. L'auteur, qui a manifestement lu dom Calmet, s'attarde sur les traditions se

---

1. Publication posthume dans le recueil *Wandering Ghosts.* La nouvelle aurait été rédigée dans les années 1880-1890.

2. E.F. Benson a écrit une autre nouvelle de vampire parue en 1922 et intitulée *Mrs. Amworth.*

rattachant au vampire balkanique[1] à travers le point de vue d'un ambassadeur dépêché de Paris, le marquis d'Urfé. Ce regard étranger n'est pas sans rappeler celui du lectorat des grandes capitales européennes découvrant, au XVIIIᵉ siècle, les récits des revenants slaves. Tolstoï sacrifie toutefois à la mode de la femme-vampire dans les dernières pages du texte, quand la paysanne serbe Sdenka tente de séduire le héros[2]. La transformation en vampire de celle-ci semble la rendre également plus attirante, le héros la trouvant «plus belle et plus développée» (*voir la page 101*).

Finalement, les vampires vont également sévir dans les pages de la littérature populaire de l'époque victorienne. Les *penny dreadful*, «romans d'horreur à un sou», rédigés hâtivement par d'obscurs écrivains, connaissent un franc succès. L'un de ces romans-feuilletons, *Varney, the Vampyre*[3] (sous-titré *The Feast of Blood*, 1847), publié anonymement[4] en fascicules réunissant pas moins de 220 chapitres (plus de 800 pages !), narre les péripéties et les interrogations existentielles d'un vampire aristocrate et se conclut par son suicide dans le cratère du Vésuve. Sir Francis Varney incarne le premier vampire tourmenté par sa condition d'immortel et annonce les vampires «sympathiques» d'Anne Rice (Louis dans *Entretien avec un vampire*) ou encore de la série télévisée *Angel* (1999-2004). De plus, Varney possède une nouvelle particularité physique, destinée à devenir l'un des principaux traits distinctifs du vampire : l'hypertrophie dentaire. Toutes les caractéristiques de la morsure vampirique, aujourd'hui fort connues, sont déjà décrites dans le premier chapitre de *Varney* :

Les doigts toujours accrochés dans les longs cheveux, il tire la tête de l'infortunée jusqu'au bord du lit. D'un saut, il lui saisit le cou entre ses dents semblables à des crocs — un jet de sang et bruit hideux de succion suivent. La demoiselle s'est évanouie, et le vampire absorbe son horrible repas[5].

---

1. Par exemple, la coutume serbe et bulgare de ne pas prononcer le nom du mort afin d'éviter son retour et d'utiliser une épithète pour le désigner.

2. La nouvelle de Tolstoï constitue l'un des trois segments du film italien *Les Trois Visages de la peur* (*I tre volti della paura*) réalisé par Mario Bava en 1963. Le célèbre acteur de cinéma d'épouvante, Boris Karloff, y interprète Gorca (qui se nomme Gorcha dans la nouvelle).

3. Certains avancent les noms de James Malcolm Rymer et de Thomas Preskett Prest comme auteurs.

4. *Varney, the Vampire : The Feast of Blood*, Londres, E. Lloyd, 1847.

5. Clive Leatherdale, *op. cit.*, p. 57 (traduction de l'éditeur).

C'est à cette époque que le portrait du vampire moderne se précise tant dans la littérature populaire que sous la plume des grands auteurs romantiques.

Carmilla et la comtesse sanglante

En 1871 paraît *Carmilla,* de l'Irlandais Joseph Sheridan Le Fanu, court roman qui renoue avec le contexte folklorique du vampire, tout en lui attribuant des traits dont la pérennité forgera l'imagerie moderne du personnage. Le récit a pour cadre la Styrie, terre familière des cadavres hématophages, et une série de morts suspectes affligent la communauté paysanne. Des jeunes filles, qui prétendent avoir été attaquées et presque étranglées dans leur sommeil, dépérissent à vue d'œil, victimes d'une maladie mystérieuse. L'une des agonisantes affirme avoir vu son agresseur qu'elle décrit comme un fantôme. Laura, la narratrice, suppose qu'une maladie contagieuse, comme la peste, explique ces décès inquiétants, et elle-même ressent les symptômes associés à la morsure vampirique (pâleur, lassitude) depuis que son père a accueilli à leur château une mystérieuse jeune fille prénommée Carmilla. Le caractère épidémique du fléau, indissociable des récits du folklore, sert de toile de fond au roman. Vers la fin du récit, un bûcheron raconte qu'il y a plus de 50 ans, des vampires ont obligé une communauté entière à fuir leur village. Leurs exhumation et exécution posthumes, comprenant celle de la comtesse de Karnstein, alias Carmilla, se déroulent selon un protocole évoquant les commissions d'enquête autrichiennes (un rapport est même rédigé et le père de Laura en conserve une copie). De plus, la mise à mort du vampire obéit strictement au rituel établi par la tradition (pieu, décollation, crémation). Le Fanu a lui aussi visiblement lu dom Calmet, dont le traité a été traduit en anglais en 1759.

Mais le personnage de Carmilla se réclame également de l'influence de ses prédécesseurs littéraires : elle amalgame en elle l'ascendance aristocratique de Lord Ruthven et les charmes des séductrices fatales de la poésie anglaise, à la différence qu'elle jette son dévolu sur des victimes du même sexe. Ses tendances saphiques sous-tendent l'homosexualité latente du vampire, caractéristique qui sera reprise plus tard par certains auteurs comme le comte Eric von Stenbock (*Histoire vraie d'un vampire*, 1894[1]), Anne Rice (*Entretien avec un vampire*, 1976) ou encore, de manière humoristique, par le réalisateur Roman Polanski dans *Le Bal des vampires* (1967). La comtesse vampire découvre également de jolis crocs à l'instar de ceux de Varney[2] et, curieusement, Laura, qui vante la beauté de son amie, ne semble pas remarquer cet étrange attribut, contrairement au saltimbanque qui offre ses services pour limer les canines de Carmilla !

En brossant le portrait d'une jeune comtesse vampire se nourrissant du sang de proies du même sexe afin de prolonger son existence d'outre-tombe, Le Fanu s'inspire d'une aristocrate hongroise qui a défrayé la chronique au XVIIe siècle : la comtesse Erzsébet Bathory. Issue d'une illustre et vieille famille de sang royal, elle épouse, en 1575, le comte Ferencz Nadasdy, soldat réputé pour sa bravoure, avec qui elle emménage au château de Csejthe, en Haute-Hongrie, dans une région isolée et montagneuse. Délaissée par un époux davantage attiré par les champs de bataille que par les vicissitudes de l'aristocratie, la comtesse manifeste au cours des ans un tempérament colérique qui se mue en une cruauté sans bornes. Comptant à son service plusieurs servantes, Erzsébet prend un plaisir croissant à leur infliger les pires sévices qui varient au gré de ses humeurs perfides. Elle les flagelle, leur brûle les joues, les seins ou d'autres parties du corps avec un tisonnier, leur repasse la plante des pieds avec un fer rouge. À la mort de son mari, en 1604, la comtesse peut donner libre cours à

---

1. Cette nouvelle constitue un véritable démarquage de celle de Le Fanu. L'action se déroule dans un décor identique (un château de Styrie), la narratrice se nomme Carmela et le vampire y est un voyageur, le comte Vardalek, invité à séjourner au sein d'une famille. Ce mort-vivant se distingue toutefois de Carmilla par le fait qu'il aspire à l'énergie vitale de sa victime et non son sang.

2. « Les piqûres qu'elle avait ressenties près de la gorge correspondaient, affirmait-il, à la morsure de deux longues dents acérées qui sont la caractéristique bien connue des vampires. » Joseph Sheridan Le Fanu, *Carmilla*, Arles, France, Actes Sud, coll. « Babel », 1996, p. 120.

des penchants encore plus sadiques, nourris par une obsession dévorante. Elle cherche désespérément la meilleure concoction susceptible de préserver sa beauté et sa jeunesse, mais les crèmes et onguents dont elle se fait fréquemment enduire le corps ne lui procurent pas satisfaction. Un jour, elle frappe une domestique qui l'a mal coiffée et des gouttes de sang giclent sur son poignet. Une fois nettoyée, elle croit remarquer que la peau aspergée par le sang affiche une texture plus douce et plus blanche qu'auparavant. Erzsébet s'imagine alors avoir découvert l'élixir de jouvence tant convoité. À partir de cet instant, avec l'aide de quelques complices (dont deux sont des sorcières présumées), la comtesse puise dans les rangs de sa domesticité féminine le précieux liquide indispensable à ses ablutions régénératrices.

> [O]n faisait venir trois ou quatre filles en parfaite santé et à qui l'on avait donné à manger tout ce qu'elles avaient voulu, tandis qu'on commençait à en fortifier quatre autres pour la fois prochaine. Sans perdre de temps, Dorko attachait les bras avec des cordes très serrées et coupait veines et artères. Le sang jaillissait ; et quand toutes, exsangues, agonisaient par terre, Dorko versait sur la Comtesse, debout et blanche, le sang que près d'un réchaud elle avait gardé tiède[1].

Les victimes sont très jeunes, afin que leur virginité garantisse la pureté de leur sang (cet attrait de la pureté est fréquent chez les vampires). Mais les effets escomptés des bains de jouvence ne sont pas à la hauteur des attentes de la comtesse. L'une des sorcières à son service lui affirme alors que le sang des roturières ne lui convient pas. Il lui faut celui provenant des veines de jeunes filles issues de la noblesse. Vingt-cinq d'entre elles sont par la suite massacrées. Devant la difficulté à trouver des femmes de sang bleu, les complices de la comtesse n'ont d'autre choix que de se tourner de nouveau vers des victimes de basse extraction et de les vêtir de toilettes distinguées afin de duper leur maîtresse. La mortalité élevée parmi les servantes de celle-ci

---

1. Valentine Penrose, *La Comtesse sanglante*, Paris, Gallimard, 2004, p. 163.

ERZSÉBET BATHORY, ÉCOLE HONGROISE, XVIIᵉ SIÈCLE.

Erzsébet Bathory, personnage historique qui a inspiré le vampire aristocrate.

commencent à alimenter des rumeurs incriminantes à son endroit. Elle a beau alléguer que des maladies contagieuses en sont la cause, la découverte de cadavres négligemment inhumés et portant des traces de torture alertent les autorités. Ces dernières investissent le château le 29 décembre 1610 et y découvrent des instruments de torture, des cages et des jeunes filles agonisantes dans les cachots souterrains. Alors que les complices de la comtesse sont jugés et exécutés, le rang de cette dernière lui épargne la peine de mort. Elle est donc condamnée à demeurer prisonnière de son château. On mure de pierre et de mortier les fenêtres et la porte de ses appartements, ne laissant qu'un étroit interstice pour y glisser eau et nourriture. La comtesse vit ainsi pendant trois ans et demi et meurt le 21 août 1614. La rumeur prétend qu'elle aurait fait périr entre 80 et 300 jeunes filles. Même si plusieurs historiens modernes doutent de la véracité de certaines atrocités imputées à Erzsébet, comme ses bains de sang, il n'en demeure pas moins que son histoire a sans doute servi de modèle aux vampires aristocratiques de la littérature romanesque.

Une œuvre fondatrice : *Dracula* de Bram Stoker

Avec Dracula, *Bram Stoker a donné au mythe du vampire sa dimension définitive. Il en a fixé l'archétype littéraire. Un archétype auquel il est désormais impossible de ne pas se référer : pour l'imiter, le contester ou le renouveler*[1].

Afin d'éclairer la genèse d'une œuvre, il est souvent utile de se pencher sur les événements qui ont façonné la vie de son auteur. Bram Stoker[2] voit le jour le 8 novembre 1847 à Clontarf, village situé à quelques kilomètres de Dublin[3]. Troisième d'une fratrie de sept enfants, le jeune Bram passe les sept premières années de sa vie en convalescence sans qu'on sache exactement encore aujourd'hui la nature de la maladie dont il souffrait. Constamment alité et incapable

---

1. Francis Lacassin, *Vampires de Paris*, Paris, UGE, 1981, p. 16.
2. Stoker porte le nom d'Abraham, comme son père. À la mort de celui-ci, en 1876, le fils adoptera le diminutif de Bram.
3. Ce village fait de nos jours partie intégrante de Dublin.

de se déplacer seul, Bram ne peut nouer de véritables amitiés avec des compagnons de jeu et, pour le distraire, sa mère, Charlotte, lui raconte des contes et légendes de sa ville natale de Sligo, située dans le nord-ouest de l'Irlande. Elle lui rapporte également les épisodes terribles de l'épidémie de choléra qui a décimé sa communauté en 1832. Il n'est donc guère étonnant qu'une partie de la production littéraire de l'auteur de *Dracula,* initié dès son plus jeune âge au surnaturel et au macabre, témoigne d'un certain penchant pour le fantastique.

La santé de Bram s'améliore à partir de sa huitième année et, une fois admis au Trinity College (l'université protestante de Dublin) à l'âge de 16 ans, il ne porte plus aucune trace de sa mystérieuse maladie infantile. Bien au contraire, il affiche une charpente robuste et s'illustre dans de nombreuses disciplines sportives[1]. Poursuivant des études afin de succéder à son père, fonctionnaire au Palais de justice de Dublin (Dublin Castle), Bram se distingue par ses talents d'orateur. Il admire particulièrement la poésie dissidente, libérale et humaniste de l'Américain Walt Whitman et ne manque pas une occasion de croiser le fer avec les détracteurs du poète lors de débats enflammés sur le campus.

Le 28 août 1867, il assiste à la pièce *The Rivals* du théâtre St-James de Londres, alors en tournée à Dublin. Il voit alors pour la première fois sur la scène du Royal Theatre un jeune acteur prometteur dont le talent l'enthousiasme au plus haut point : Henry Irving. L'acteur revient à Dublin en 1871, et Stoker se formalise qu'aucun journal de la capitale irlandaise ne fasse mention de l'événement. Le jeune admirateur proteste auprès du directeur du *Dublin Evening Mail* qui lui rétorque que son journal ne peut s'offrir les services d'un critique théâtral. Stoker se propose sur-le-champ pour combler un tel poste, et ce, sans appointements. Cette collaboration dure cinq ans, pendant lesquels le jeune critique fréquente assidûment tous les théâtres importants de Dublin et a même le privilège d'être souvent invité dans les coulisses. L'activité culturelle de Stoker se prolonge aussi à travers ses écrits : la revue *London Society* publie, en 1872, son premier récit intitulé *The Crystal Cup,* racontant l'histoire d'un artiste emprisonné. Trois ans plus tard, un roman, *The*

---

1. Les qualités athlétiques de Stoker à l'adolescence et l'absence de séquelles liées à sa maladie d'enfance suggèrent que celle-ci était moins sérieuse qu'il ne l'imaginait.

Chain of Destiny, paraît en quatre parties dans la revue dublinoise *The Shamrock.* Nul doute que, pour Stoker, son travail de critique et ses premières œuvres littéraires viennent pallier la monotonie liée à sa tâche de fonctionnaire au Dublin Castle, charge qu'il occupe depuis 1870, une fois en possession de son diplôme en mathématiques pures.

En 1876, Irving est un acteur confirmé dont le succès ne se dément pas. À Londres, le public et la critique réservent un accueil triomphal à chacune de ses pièces. Il revient à Dublin et prend connaissance des articles élogieux que Stoker a écrits à son sujet. Une rencontre entre les deux hommes marque le début d'une profonde amitié et ouvre de nouvelles perspectives professionnelles à Bram. En effet, en décembre 1878, il s'installe à Londres avec sa toute nouvelle épouse, Florence, pour devenir l'administrateur du Lyceum Theatre dont Irving est le propriétaire. Parallèlement à sa gestion efficace du théâtre, pour lequel il s'occupe de l'organisation des tournées, de la comptabilité, du choix des décors et des costumes, etc., Stoker continue de publier mais, et cela peut paraître étonnant aujourd'hui, le futur père de *Dracula* est davantage connu de son vivant comme imprésario d'Irving qu'en tant qu'auteur. En 1881 paraît *Under the Sunset,* un recueil de huit nouvelles d'épouvante pour enfants. La critique accueille favorablement l'ouvrage, mais le succès commercial n'est pas au rendez-vous. Il faut attendre la décennie suivante pour que Stoker marque l'histoire de la littérature mondiale.

Dans ses notes personnelles[1], Stoker raconte que, dans la nuit du 7 mars 1890, après un copieux repas de fruits de mer, il fait un étrange cauchemar qui lui inspire une histoire de vampire. Cette anecdote est reprise par Harry Ludlam, l'un des biographes de Stoker, qui suggère qu'un mauvais rêve provoqué par « une consommation trop généreuse de crabe, au souper » serait à l'origine de *Dracula.* En vérité, la réalité est heureusement un peu plus complexe, car il y aurait quelque injustice à réduire la naissance de l'un des plus grands mythes de la littérature aux problèmes digestifs de son auteur ! Tout d'abord, l'Irlandais Stoker est, nous l'avons vu, familier des légendes de son pays depuis son enfance. Par ailleurs, il partage régulièrement la société de Sir

---

1. On découvre celles-ci dans les années 1970, au Rosenbach Museum and Library, de Philadelphie. Elles s'échelonnent de 1890 à 1896.

William et Lady Wilde — les parents d'Oscar — qui tiennent salon tous les mardis et reçoivent les écrivains et artistes les plus en vue de Dublin. Les Wilde sont particulièrement versés dans l'étude du folklore irlandais, qui comporte son lot de créatures vampiriques, comme la *dearg-due* («la rouge suceuse de sang») utilisant ses charmes pour séduire des hommes et boire leur sang. La tradition gaélique raconte aussi que les fées irlandaises sont d'incorrigibles suceuses de sang humain, car elles doivent en remplir leurs veines qui en sont dépourvues. Enfin, Stoker connaît déjà *Le Vampire* de Polidori et tient en haute estime Le Fanu et son roman *Carmilla,* publié en 1871. On raconte même que le futur auteur de *Dracula* l'aurait croisé chez la famille Wilde.

En 1889, Stoker fait brièvement la connaissance du docteur Arminius Vambery, un professeur hongrois de langues orientales à l'université de Budapest, qui publie ses ouvrages à Londres et y prononce régulièrement des conférences. Les deux hommes se revoient un an plus tard au Lyceum Theatre et l'on présume que, lors de ces rencontres, Vambery aurait entretenu le futur auteur de Dracula des légendes de vampires issues du folklore de l'Europe de l'Est. On trouve de plus, dans les notes personnelles de Stoker, la mention de plusieurs ouvrages et articles traitant des vampires (notamment *Transylvanian Superstitions* d'Emily Gerard[1] et *The Golden Bough* de Sir George Frazer, paru en 1890). Stoker aurait eu également quelques échanges avec l'explorateur et orientaliste Richard Burton, connu pour sa traduction des *Mille et une nuits* (1886) dont la galerie de personnages surnaturels compte une goule, démon féminin se nourrissant de cadavres humains. Burton a aussi traduit une anthologie d'histoires de vampires hindous, *Vikram and the Vampire* (1870). Lentement, l'idée d'un roman consacré à un mort-vivant buveur de sang se précise dans l'esprit du régisseur du Lyceum Theatre, qui l'intitule provisoirement *Count Wampyr.* Lors d'un séjour en août 1890 à Whitby, dans le Yorkshire, Stoker découvre à la bibliothèque de la ville le livre d'un ancien diplomate anglais en poste à Bucarest, William Wilkinson, ayant pour titre *An Account of the Principalities of Wallachia and Moldavia: With Various Political Observations Relating to Them* (1820).

---

1. Il s'agit d'un article publié dans le *Nineteenth Century Magazine* du 23 juillet 1885. Les recherches de Gerard feront l'objet d'un ouvrage publié en 1888, *The Land Beyond the Forest.*

Stoker y apprend les faits d'armes d'un voïvode (prince) valaque du xve siècle dont l'influence sera importante pour son roman en gestation.

Un personnage historique

Vlad III, qu'on identifiera à Dracula, est un prince de la dynastie de Basarab qui règne par intermittence sur la Valachie (aujourd'hui partie méridionale de la Roumanie) entre 1448 et 1476. À cette époque, tout dirigeant de cette région doit composer avec une situation géopolitique instable, la Valachie étant une principauté roumaine soumise à l'autorité du roi de Hongrie, mais située à la frontière du dangereux empire ottoman qui ne cesse de s'étendre, surtout depuis la prise de Constantinople (qui deviendra Istanbul) en 1453.

Les princes valaques gouvernent au gré d'allégeances et d'alliances provisoires, tant avec les dirigeants européens qu'avec le sultan. D'ailleurs, le roi de Hongrie et futur empereur du Saint-Empire, Sigismond de Luxembourg (1410-1437), décore le père de Vlad III de l'ordre du Dragon, en 1431. Or, en roumain, « dragon » et « diable » se traduisent par *dracul*; avec l'ajout du suffixe « a », *dracula* signifie ainsi « fils du diable ». Le surnom de Vlad III aurait donc possiblement pour origine l'appartenance de son père à une prestigieuse confrérie de chevaliers. Toutefois, il est également probable que l'attribution de ce substitut s'explique par les actes de cruauté du souverain exercés indistinctement contre les sujets de sa principauté et l'envahisseur turc.

Conscient de la précarité de son pouvoir et soucieux de le consolider, Vlad Dracula se montre un dirigeant impitoyable, le trône de la Valachie étant depuis longtemps l'objet de nombreuses convoitises. Les marchands des villes saxonnes de la Transylvanie, Sibiu et Brasov, mécontents des politiques protectionnistes du prince, accordent leur soutien à des prétendants au trône, tout comme le font les Turcs qui souhaitent un dirigeant malléable, afin d'ouvrir les frontières de la Valachie à leur croisade expansionniste contre l'Europe chrétienne. Dans le but de mater les conspirateurs, Vlad Dracula mène, à partir du printemps 1457, des expéditions punitives contre la bourgeoisie saxonne de la Transylvanie, en réduisant leurs villes en cendres. En outre, il se méfie de la noblesse valaque — les boyards —, suspectée de dissidence et encline à encourager les usurpateurs (Dracula les tient également pour responsables de la mort de son frère aîné, enterré vivant en 1447). Aux fêtes de Pâques de 1459, il en empale une cinquantaine au terme d'un grand banquet tenu à son palais. Si ce Dracula historique n'est pas un vampire se nourrissant de sang, il en verse néanmoins beaucoup et se distingue par son affection pour le supplice du pal :

> D'origine sans doute assyrienne, il avait été perfectionné par l'utilisation non plus de pieux aiguisés, qui tuaient rapidement les patients, mais arrondis et enduits de graisse pour prolonger le supplice. Introduit dans le rectum, le pal, sur lequel appuyait tout le poids du corps de la victime, se frayait un chemin sans léser les organes vitaux et ressortait par la bouche sans tuer. Le malheureux, ainsi exposé, mourait de soif au bout de deux ou trois jours, les yeux mangés par les corbeaux mais en possession de tous ses esprits[1].

La prédilection de Vlad Dracula pour cette forme de torture lui mérite le surnom de Vlad Tepes[2] (l'empaleur) et personne n'est à l'abri de ce cruel châtiment : voleurs, tsiganes, concubines, moines, ambassadeurs turcs ou hongrois. De plus, Tepes se plaît à infliger ce supplice avec un certain raffinement, en embrochant par exemple les nobles plus haut que les roturiers, afin de respecter leur statut.

À partir de 1458, les combats contre les Turcs s'intensifient et, à l'hiver 1462, Vlad Dracula et ses troupes effectuent des raids dévastateurs en territoire ottoman, au sud du Danube. Près de 800 kilomètres de villes et de villages turcs et bulgares sont rasés et Vlad, vantant ses exploits dans une lettre au roi de Hongrie, estime le

---

1. Matei Cazacu, *op. cit.,* p. 21.
2. On prononce « tsépéch ».

nombre de morts ennemis à 23 883[1]! Informé de ces incursions meur-
trières des Valaques dans son royaume, le sultan Mehmed II, à la tête de
60 000 à 80 000 hommes, marche sur la Valachie (1462) pour capturer
Vlad Dracula, mais en vain. Le prince valaque trouve finalement la
mort en 1476, en combattant les ennemis de la chrétienté, bien qu'il soit
d'obédience orthodoxe (des rumeurs font état d'une possible conversion quelque temps avant sa mort). Malgré les atrocités qui lui sont
imputées, parfois de manière exagérée par ses ennemis, il n'en demeure
pas moins qu'il occupe aujourd'hui une place privilégiée dans l'histoire de la Roumanie, car il a vaillamment combattu l'envahisseur turc
tant abhorré pour préserver l'indépendance de son pays. Cela explique
en partie pourquoi le roman de Stoker n'est traduit en roumain qu'en
1989, les autorités du pays souhaitant ne pas ternir l'image de ce héros
national en l'associant à un mort-vivant buveur de sang.

Toutefois, force est d'admettre que le personnage né de la plume
de Stoker se révèle à plusieurs égards très loin de son homologue historique. L'auteur ne fait jamais mention que son comte Dracula (titre
que ne possède pas Vlad III) est un tortionnaire adepte de l'empale-
ment. Le Dracula littéraire vit en Transylvanie et non en Valachie. Par
contre, aucun doute ne subsiste quant au fait que Stoker perpétue, à
travers sa fiction, les exactions présumées de la comtesse de Bathory,
son comte Dracula trouvant une nouvelle jeunesse grâce au sang qu'il
absorbe. En outre, le prologue du roman — retiré et publié plus tard
dans une œuvre posthume, intitulée *L'Invité de Dracula* (1914) —, fait
allusion à une comtesse vampire de Graz. Pour parfaire ses connaissances des Carpates, Stoker passe des jours entiers à compulser des
ouvrages sur les superstitions locales et à consulter des cartes et des
livres d'histoire, à la bibliothèque du British Museum.

Dracula, publié en mai 1897, constitue ainsi un creuset où s'en-
tremêlent plusieurs influences. Le comte incarne la synthèse de la
tradition vampirique slave, de la chronique historique et des
attributs de ses prédécesseurs littéraires[2]. L'œuvre est un véritable
condensé d'érudition ayant trait au vampirisme, et Stoker y ajoute

---

1. Matei Cazacu, *op. cit.*, p. 181.
2. L'auteur Matei Cazacu soutient que Stoker se serait largement inspiré d'une nouvelle belge
   écrite par Marie Nizet. Intitulée *Le Capitaine vampire*, elle est publiée en 1879.

des caractéristiques de son cru, comme la transformation du vampire en chauve-souris et la permission qu'il doit solliciter aux occupants d'une demeure dont il souhaite franchir le seuil. Le romancier précise que le mort-vivant doit reposer dans un cercueil rempli de la terre sacrée de son pays d'origine. On apprend aussi qu'un vampire ne projette pas d'ombre ni de reflet dans les miroirs[1], que la lumière du jour, sans lui être fatale, le prive toutefois de ses pouvoirs[2].

La vie professionnelle de l'auteur influe aussi sur la forme du roman. Le tempérament dominant, voire autocratique de l'employeur et ami de Stoker, Henri Irving, contribue possiblement à doter le comte vampire de traits identiques. De plus, outre les nombreuses références à Shakespeare (notamment *Macbeth*), plusieurs exégètes de *Dracula* relèvent le style parfois théâtral et ampoulé de la gestuelle des personnages[3]. Plus intéressant est l'emploi du crucifix qui, même attesté dans certaines croyances du folklore, devient dans *Dracula* un accessoire capital. Mais l'importance que Stoker accorde aux effigies catholiques se révèle quelque peu paradoxale compte tenu du fait qu'il était protestant! Encore ici, il n'est pas exclu que cette mesure de protection — si éprouvée au cinéma[4] — ait été inspirée chez Stoker par l'opéra *Faust* de Gounod. Jacques Finné[5] avance cette hypothèse en se basant sur le fait que la pièce de Goethe, qui a inspiré Gounod, fut jouée par le Lyceum (lors de la saison de 1886) et que l'opéra était présenté annuellement à Londres depuis 1863, date de sa création. Il est fort probable qu'Irving et Stoker aient assisté à l'une des représentations, ne serait-ce que pour glaner ici et là un élément d'inspiration pour leur propre pièce. Mais Stoker y trouva peut-être une idée pour munir les ennemis de Dracula d'une arme efficace. Au deuxième acte de *Faust,* Valentin, l'épée brisée par la lame de celle de

---

1. Selon cette croyance roumaine, l'absence d'image spéculaire du vampire s'expliquerait par la perte de son âme. Stoker a sans doute trouvé cette caractéristique dans les écrits d'Emily Gerard.
2. Toutefois, une tradition solidement ancrée tant dans la littérature qu'au cinéma nous montre les vampires se consumant et se réduisant en poussière sous les rayons solaires.
3. Elizabeth Miller et Dacre Stoker, *Le Journal perdu de Bram Stoker*, Paris, J'ai lu, 2012, p. 239-240.
4. Dans le film *Vampire, vous avez dit vampire?* (*Fright Night*, T. Holland, 1985), il ne suffit pas simplement de brandir un crucifix pour éloigner le vampire : il faut avoir une foi authentique.
5. Jacques Finné, « *Vade retro*, Dracula », dans Jean Marigny (dir.), *Dracula*, Paris, Éditions Autrement, 1997, p. 95.

Méphistophélès, en brandit la poignée ayant la forme d'une croix, geste repris par le chœur et qui réussit à mettre le diable en déroute[1]. Toutefois, bon nombre des rejetons littéraires de l'illustre comte vampire ne partagent pas son aversion des symboles chrétiens, par exemple les personnages des romans de Stephenie Meyer (*Twilight*) ou d'Anne Rice. Dans *Entretien avec un vampire*, Louis, le vampire du titre, confie au journaliste l'interviewant qu'il « aime bien regarder les crucifix[2] », et il n'hésite pas non plus à entrer dans une cathédrale où il se confesse avant de planter ses crocs dans le cou du prêtre.

Le monstre en quête de son humanité

Après la publication de *Dracula,* plusieurs auteurs se confinent au cadre typologique du vampire tel que défini par Stoker, en y modifiant parfois le contexte sociohistorique. Par exemple, Robert E. Howard (créateur du héros d'*heroic fantasy* Conan le Cimmérien), dans sa nouvelle *Le Tertre maudit* (*The Horror from the Mound,* 1932), fait du vampire un aristocrate espagnol revenu à la vie au Texas et s'attaquant à un cowboy ! Mais d'autres romanciers et nouvellistes tentent de renouveler le thème, quitte à balayer les conventions de la tradition forgée par Stoker et ses prédécesseurs. Parmi les avenues les plus novatrices privilégiées par ces écrivains hétérodoxes, la complexité émotionnelle du vampire constitue la pierre angulaire d'une toute nouvelle approche psychologique du personnage.

Dans *Dracula,* force est d'admettre que Stoker ne s'embarrasse guère de nuances quand vient le moment de décrire son vampire. En adoptant une narration épistolaire, il cède la parole à chacun des protagonistes, qui peuvent ainsi livrer leur témoignage et leurs émotions, et ce, en ayant recours à une multitude de moyens : lettres, journaux intimes, télégrammes, coupures de presse et, modernité oblige, notes sténographiées ainsi que enregistrements sur phonographe. Or, le seul personnage à qui l'auteur refuse le privilège de livrer ses confidences, c'est Dracula lui-même. Aucun journal intime pour le

---

1. Charles Gounod, Jules Barbier et Michel Carré, *Faust : opéra en cinq actes,* Paris, Calmann-Lévy, 1890, p. 15-16.
2. Anne Rice, *Entretien avec un vampire,* Paris, Pocket, 1976, p. 35.

comte, aucun épanchement susceptible de révéler son for intérieur. En fait, le lecteur aurait sans doute été décontenancé de connaître les états d'âme d'un monstre qui, en principe, en est dépourvu. N'oublions pas que la grande majorité des auteurs du XIXe siècle brossent un portrait sans équivoque du vampire: il est le Mal incarné, l'ennemi du genre humain. Prisonnier de ce statut monolithique, le vampire n'a littéralement pas voix au chapitre! Les premiers récits de vampires sont invariablement racontés du point de vue des héros humains (*voir la majorité des œuvres en prose de la présente anthologie*).

Mais, après *Dracula*, certains écrivains s'efforcent de faire du vampire une figure moins manichéenne. Dans son excellente nouvelle *Dans ma solitude* (*I, the Vampire*, 1937), Henry Kuttner fait d'un aristocrate français, le chevalier Futaine, un vampire qui débarque à Hollywood afin de se gorger du sang des belles actrices. L'une d'elles, Jane, lui rappelle une femme qu'il a déjà aimée, et sa ressemblance est si troublante que le vampire se convainc que la jeune ingénue est en fait la réincarnation de cet amour perdu. Le chevalier Futaine la séduit, en fait son esclave et s'apprête à lui faire rejoindre les morts-vivants. Mais, lors du dénouement, coup de théâtre, il s'y refuse et confie au héros, Prescott, l'origine et l'horreur de sa condition de vampire:

> Vous êtes un humain et moi, le mort-vivant. Je viens du fond des âges, victime d'un autre vampire — ainsi le mal s'étend-il. Immortel sans être vivant, porteur de la terreur et de la tristesse, connaissant l'amer supplice de Tantale, j'ai traversé l'ennui des siècles. J'ai connu Richard, Henri, Élisabeth d'Angleterre et, sans répit, j'ai apporté terreur et destruction au cœur de la nuit. Voilà pourquoi je suis une chose qui répugne. Je suis le mort-vivant[1].

Futaine, qui a jadis vampirisé la femme qu'il aimait, ne veut pas répéter cette erreur fatale avec Jane. Il sait qu'il ne ferait que la condamner à une existence infernale dont elle ne pourrait être arrachée qu'avec un pieu au cœur, comme cela a été le cas avec sa compagne d'autrefois. Futaine laisse à Prescott la clé donnant accès à son caveau, afin que ce dernier puisse, armé d'un couteau, le tuer et ainsi délivrer Jane d'un

---

1. Henry Kuttner, «Dans ma solitude», dans Barbara Sadoul, *La Solitude du vampire*, Paris, Librio, 2003, p. 111.

destin abominable. Pour Jean Marigny, qui a consacré plusieurs études aux morts-vivants buveurs de sang, « cette nouvelle constitue une véritable révolution dans la perception qui est donnée du vampire[1] ». Le vampire prend ainsi conscience de sa monstruosité et, las de sa condition, aspire à une mort libératrice.

Dans le roman de l'américain Richard Matheson, *Je suis une légende* (*I am Legend*, 1954)[2], c'est le héros, l'humain Robert Neville, qui en fait autant, au terme du récit. Si la monstruosité d'un individu se définit essentiellement par sa différence avec les traits morphologiques et moraux de l'espèce dominante, si l'ostracisme du vampire se situe sur le plan de son altérité vis-à-vis les humains, alors qu'advient-il du statut du dernier homme dans un monde dominé par les vampires ? Il devient l'être anormal, dangereux, proscrit, isolé, cet autre qui effraie et qu'il faut éliminer :

> Il incarnait à leurs yeux le pire des fléaux qu'ils aient eu à affronter ; pire que la maladie avec laquelle ils avaient appris à vivre. C'était lui, le spectre insaisissable qui laissait pour preuve de son passage les cadavres exsangues de ceux qu'ils aimaient. Il sut ce qu'ils ressentaient à sa vue, et cette révélation effaça sa haine. [...] Robert Neville considéra le nouveau peuple de la Terre. Il savait qu'il n'en faisait pas partie. De même que les vampires, il était pour eux une abomination, un objet de sombre terreur qu'il fallait détruire[3].

Matheson inverse les rôles, et les vampires[4], mutants victimes des retombées d'une guerre bactériologique, trônent désormais au sommet de la hiérarchie des êtres intelligents. Leur méfiance à l'endroit du dernier homme, Neville, qui, le jour, les élimine à coups de pieu (il massacre même des enfants infectés dans leur sommeil !) s'avère parfaitement compréhensible. Par ailleurs, une femme vampire, Ruth, fait preuve de compassion à l'égard de Neville — qui a pourtant tué son époux —, et

1. Jean Marigny, « "Je" est vampire, ou la métamorphose du lecteur », dans Barbara Sadoul, *op. cit.*, p. 98.
2. Le film mettant en vedette Will Smith (F. Lawrence, 2007) est fort différent du roman.
3. Richard Matheson, *Je suis une légende*, Paris, Denoël, 2007, p. 228.
4. Le récit présente deux types de vampires. Ceux qui succombent au virus et qui, ressuscités, se comportent comme des monstres, n'hésitant pas à se livrer à des déprédations dans leurs propres rangs afin d'étancher leur soif. Les autres, qui forment la nouvelle société dominante, sont infectés par le virus. Ils trouvent un médicament qui leur permet de survivre, mais non de guérir de leur état.

tente en vain de le soustraire au sort funeste que lui réserve ses semblables. Le roman de Matheson nous montre ainsi un vampire qui n'a pas perdu son humanité, alors que Neville, lui, s'est partiellement déshumanisé au terme de ses trois années de solitude[1].

Dans le sillage du roman de Matheson, d'autres écrivains humanisent le vampire en le rabaissant du rang de prédateur à celui de victime. Dans *Espèce en voie de disparition* (*Vanishing Breed*, N. Straum, 1970), les vampires sont une race d'extraterrestres parasites réfugiés sur Terre et divisés par un clivage générationnel. Les plus vieux se montrent farouchement conservateurs (on y retrouve même Ruthven, le vampire de Polidori) et refusent de se départir de leurs caractéristiques traditionnelles (cape, déplacement sous la forme de la chauve-souris, crocs). Les jeunes vampires, quant à eux, sont parvenus à se fondre parmi les humains et à mener une vie discrète en prélevant sur leurs victimes le minimum de sang nécessaire à assurer leur subsistance, évitant ainsi d'accumuler des cadavres qui risqueraient de trahir et de compromettre leur paisible existence. Mais leur véritable identité est mise au jour par l'un des leurs, de sorte que les vampires n'ont d'autre choix que de fuir la Terre à bord d'un astronef afin d'éviter le génocide, comme l'explique le Dr Valpa, dirigeant suprême des vampires :

> Si on nous découvre, ouvertement et dans la pleine lumière de l'intelligence humaine, nous serons alors balayés comme l'ont été le cancer et la maladie du cœur au XXIe siècle. Aucun être humain ne peut supporter l'idée qu'une créature puisse se nourrir à ses dépens. Nous serions pourchassés et détruits[2].

Les vampires deviennent une minorité apatride et persécutée, au même titre que les victimes de préjugés fondés sur l'orientation sexuelle ou l'appartenance ethnique. Le propos de la nouvelle fait ainsi écho à l'agitation sociale que connaissent les États-Unis, à la fin des années 1960.

Le vampire contemporain s'exprime couramment à la première personne, autre procédé permettant au lecteur de s'y identifier et suscitant

---

1. Son apparence, notamment sa barbe, ses cheveux longs et rebelles, traduit cette régression à l'état sauvage. L'individu évoque un nouveau « Robinson Crusoé, prisonnier d'un îlot de nuit cerné par la mort ». Richard Matheson, *ibid.*, p. 108.
2. Niel Straum, « Espèce en voie de disparition », dans Barbara Sadoul, *La Solitude du vampire*, *op. cit.*, p. 123.

sa sympathie. Dans *Entretien avec un vampire,* Anne Rice réussit à humaniser son héros vampire, Louis, en le laissant confier au lecteur, lors d'une interview, les doutes et les interrogations que lui inspire sa condition de mort-vivant[1]. Louis est un vampire, mais il a néanmoins conservé des sentiments humains, d'où sa souffrance existentielle. Dès lors, on peut sans peine imaginer son déchirement et ses tourments à l'égard de ce qu'il est contraint de faire pour survivre. Partager le point de vue du vampire demeure une manière de nuancer la perception que nous avons de lui et ainsi de redéfinir notre jugement sur ses actions. Finalement, le vampire d'aujourd'hui est vulnérable aux nouvelles infections transmissibles par le sang, tout comme les humains. Dans la nouvelle de Dan Simmons, *Tous les enfants de Dracula* (*All Dracula's Children,* 1991), les vampires craignent le sida « plus que le pieu ou l'autodafé[2] » et Dracula lui-même se meurt après avoir contracté le virus.

Le vampire affiche désormais certaines faiblesses physiques ou émotionnelles qui le rendent davantage humain. Le pinacle de cette évolution a sans doute été atteint par ces morts-vivants plus proches du prince charmant que du monstre qu'ils incarnaient à l'origine (la saga *Twilight* en étant l'un des meilleurs exemples). Certains écrivains se montrent toutefois réfractaires à cette nouvelle caractérisation. S'inscrivant en faux contre ce genre de morts-vivants qu'il qualifie d'« éphèbe[s] diaphane[s] aux yeux de biche » ou encore de vampires « englués dans le flou romantique », le célèbre auteur Stephen King, qui a déjà consacré un roman au même thème (*Salem,* 1975), a coécrit avec Scott Snyder les premiers épisodes de la bande dessinée *American Vampire,* lancée en 2010. On y retrouve des vampires monstrueux, comme Skinner Sweet, jadis un hors-la-loi du Far West, qui viennent « rendre à ces chers suceurs de sang le mordant qu'ils ont perdu avec la mode des vampires pour midinettes[3]. » En renouant avec ses attributs fondateurs, le vampire prouve qu'il est encore parfaitement capable d'inspirer l'effroi.

---

1. L'ouvrage constitue le premier roman d'une série de dix, connue sous le titre de *Chroniques des vampires.* Dans le deuxième livre, la parole est donnée au vampire Lestat qui raconte sa vie (*Lestat le vampire,* 1985).

2. Dan Simmons, « Tous les enfants de Dracula », dans *Dernières nouvelles de Dracula,* Paris, Pocket, 1996, p. 90.

3. Voir la préface de Stephen King, dans le premier album de la série. Scott Snyder, Rafael Albuquerque et Stephen King, *American Vampire,* tome I, Modène, Italie, Panini Comics, 2011.

LE VAMPIRE ROMANTIQUE DANS LA LITTÉRATURE FANTASTIQUE

Dans la première moitié du XIXe siècle, plusieurs œuvres littéraires et artistiques jettent les bases d'un nouveau mouvement émancipateur. Observée d'abord en Allemagne, cette tendance à désobéir aux principes de l'ordre, de l'harmonie et de l'équilibre qui caractérisaient le XVIIe siècle français se diffuse dans toute l'Europe, principalement en France et en Angleterre. Ce mouvement, appelé le « romantisme », a rapidement intégré le thème du vampirisme. Le vampire romantique, en tant que figure littéraire, n'aurait pu naître, par exemple, sous la plume du rationnel Descartes (1596-1650) ou du sceptique Voltaire (1694-1778). Le romantisme et sa galerie de personnages surnaturels découlent de la préséance de l'individu sur la collectivité, de l'exaltation du sentiment et du « je », autant de mécanismes de défense pour ces écrivains et artistes ayant vécu le traumatisme de la Révolution[1] et de la Terreur[2]. Il ne faut cependant pas percevoir ce repli sur soi comme une manifestation d'égoïsme, mais bien comme un refuge qui sert d'exutoire aux tourments sociaux et politiques[3].

Des écrivains aussi marquants que Victor Hugo, Alfred de Musset, Gérard de Nerval, Alfred de Vigny, Alphonse de Lamartine et Charles Nodier sont attirés par cette introspection créatrice. Puiser au fond de soi ramène les valeurs à leur juste place, semble-t-il. En fait, les grandes œuvres romantiques paraissent après des bouleversements politiques d'une rare intensité : la défaite de Napoléon Bonaparte en 1814, le retour à la monarchie avec Louis XVIII (1814-1824) et Charles X (1824-1830), tous deux frères de Louis XVI, exécuté en 1793 sur ordre

---

1. La Révolution de 1789 met fin à la société de l'Ancien Régime, en vigueur depuis des siècles, où un roi régnait sur le royaume de France. À la suite de l'instauration de la Ire République, en 1792, les anciens sujets du roi deviennent des citoyens.

2. La Terreur : épisode sanglant de la Révolution française. Entre 1792 et 1794, plusieurs centaines de nobles sont guillotinés sur la place publique sans subir d'autre procès que celui du Tribunal révolutionnaire.

3. En une soixantaine d'années, de 1789 à 1852, la France connaît sept régimes politiques différents, soit des monarchies absolue, limitée ou constitutionnelle, des républiques, un consulat et un empire.

de l'Assemblée constituante. Ce même peuple qui a voulu en finir pour de bon avec la royauté quelque 25 ans auparavant porte encore au pouvoir la même famille. Pour les artistes romantiques, jeunes idéalistes rêveurs et révolutionnaires aux valeurs républicaines, l'accession au pouvoir d'un autre roi, Louis-Philippe Iᵉʳ, en 1830, constitue une terrible et amère déception. Désillusionnés par la vie sociale et politique, ils se tournent vers leurs propres maux. Et ces poètes qui exploitent leurs souffrances existentielles dans leurs œuvres trouveront à coup sûr des lecteurs prêts à s'y mirer eux-mêmes. Une telle identification du lectorat explique sans doute le succès qu'a connu cette révolution artistique et littéraire. À défaut de voir leur idéologie infléchir les événements politiques, les auteurs romantiques investissent la sphère culturelle et s'attaquent à toutes les conventions littéraires qui semblent figées depuis deux siècles.

La synthèse d'une époque : paroles d'écrivains

Privilégiant le rêve, les romantiques tentent d'évacuer toute incursion de la raison dans leurs œuvres, que ce soit dans la structure même ou dans les thèmes qu'ils chérissent. C'est pourquoi la littérature dite fantastique (tirée de l'imagination) est autant associée au romantisme. Le genre fantastique a d'ailleurs été classé et défini par plusieurs critiques contemporains qui font autorité en la matière[1]. Pourtant, ce qui nous importe ici de comprendre est ce que pouvait bien représenter le fantastique pour les auteurs romantiques.

Le terme en tant que tel est employé de manière récurrente chez les écrivains du XIXᵉ siècle pour qualifier une nouvelle tendance dans la production littéraire de l'époque. En 1832, Charles Nodier fait remarquer que ce nouvel engouement ne date pas d'hier. Il s'inscrit dans la tradition des grandes œuvres de l'Antiquité comme *L'Illiade* et *L'Odyssée* puis dans les récits de chevalerie du Moyen Âge. Il explique cette soudaine recrudescence des thèmes

---

1. Concernant les différentes théories sur la littérature fantastique, voir notamment T. Todorov (*Introduction à la littérature fantastique*, 1970), R. Caillois (*Au cœur du fantastique*, 1965) et H. P. Lovecraft (*Épouvante et surnaturel en littérature*, 1969).

surnaturels en poésie et en prose par les événements historiques des 50 dernières années :

> L'apparition des fables recommence au moment où finit l'empire de ces vérités réelles ou convenues qui prêtent un reste d'âme au mécanisme usé de la civilisation. Voilà ce qui a rendu le fantastique si populaire en Europe depuis quelques années, et ce qui en fait la seule littérature essentielle de l'âge de décadence ou de transition où nous sommes parvenus[1].

L'hypothèse de Nodier renvoie à cette idée que le surnaturel pouvait certainement plaire à ceux qui étaient rebutés par le rationalisme dominant des philosophes du XVIIIe siècle. Aussi, le fantastique répond-il au désir de changement des auteurs et des lecteurs qui ont connu les affres de la Révolution, époque de crimes et de meurtres commis au nom de la liberté. Quel type de littérature peut produire une société qui s'est transformée jusque dans ses fondements les plus profonds ? La France qui était administrée comme un royaume pendant presque 1000 ans devient maintenant républicaine. De plus, les progrès notables constatés dans les sciences et les techniques à partir du XVIIIe siècle consacrent le triomphe de la raison positiviste sur les croyances chimériques. Cependant, pour certains, l'esprit ne peut totalement s'affranchir des entraves de la superstition, et certaines croyances, notamment celle concernant les revenants, demeurent tenaces. La nature humaine trouve-t-elle dans le surnaturel le dérivatif à une existence dominée par un agnosticisme étouffant ? Bref, rien n'est plus certain que le fantastique qui « naît au moment où chacun est plus ou moins persuadé de l'impossibilité des miracles[2] ». Victor Hugo est sans doute le premier à expliquer aussi clairement, dans *La Quotidienne* du 22 avril 1824, le principe dominant toute analyse sociocritique : « Si la littérature est l'expression de la société, des formes nouvelles de la société devront

---

1. Charles Nodier, « Du fantastique en littérature », dans *Œuvres de Charles Nodier, Rêveries*, tome V, Paris, Librairie d'Eugène Renduel, 1832, p. 78.
2. Roger Caillois, « Fantastique », dans *Dictionnaire des genres et notions littéraires*, Paris, Encyclopædia Universalis et Albin Michel, 2001, p. 299.

s'exprimer par un genre nouveau de littérature[1]. » Or, les principales publications dont le titre comprend cet adjectif épousent tous les genres, que ce soit le conte, le récit, la nouvelle, le roman ou encore le drame, le vaudeville et la symphonie, et paraissent pour la plupart entre 1830 à 1890. Cette mode, les Français la doivent sûrement à la traduction du premier recueil de contes fantastiques allemands, *Les Frères de Saint-Sérapion,* d'Hoffmann, publié dans sa langue originale de 1819 à 1822, en quatre volumes.

Splendeurs et misères des héros romantiques

Les auteurs romantiques éprouvent tous, à des degrés divers, une mélancolie qui les laisse constamment dans une humeur sombre. Ils sont ainsi rarement heureux et épanouis. Ce vague à l'âme — ou vague des passions[2] — correspond à un déséquilibre entre leur soif d'idéal (une société où il fait bon vivre, gérée par des gens au service du peuple et élus par lui, sans censure, etc.) et la réalité qui s'offre à eux. C'est comme si les romantiques ne peuvent vivre au diapason du monde qui les entoure. Alfred de Musset cristallise ce sentiment dans ce vers désormais célèbre, tiré du poème *Rolla* : « Je suis venu trop tard dans un monde trop vieux[3] », plaçant cette plainte dans la bouche même du Christ.

Mécontents de tout, en particulier de leurs insuccès à changer les symboles du pouvoir politique, ils se lassent et se réfugient dans leurs souffrances. Ils se considèrent ainsi comme des êtres d'exception, probablement au-dessus du commun des mortels. Leur grande sensibilité leur confère presque une faculté divinatoire, les rendant capables de détecter les messages codés par les mondes visibles et invisibles, mais surtout par la nature. Les jeunes romantiques se perçoivent comme des âmes ayant déjà beaucoup vécu : à 20 ans, ils ont l'intuition et la sagesse des aînés.

---

1. Cité dans Cyprien Desmarais, *De la littérature française, au dix-neuvième siècle, considérée dans ses rapports avec les progrès de la civilisation et de l'esprit national,* 2ᵉ éd., Paris, Société reproductive des bons livres, p. 291.
2. Chateaubriand titre ainsi le chapitre IX de son *Génie du christianisme* (1802).
3. *Œuvres complètes d'Alfred de Musset,* Paris, Charpentier, 1840, p. 307.

En ce sens, l'imagerie du vampire correspond tout à fait à ce mal de l'âme. Si l'on tient pour acquis que ce mort ressuscité, mais damné, se souvient qu'il a été autrefois un homme, on imagine aisément les tortures qu'il pourrait s'infliger moralement. Le vampire, par son image et sa nature subversive, partage nombre de caractéristiques avec les héros romantiques, ces individus rejetés par les leurs, ces poètes incompris ou ces séduisants anges déchus. Bien que le mouvement soit européen et s'étende sur plusieurs décennies, le héros romantique est un solitaire. Il fréquente les ruines antiques, les châteaux désolés, les cimetières sombres et affronte les mers déchaînées. Toujours le même sentiment l'habite : il est le seul à vivre et à penser ainsi. Il en va de même des vampires au XIXe siècle. Mise à part la famille de *vourdalaks* visiblement très unie décrite par Tolstoï (ses vampires ne peuvent porter l'étiquette de romantiques), les vampires littéraires sont des êtres uniques, puissants et surhumains, souvent affligés par la solitude. De Lord Ruthven à Dracula, en passant par Clarimonde et Carmilla, le mort-vivant devient le personnage au contact de qui le héros humain goûte les délices de l'interdit et rejette les conventions. Le prêtre Romuald se transforme la nuit en riche seigneur, amant de la belle Clarimonde, la jeune Laura s'initie aux plaisirs saphiques avec Carmilla. Fidèles en ce sens aux grandes œuvres de l'esprit romantique (*René, Lorenzaccio, Antony, Carmen, Hernani*), les titres rendent hommage à ces créatures libératrices en reprenant de manière éponyme leur propre nom ou en employant une périphrase pour les désigner (*La Morte amoureuse* et non *Le Prêtre amoureux*).

Le vampire ne peut que plaire aux romantiques et pour cause : il incarne celui qui méprise les diktats de Dieu et des hommes. Il est un libertaire, celui qui fait fi de toute entrave imposée par la société. Ce n'est d'ailleurs pas un hasard si, dans la littérature — à l'inverse du folklore —, il s'en prend généralement à des personnages évoluant au sein de milieux conservateurs (Carmilla, Dracula, Lord Ruthven). Le vampire menace d'abord l'ordre bourgeois tant abhorré par les romantiques. Mais le monstre n'en est pas moins dangereux pour la collectivité, car il possède aussi les traits caractéristiques du tyran. Dracula, par exemple, déjà despote de son vivant, impose sa volonté aux plus faibles (le personnage de Renfield), corrompt les natures

LILITH, JOHN COLLIER, 1887.

Ce démon femelle, figurant notamment dans la tradition hébraïque, se nourrit du sang des enfants. Étant aussi à l'origine des rêves érotiques des hommes, Lilith annonce l'archétype de la femme vampire séductrice.

les plus vertueuses (Mina) et règne sans partage sur le royaume des ombres. « [T]ous les morts dont il peut approcher s'inclinent devant lui et se mettent à son service[1] », avertit le professeur Van Helsing. Il souhaite maintenant étendre son emprise sur le monde moderne, soit l'Angleterre de la fin du xixe siècle. Comble de l'ironie, c'est justement cette modernité et son rationalisme indissociable qui constituent les meilleurs alliés du vampire, créature issue des superstitions. « Car en ce siècle de sciences exactes, alors que les hommes ne croient même pas à ce qu'ils voient, le scepticisme des sages constituerait sa plus grande force[2] », résume bien Van Helsing.

Le vampire se présente donc sous les traits d'un être ambigu, et Victor Hugo souligne justement, pour décrire Hernani, que le héros romantique oscille constamment entre lumière et ténèbres. Théophile Gautier respecte cette dichotomie dans la présentation de sa belle Clarimonde :

> Je ne sais si la flamme qui les illuminait venait du ciel ou de l'enfer, mais à coup sûr elle venait de l'un ou de l'autre. Cette femme était un ange ou un démon, et peut-être tous les deux ; elle ne sortait certainement pas du flanc d'Ève, la mère commune[3].

Cette hésitation continuelle du narrateur à douter de la nature même de cette femme constitue un exemple où le vampire se soustrait à une caractérisation manichéenne trop souvent associée aux monstres. Le vampire étant nuancé de la sorte, le lecteur ne peut que s'y identifier davantage.

Un seul autre être maléfique fait de l'ombre au vampire, et c'est l'adversaire de Dieu lui-même, Satan. Alfred de Vigny écrit *Éloa* en 1823. Celle qui donne son nom au titre du poème est en fait le plus bienveillant des anges. Née d'une larme versée par le Christ, à la mort de son ami Lazare, Éloa incarne la compassion et l'altruisme. Les chagrins disparaissent à son passage. Elle illumine de ses ailes tous les mondes qu'elle visite. Les séraphins la mettent toutefois en garde : il

---

1. Bram Stoker, *Dracula,* Paris, Presses Pocket, n° 4669, 1992, p. 315.

2. *Ibid.*, p. 421.

3. Voir la page 49.

existe un être qui absorbe toute forme de bien et de bonheur. Ce faisant, ils incitent la créature innocente à trouver celui qui est exilé des cieux désormais :

Un Ange peut tomber ; le plus beau de nous tous
N'est plus ici : pourtant dans sa vertu première
On le nommait celui *qui porte la lumière* ;
Car il portait l'amour et la vie en tout lieu,
Aux astres il portait tous les ordres de Dieu ;
La terre consacrait sa beauté sans égale,
Appelant Lucifer l'étoile matinale,
Diamant radieux, que sur son front vermeil,
Parmi ses cheveux d'or a posé le soleil.
Mais on dit qu'à présent il est sans diadème,
Qu'il gémit, qu'il est seul, que personne ne l'aime,
Que la noirceur d'un crime appesantit ses yeux,
Qu'il ne sait plus parler le langage des Cieux ;
La mort est dans les mots que prononce sa bouche ;
Il brûle ce qu'il voit, il flétrit ce qu'il touche ;
Il ne peut plus sentir le mal ni les bienfaits ;
Il est même sans joie aux malheurs qu'il a faits[1].

Le prince des enfers est par ailleurs dépeint par Vigny comme un jeune homme séduisant aux longs cheveux noirs ceints d'un bandeau d'or qu'on dirait animé. Ses ailes scintillent et ses pieds semblent parés des diamants les plus purs. L'innocente Éloa n'a aucune chance. Elle espère le sauver mais, une fois qu'ils se sont unis, il lui avoue que c'est elle la victime et non pas lui. Elle pense l'amener avec elle vers les cieux bénis, mais c'est lui qui l'entraîne vers le bas : traditionnel échec de l'être féminin qui cherche à sauver en la charmant cette incarnation masculine du Mal.

Victor Hugo s'intéresse également à la figure diabolique. Dans *La Fin de Satan,* il décrit la chute de l'ange qui, sous sa plume, dure plusieurs millénaires. Il s'attarde ainsi à représenter la métamorphose de

---

1. Alfred de Vigny, « Éloa ou la sœur des anges », dans *Poésies complètes,* Paris, Payot, coll. « Prose et vers », 1928, p. 14-15.

l'être sublime, jadis compagnon de Dieu, en éternelle personnification
du Mal :

> Tout à coup il se vit pousser d'horribles ailes ;
> Il se vit devenir monstre et que l'ange en lui
> Mourait, et le rebelle en sentit quelque ennui.
> Il laissa son épaule, autrefois lumineuse,
> Frémir au froid hideux de l'aile membraneuse,
> Et croisant ses deux bras, et relevant son front,
> Le bandit, comme s'il grandissait sous l'affront,
> Seul dans ces profondeurs que la ruine encombre,
> Regarda fixement la caverne de l'ombre[1].

Hugo fait véritablement de Lucifer, cet ancien ange de lumière, un être
angoissé par ce qui lui arrive. Même après des millénaires d'errance,
Lucifer est en proie au doute, il craint la noirceur et semble souffrir de
sa solitude forcée. Son exil, son renvoi des cieux, décuple la puissance
de sa haine. Sous la plume d'Hugo, Satan semble fragile. Cependant,
il cherche à cracher toute sa violence à la face du monde devenu
ténèbres. C'est ici qu'entrent en jeu les thèmes chers aux romantiques.
Satan, à l'instar du vampire, ressent de la rage et du mépris pour une
société qui ne veut plus de lui. Paradoxalement, la solitude lui pèse.
Hugo nous le présente enfin comme cette « chauve-souris du cachot
éternel[2] », insistant particulièrement sur son isolement perpétuel.

Pour les romantiques, l'ange déchu fait également figure de rebelle.
Qui de mieux placé pour incarner le poète maudit que celui qui a su
résister à Dieu lui-même ? Tous les héros romantiques sont assimilés
à des révoltés. Le goût du mal et de la destruction est souvent pro-
portionnel à la souffrance endurée par le personnage. Par exemple,
le monstre de Frankenstein, produit d'une thèse rousseauiste[3]
(« L'homme naît bon, c'est la société qui le corrompt »), aurait tout

---

1. Victor Hugo, *La Fin de Satan,* Paris, Hetzel et Quantin, 1886, p. 6.
2. *Ibid.,* p. 10.
3. D'après l'œuvre de Jean-Jacques Rousseau (1712-1778), écrivain genevois, considéré comme
   l'un des principaux précurseurs du romantisme. Mary Shelley avait lu et relu toute son œuvre
   en français. Elle a par ailleurs fait du monstre et de son créateur des francophones, sans doute
   pour rendre hommage au philosophe suisse.

donné pour être accepté par les hommes. Se voyant chaque fois rejeté alors qu'il fait le bien, il devient de plus en plus agressif :

> Semblable au chef des démons, je portais l'enfer en moi-même ; sans avoir son génie, je voulais déraciner les arbres, répandre le ravage et la destruction autour de moi, et, après avoir assouvi ma fureur, m'asseoir sur les ruines et en jouir[1].

Mary Shelley publie son roman *Frankenstein ou le Prométhée moderne* en 1818, soit un an avant *Le Vampire,* de John William Polidori. Monstres et vampires ont ainsi incarné l'archétype même de l'éternel insoumis, à l'image du diable.

Dans *Le Paradis perdu,* le célèbre poète anglais John Milton raconte comment Satan essaie d'amener le premier couple humain à enfreindre l'autorité du Créateur. Le vampire aspire lui aussi à faire partager sa damnation éternelle avec les hommes. Satan est d'avis qu'il vaut « mieux régner dans l'Enfer que servir dans le Ciel[2] ». Le vampire en est-il aussi convaincu ? Ne ressent-il pas la nostalgie de son humanité perdue, de cette époque où il était un être créé et aimé par Dieu ? Sans doute, et sa condition peut inspirer la pitié, à l'instar du héros romantique frappé par la fatalité. Le vampire se lamente parfois sur son sort et espère qu'un jour il en sera délivré. Dans *Histoire vraie d'un vampire* (E. S. Stenbock, 1894), le comte Vardalek ne prend aucun plaisir à aspirer la vie du jeune Gabriel : « Mon chéri, je voudrais bien t'épargner, mais ta vie est la mienne et il faut que je vive, moi qui préférerais mourir. Dieu n'aura-t-il pas pitié de moi ? Oh ! Oh ! la vie ; quelle torture est la vie[3] ! » De plus, le vampire, par sa nature et sa condition, demeure, tel le héros romantique, un éternel marginal persécuté parfois injustement par les hommes. Aussi funeste soit-il, l'amour que Carmilla semble porter à Laura n'est-il pas sincère ? Clarimonde de *La Morte amoureuse* a-t-elle vraiment

1. Mary Shelley, *Frankenstein ou le Prométhée moderne,* Montréal, Chenelière Éducation, coll. « Parcours d'une œuvre », 2009, p. 123.
2. François-René de Chateaubriand, *Le Paradis perdu de Milton,* Bruxelles, Louis Hauman, 1836, p. 46.
3. Jean Marigny (dir.), « Histoire vraie d'un vampire », dans *Histoires anglo-saxonnes de vampires,* Paris, Librairie des Champs-Élysées, 1978, p. 103.

mérité le sort que lui a réservé l'abbé Sérapion ? N'est-ce pas ce dernier qui incarne la figure diabolique du récit en s'opposant à l'amour de la jeune courtisane pour Romuald ? Et Clarimonde, à l'instar des vampires de la littérature de l'époque, ne peut même pas plaider sa cause. Roger Bozzetto explique ainsi ce paradoxe :

> Cet acharnement du XIXe siècle à détruire la séduction de l'étrange, les promesses du rêve, le bonheur de l'amour autre, marque, à cette époque, le rejet viscéral de tout ce qui est hors de sa norme. Le refus de laisser le vampire parler de soi, de lui donner la parole, est le signe d'une volonté de faire de l'étranger un monstre et donc de le condamner sans l'avoir entendu[1].

Les premiers vampires littéraires ressemblent donc, sous plusieurs aspects, aux héros romantiques. Quand, des années plus tard, des auteurs comme Anne Rice permettront davantage aux vampires d'exprimer leurs tourments, leur statut de personnage romantique n'en sera que plus assumé.

Le romantisme à l'épreuve du vampire

Sans consacrer une grande série romanesque au mythe du vampire, Victor Hugo, le maître du romantisme, s'y est tout de même intéressé dans *Le Sylphe*. Dans cette ballade, il décrit l'effroi d'un elfe de l'air qui, perdu dans la nuit noire, observe les créatures des ombres poursuivre leurs noirs desseins dans un cimetière. Il voit de ce fait le « hideux vampire » sortir aisément de sa tombe et y ramener comme butin le « tremblant fossoyeur[2] ». Dans *Notre-Dame de Paris*, publié en 1831, une femme s'exclame devant le petit Quasimodo, un bébé difforme, abandonné sur le parvis de la cathédrale : « J'aimerais mieux donner à téter à un vampire[3]. » Le terme revêt pourtant toute sa signification lorsqu'il est crié par la bohémienne Esmeralda. Elle s'en sert pour désigner l'archidiacre de

---

1. Roger Bozzetto, « Le Trésor du vampire », dans *Les Vampires,* Colloque de Cerisy, Paris, Albin Michel, 1994, p. 148.
2. *Œuvres de Victor Hugo,* tome II, Bruxelles, Meline, Cans et Cie, 1837, p. 396.
3. Victor Hugo, *Notre-Dame de Paris,* tome II, Paris, Perrotin, 1850, p. 133.

la basilique, Claude Frollo, qui s'est introduit de nuit dans sa chambre. Après l'avoir repoussé en le traitant de monstre, d'assassin et de démon, elle renchérit encore : « Au secours ! à moi ! un vampire ! un vampire[1] ! » En insistant sur ce terme, surtout après la succession des trois premiers qualificatifs en gradation, Esmeralda dépeint symboliquement les intentions malveillantes du prêtre tout vêtu de noir qui surgit de l'ombre. Le vampire qui attaque sa proie par besoin vital en s'abreuvant de son sang n'est-il pas de même nature que le violeur qui attente à la pudeur d'une jeune fille, mû par un désir impérieux d'assouvir ses bas instincts ? Si Victor Hugo use davantage de l'image du vampire psychologique que de l'être fantastique dans son œuvre, le thème peut également inspirer par son caractère immonde et sa nature perverse.

Les Chants de Maldoror du comte de Lautréamont[2] en est un autre exemple déroutant. Paru anonymement en 1869, l'ouvrage est constitué de plusieurs chants formés par les pensées sinueuses du narrateur, Maldoror. Cet être monstrueux et sadique explique ses crimes odieux en toute lucidité, ce qui ne manque pas de déstabiliser le lecteur. Ses proies de prédilection sont de jeunes garçons de moins de 15 ans, et tout le processus de l'acte infâme est irrémédiablement prémédité :

> On doit laisser pousser ses ongles pendant quinze jours. Oh ! comme il est doux d'arracher brutalement de son lit un enfant qui n'a rien encore sur la lèvre supérieure, et, avec les yeux très ouverts, de faire semblant de passer suavement la main sur son front, en inclinant en arrière ses beaux cheveux ! Puis, tout à coup, au moment où il s'y attend le moins, d'enfoncer les ongles longs dans sa poitrine molle, de façon qu'il ne meure pas ; car, s'il mourait, on n'aurait pas plus tard l'aspect de ses misères. Ensuite, on boit le sang en léchant les blessures ; et, pendant ce temps, qui devrait durer autant que l'éternité dure, l'enfant pleure. Rien n'est si bon que son sang, extrait comme je viens de le dire, et tout chaud encore, si ce ne sont ses larmes, amères comme le sel[3].

---

1. Victor Hugo, *Notre-Dame de Paris,* tome III, Paris, Eugène Renduel, 1836, p. 81-82.
2. Pseudonyme d'Isidore Ducasse (1846-1870).
3. Comte de Lautréamont, *Les Chants de Maldoror et autres œuvres,* Paris, Librairie générale française, coll. « Livre de poche », 1992, p. 31.

Plus loin, Maldoror prend même la peine de préciser qu'il n'appartient pas à la catégorie des vampires, parce qu'ils sont, eux, bien morts. Au contraire, il met en évidence sa qualité de vivant qui agit comme un être échappé d'outre-tombe, ce qui rend ses actes encore plus répréhensibles.

Les auteurs romantiques sont fascinés par le temps qui fuit. Ils voudraient pouvoir échapper à la triste finalité qui nous attend tous. Pour le poète Alphonse de Lamartine, l'écriture constitue «une protestation de notre fugitivité contre la mobilité du temps, contre la brièveté de notre existence et contre la pire des morts, la mort de notre nom, la sépulture de l'oubli[1]». L'immortalité demeure le privilège des dieux. Le goût du sang pour le vampire se compare d'ailleurs à celui des dieux pour les sacrifices humains. Mais si la majorité des dieux s'accommodent fort bien de leur immortalité, il en va autrement du vampire qui voit davantage en elle une damnation. Le mort-vivant a d'une certaine façon le même destin tragique que celui du Juif errant, condamné à une errance éternelle pour avoir, selon les versions, frappé ou refusé d'aider le Christ sur le chemin du calvaire. Quand il atteint 100 ans, il rajeunit pour revenir à l'âge qu'il avait lors de sa faute. Immortalité, jeunesse éternelle, réprobation divine, il faut bien admettre que le Juif errant des légendes médiévales partage certains attributs avec le vampire.

La vie éternelle promise par la résurrection vampirique étant synonyme de solitude, n'est-il alors pas normal que, pour remédier à cet isolement, le vampire soit poussé, comme Dracula, à faire de ses victimes de nouveaux membres de son espèce? Mais il faut bien reconnaître que les vampires de la littérature du XIXᵉ siècle s'entourent rarement de congénères, contrairement à Dracula, qui a trois femmes vampires. En vérité, les vampires de Polidori, de Gautier, et de Le Fanu, à l'opposé des morts-vivants folkloriques de Tolstoï, ne transforment pas leurs victimes. De ce fait, ils sont irrémédiablement condamnés à traverser l'éternité sans compagnon, accentuant ainsi la dimension tragique de leur existence.

---

1. Alphonse de Lamartine, *Cours familier de littérature,* tome IX, Paris, [s. é.], 1860, p. 6.

LE PARIS SOUTERRAIN D'ANNE HÉBERT

En 1980 paraît à Paris le roman *Héloïse* d'Anne Hébert. Cinq ans après *Les Enfants du sabbat,* l'écrivaine renoue avec le surnaturel dans un récit traitant de manière novatrice divers aspects du vampirisme. Déjà dans l'épigraphe, l'auteure met en évidence la frontière qui doit être préservée entre la vie et la mort : « Le monde est en ordre / Les morts dessous / Les vivants dessus[1]. » Dans ce court récit, la fin qui attend Bernard, jeune Parisien qui s'apprête à épouser Christine, est annoncée par une rencontre fortuite. Alors qu'il erre dans le métro, une jeune femme énigmatique, la vampire prénommée Héloïse, le fixe du regard. À partir de ce moment, l'amoureux de Christine n'est plus lui-même, comme s'il avait été *absorbé* par la créature, et ce, avant même qu'elle le *morde.* Bernard déteste dès lors la lumière naturelle ou artificielle et emménage dans un appartement décoré à l'ancienne, qui semble le réconforter et même l'hypnotiser.

Cherchant nuit et jour à revoir celle qu'il a croisée, il a honte désormais de sa fiancée, qui lui paraît trop superficiellement joyeuse. Bernard sait bien qu'en fantasmant sur cette autre femme, il s'aventure sur un terrain interdit, qui pourrait même provoquer sa mort. Lorsqu'il décrit en effet la mystérieuse jeune femme, il témoigne consciemment à la fois de son angoisse et de son asservissement : « Ses cheveux noirs, très fins, relevés en chignon, ont un reflet bleu argenté, presque lunaire, qui enchante et inquiète[2]. » Si la description du vampire féminin ressemble à l'image traditionnelle de la séductrice décharnée (Sdenka chez Tolstoï par exemple), l'auteure prend toutefois plaisir à se jouer des clichés en situant le lieu principal de l'action sous terre, dans les tunnels et les caveaux du métro de Paris.

Aussi, chez Hébert, les vampires procèdent selon un *modus operandi* bien particulier : ils saignent leurs victimes en leur coupant les veines, usent de seringues plutôt que de crocs et se servent de petites fioles de verre pour se faire des réserves. Ils doivent suivre la Loi : ne jamais laisser leur proie en vie. Pourtant, Héloïse vit une

---

1. Anne Hébert, *Héloïse*, Paris, Éditions du Seuil, 1980, p. 7.
2. *Ibid.,* p. 22.

étrange aventure avec Bernard. Elle l'entraîne dans des caves où les « hommes et les femmes ont l'air de porter des masques », sont en « costumes d'une époque révolue » et boivent tous des verres de bloody mary dans lesquels il y a « des petites lueurs couleur de sang qui clignotent[1] ». Loin d'être une victime comme les autres, Bernard charme aussi Héloïse car, avant de le rencontrer, elle prend bien soin de se nourrir en s'attaquant à un jeune daim du jardin zoologique. Un vampire expérimenté lui fait alors remarquer qu'elle est « en train de [s']anémier[2] ». La Loi prescrit effectivement du sang humain à ses membres. Héloïse n'aura d'autre choix que d'en finir avec Bernard, sa nouvelle proie.

Bernard incarne justement ce personnage type qui devient l'ombre de lui-même à partir du moment où il rencontre la femme vampire. Il sait qu'elle est plus que dangereuse car, souligne l'auteure, il la « contemple comme on contemple la mort[3] ». Dans l'acte sexuel, il perd toute notion de temps et de réalité, attestant les pulsions puissantes d'Éros et de Thanatos[4] :

> Il enserre les jambes d'Héloïse jusqu'à la faire tomber par terre. Ils roulent tous les deux sur le tapis. Un bref cri de douleur. Est-ce moi qui crie, pense Bernard, pendant que la volupté le broie et l'emmène jusqu'aux portes de la mort. Le sang chaud l'inonde venant de sa gorge tranchée. Il sombre dans la nuit[5].

Anne Hébert réunit d'emblée l'apothéose de la relation charnelle à celle de la vie dans une même fin, que ce soit celle appelée « petite mort[6] », ou encore la grande, la vraie, la tant redoutée. L'héroïne du roman apparaît dès lors comme un avatar de la tentatrice meurtrière. Elle partage

---

1. *Ibid.*, p. 80.
2. *Ibid.*, p. 83.
3. *Ibid.*, p. 97.
4. Ces personnages tirés de la mythologie grecque symbolisent respectivement les principes indissociables de vie et de mort. Sigmund Freud se servira de ces termes pour évoquer les concepts psychanalytiques de « libido » (Eros) et de « destruction » (Thanatos).
5. Anne Hébert, *op. cit.*, p. 100.
6. Petite mort : elle désignait à l'origine une mort soudaine, provoquée par une syncope. Au sens figuré, l'expression désigne l'orgasme, en référence au grand frisson, point culminant du plaisir sexuel.

cette caractéristique avec Clarimonde et la femme fatale décomposée de Baudelaire, car elles apparaissent comme des « muses de l'occulte[1] ». Leurs baisers porteurs de mort ont souvent représenté, en art comme en littérature, l'ascendant de l'amour sur la raison, la primauté de la libido sur l'instinct de conservation[2].

DRACULA AU CINÉMA

Le vampire étant un personnage immortel, nul ne s'étonne de sa longévité exceptionnelle dans la littérature et le cinéma. C'est véritablement le septième art qui a consacré le mort-vivant buveur de sang dans la culture populaire. En 1922, le cinéaste allemand Friedrich W. Murnau réalise *Nosferatu*, s'inspirant très librement du *Dracula* de Bram Stoker[3]. Le film se concentre principalement sur la monstruosité physique et morale du vampire qui entraîne, dans son sillage, la peste s'abattant sur la ville de Brême. La beauté et l'innocence exercent un tel attrait sur le mort-vivant qu'il en oublie la précarité de sa propre existence, constamment menacée par les premières lueurs de l'aube. Penché sur Ellen et se gorgeant de son sang, il périt sous les rayons du soleil levant. Sur le plan technique, le film de Murnau se distingue par des effets visuels mémorables accentuant l'étrangeté du spectacle, comme le mort-vivant se dressant sans effort dans son cercueil, le corps figé pareil à une statue, ou certains plans tournés image par image, qui font progresser l'attelage du vampire par saccades, procédé qui renforce son caractère surnaturel. Murnau use de nouveau de cette technique quand le vampire entasse ses cercueils sur une charrette, conférant une vélocité surhumaine au monstre. Dans une autre scène, une image tirée du

---

1. L'expression (notre traduction) est employée par Michael J. Dennison dans *Vampirism : Literary Tropes of Decadence and Entropy*, New York, Peter Lang, 2001, p. 9.

2. À propos des théories freudiennes en psychanalyse, voir les ouvrages suivants : *Trois essais sur la théorie sexuelle* (1905), *Totem et Tabou* (1913), *Pulsions et destins des pulsions* (1915).

3. Afin d'éviter de payer des droits d'adaptation, le scénariste Henrik Galeen change le nom des personnages principaux (le comte vampire se nomme désormais Orlok). Mais la veuve de Stoker, Florence, ne se laisse pas duper et entame des poursuites judiciaires contre la société de production Prana Film. En 1925, un tribunal anglais tranche en faveur de Florence Stoker et ordonne la destruction de toutes les copies du film. Heureusement pour la postérité, certaines bobines échappent à cette ordonnance.

négatif du film donne un aspect fantomatique à la forêt que traverse la voiture de Nosferatu, rendant le décor véritablement expressionniste, dans la mesure où il revêt un aspect irréel en adéquation avec l'essence même du vampire. Quelques puristes de la tradition s'irriteraient peut-être du fait que celui-ci projette une ombre, mais il s'agit là d'un thème cher au cinéma expressionniste allemand. L'ombre et le reflet représentent le double maléfique ou révèlent la nature menaçante de celui qui les projette[1]. L'Allemagne d'après-guerre constitue d'ailleurs un terreau particulièrement fertile pour les monstres et les psychopathes. Le pays est en proie à la misère et au chaos provoqués par la défaite, et une grave inflation rend incertain l'avenir de la jeune république. Les forces obscures qui déferlent sur le cinéma allemand deviennent alors un écho inquiétant des angoisses nourries par le peuple.

C'est aussi dans un contexte de crise que Dracula fait son apparition sur les écrans américains. La grande dépression crée un cadre propice aux figures monstrueuses et cathartiques sur lesquelles les spectateurs peuvent projeter leurs angoisses. En 1931, la société Universal Pictures produit la première adaptation cinématographique officielle de *Dracula*, réalisée par Tod Browning et tirée d'une pièce de Broadway. L'acteur hongrois Bela Lugosi y joue Dracula avec sans doute trop de grandiloquence, mais son accent slave ainsi que son regard hypnotique suscitent une vive impression chez le public, qui l'associe à jamais au personnage.

Dracula va regagner sa première terre d'exil, l'Angleterre, grâce à la société Hammer Films qui produit, en 1958, *Le Cauchemar de Dracula* (*Horror of Dracula*), réalisé par Terence Fisher. La couleur fait son apparition, et le procédé Technicolor rend le sang particulièrement écarlate[2]. Les films de vampires de la Hammer, dont le cycle s'étend de 1958 à 1974, inaugurent une ère où la pudibonderie des productions de la Universal cède la place à un érotisme débridé, reflet de la libération sexuelle qui débute au milieu des années 1960[3]. Des décolletés plongeants révèlent les charmes opulents des proies

---

1. Francis Ford Coppola reprend cette convention dans son *Bram Stoker's Dracula* (1992), où l'ombre du vampire semble dotée d'une vie propre.
2. Les films de Dracula produits par la Universal ne montrent jamais de sang. L'horreur devient plus explicite avec les productions de la Hammer.
3. Le corps féminin se dévoile au cours de cette décennie. La minijupe fait son apparition.

du vampire qui nourrissent d'ailleurs le désir non équivoque de se livrer à son étreinte. Figure corruptrice par excellence, Dracula jette souvent son dévolu sur de chastes jeunes filles promises à un heureux mariage. Ses visites nocturnes, durant lesquelles il enfonce ses excroissances dentaires (symboles phalliques) dans la chair de ses victimes frôlant l'extase, s'apparentent symboliquement à un dépucelage en règle, le sang aspiré évoquant la perte de l'hymen. De plus, la morsure du vampire réveillant en elles un pouvoir sexuel latent, les femmes se muent alors en d'aguichantes prédatrices[1]. Dans la culture populaire, le terme *vamp,* diminutif de «vampire», désigne justement des femmes aux attraits irrésistibles. Cette érotisation outrancière de la figure vampirique va d'ailleurs paver la voie à une adaptation torride de *Carmilla* produite par la Hammer, en 1970 (*The Vampire Lovers*).

L'approche de Fisher dans le premier Dracula de la Hammer se distingue par un plus grand réalisme du personnage du vampire nonobstant son appartenance au rang des morts-vivants. Auparavant, les apparitions du comte étaient toujours nimbées de surnaturel[2] (Bela Lugosi traversant sans les déchirer les toiles d'araignées de son château mystérieux ou encore l'aspect monstrueux et les procédés photographiques de *Nosferatu* cités plus haut), mais l'entrée en scène de Dracula en 1958 (interprété par Christopher Lee), hormis un éclairage en contre-jour et une montée musicale, fait l'économie d'effets surréalistes. Dracula se comporte en homme du monde avec son invité, se livre aux civilités d'usage et rien dans son comportement ou dans le décor de sa demeure, un château cossu dont l'extérieur est filmé dans la lumière rassurante du jour, ne trahit sa véritable nature. C'est sans doute cette façon de présenter le comte qui a dérouté bon nombre de spectateurs à l'époque.

Les films de la Hammer du début des années 1960 montrent que l'Église exerce une domination incontestable sur les forces du Mal. Le vampire n'est pas de taille devant la puissance de Dieu, comme en témoigne le dénouement magistral des *Maîtresses de Dracula* (*Brides of Dracula,* 1960) où l'ombre d'une croix gigantesque, formée par les

---

1. Outre les films de la Hammer, on peut citer celui de Coppola, dans lequel la vertueuse Mina qui, après sa nuit avec Dracula, tente de séduire Van Helsing. Dans *Vampire, vous avez dit vampire?*, c'est la chaste Amy qui, une fois vampirisée, veut se donner librement à Charlie.
2. Coppola renoue avec cette tradition dans son adaptation, en 1992.

CHRISTOPHER LEE DANS *HORROR OF DRACULA*, 1958.

Lee a interprété le rôle du comte vampire dans 10 films, ce qui fait de lui l'un des acteurs les plus identifiés au personnage.

pales d'un moulin, détruit le vampire. Mais la décennie voit l'autorité morale de l'Église décroître, conséquence de l'émancipation des mœurs et de nouvelles idéologies réfractaires à toute instance moralisatrice. Le pouvoir du clergé semble ainsi fragilisé dans le cinéma fantastique de l'époque, car il devient désormais vulnérable aux assauts des puissances maléfiques : les lieux de culte ne constituent plus des abris sûrs contre les vampires (*Dracula et les femmes,* 1968 ; *Les Cicatrices de Dracula,* 1970), des bourgeois débauchés se livrent secrètement à des rituels sataniques (*Une messe pour Dracula,* 1969), le héros est un athée convaincu (*Dracula et les femmes,* 1968). Dans ce dernier film, le pouvoir clérical est mis à rude épreuve. L'initiative d'un prêtre désireux d'exorciser le château de Dracula provoque accidentellement le réveil de celui-ci. Le prêtre est victime de représailles de la part du vampire, tandis qu'un autre religieux devient son esclave. L'incroyant enfonce un pieu dans le cœur du monstre, mais son manque de conviction religieuse rend la chose inefficace, à tel point que Dracula retire lui-même le bâton ! Mais Dieu n'a pas dit son dernier mot, car Dracula meurt empalé sur une croix. Le prêtre renégat se soustrait à son emprise alors que le héros, qui s'est lancé à la rescousse de sa bien-aimée, découvre la foi et se signe à la fin du récit. Dans *Une messe pour Dracula,* le vampire périt à l'intérieur d'une église abandonnée, en ayant la vision d'une célébration liturgique. En fait, les dénouements des films de vampires de la Hammer réaffirment la dimension salutaire de l'Église, du mariage et de la famille devant le pouvoir corrupteur du Mal. Une telle constante semble *a priori* atténuer, pour ne pas dire évacuer, la connotation subversive de ces œuvres. En réalité, il s'agit d'un leurre, car le public à qui elles s'adressent, formé en majorité de jeunes gens souscrivant aux idéaux contestataires des années 1960, ne s'enthousiasme guère pour ces fins édifiantes rétablissant l'ordre bourgeois. La défaite du vampire et le triomphe des valeurs conservatrices ne sont en fait qu'une concession destinée à calmer les rigoristes rebutés par les exactions sanglantes et perverses de Dracula. En d'autres mots, la victoire rassurante d'une morale conformiste incite les prêcheurs de la vertu à faire preuve d'une tolérance relative à l'endroit de l'imagerie violente et provocante de ces films.

D'essence paradoxale, le vampire se définit selon deux traits antinomiques : l'attirance et la répulsion, héritage de sa double appartenance à la littérature romantique et au folklore. Dans les films de la Hammer, l'altérité monstrueuse de Dracula, outre bien sûr son régime hématophage, se manifeste principalement par ses pulsions violentes, notamment quand il laisse éclater sa fureur sauvage à l'endroit de ses compagnes vampirisées, de ses serviteurs ou de ses ennemis.

En 1979, le réalisateur John Badham signe une nouvelle adaptation de *Dracula*, dans laquelle l'ambiguïté fondamentale du vampire se traduit de façon fort efficace. En prêtant son physique séducteur au comte vampire — dépourvu en outre de tout attribut trop monstrueux susceptible d'aller à l'encontre d'une vision érotique du personnage[1] —, Frank Langella interprète sans doute l'un des Dracula les plus romantiques de l'écran. Cette approche culmine dans la scène où Dracula s'unit avec une Lucy tout à fait consentante (Kate Nelligan). Toutefois, en guise de contraste avec le pouvoir érotique du comte, un autre vampire apparaît le temps d'une scène particulièrement effroyable. Il s'agit de Mina[2], première victime de son étreinte, recluse dans les ténèbres putrides des profondeurs de la terre infestées de rats, là où son père, le professeur Van Helsing (Laurence Olivier), va la débusquer. L'apparence répulsive de Mina (elle est un cadavre ambulant) rompt ici avec le cliché de la victime dont les charmes s'épanouissent après la morsure vampirique. Dracula et Mina se complètent en incarnant l'antagonisme constitutif de la figure du vampire qui, à la fois, fascine et répugne[3].

Dracula d'après l'œuvre de Bram Stoker (1992), de Francis Ford Coppola, constitue l'une des adaptations les plus fidèles du roman (et le titre du film affiche cette prétention). Elle s'en distingue toutefois par le lien qui unit le vampire à Mina. En faisant de celle-ci la réincarnation de l'épouse bien-aimée de Dracula, le film traite d'un thème cher aux romantiques : l'amour qui survit à la mort. Dès lors, l'adaptation de Coppola réussit à suivre la trame générale du roman, mais en accentuant

---

1. L'acteur a refusé de porter les longues canines et les lentilles de contact. Ses transformations en loup ou en chauve-souris sont dépourvues d'états intermédiaires le montrant sous les traits d'une créature hybride terrifiante, contrairement au *Dracula* de Francis Ford Coppola.

2. Les noms de Mina et de Lucy sont inversés par rapport au roman original.

3. Les travaux de Julia Kristeva sur le concept d'abjection jettent un éclairage psychanalytique intéressant sur cette dualité. Julia Kristeva, *Pouvoirs de l'horreur*, Paris, Éditions du Seuil, 1980.

la relation entre Dracula et Mina à travers de nouvelles scènes. Elle nuance ainsi l'image du vampire, ce que Stoker s'est bien gardé de faire. Dans le roman, Dracula est un monstre dénué de la moindre humanité. En ce sens, le film de Coppola s'inscrit dans l'air du temps, où les vampires sont désormais des êtres capables d'éprouver les mêmes émotions que leurs proies humaines, voire de susciter l'identification du spectateur.

Somme toute, les différents visages de Dracula au cinéma attestent la richesse interprétative du personnage capable de transcender les modes et les époques, voire les cultures (il existe des avatars de Dracula dans le cinéma espagnol, italien, mexicain, japonais...). L'étreinte du vampire revêt des attributs connotatifs qui le rendent apte à focaliser sur sa personne des désirs licencieux, qui varient au gré des interdits moraux des époques (sexe hors mariage, adultère, homosexualité, etc.). À défaut de réfléchir sa propre image, le vampire nous renvoie la nôtre, avilie et en même temps sublimée par notre désir de transgresser les normes.

APPROCHES CRITIQUES

Parmi les nombreuses lectures possibles du vampire comme motif littéraire, nous en avons retenu deux. Tout d'abord, la psychanalyse, élaborée principalement par Sigmund Freud au début du XXᵉ siècle, fournit bien sûr quelques outils pour comprendre l'étonnante fécondité du thème, en particulier sa puissance de séduction. Ensuite, le personnage, en tant que mort-vivant, soulève d'importantes réflexions philosophiques et théologiques, parce qu'il pose le problème de la vie après la mort et celui de l'existence de l'âme humaine.

Psychanalyse et érotisme

> *Le vampirisme s'est laissé définir comme étant*
> *ce transfert d'énergie vitale d'un être à un autre,*
> *qui associe le sang, le sexe et la mort, et qui constitue*
> *la forme ultime de la domination ou du parasitisme.*

Antoine Faivre et Jean Marigny

Il est depuis longtemps établi que le vampire se distingue de la plupart des créatures démoniaques par une dimension érotique que lui a donnée la littérature et que le cinéma s'est ensuite appropriée.

La sexualité du vampire est d'abord et avant tout orale. Mais, bien sûr, la morsure vampirique, qui suscite généralement l'ivresse des sens, connote indiscutablement un accouplement. Chaque fois qu'il se nourrit, le vampire viole sa victime. Qu'il se jette sur les veines de son cou, de son poignet ou même de l'aine, le résultat est toujours le même chez le lecteur : il devient voyeur d'une intimité forcée. Il est facile de voir dans le vampire un animal carnassier, un chasseur et un prédateur, toujours en position de force, toujours à l'affût d'une proie. Par contre, on oublie peut-être qu'il incarne le principe mâle suprême. Sans même avoir recours à un membre en érection, il s'introduit dans l'autre et l'envahit. Le spécialiste anglais de Bram Stoker, Clive Leatherdale, va encore plus loin en affirmant que « Dracula jouit de la plus grande des puissances sexuelles : il n'a besoin d'aucun vagin, il pratique lui-même ses orifices[1] ». Et lorsque, à son tour, le grand maître des vampires demande à la jeune Mina de s'imprégner de son sang, les expressions choisies par l'auteur sont très explicites :

> Sur ces mots, il déboutonna sa chemise et, d'un coup d'ongle, s'ouvrit une veine de la poitrine. Quand le sang commença à jaillir, il prit mes deux mains dans une des siennes et, de l'autre, m'empoigna le cou, me forçant à approcher ma bouche de la blessure – je devais suffoquer ou avaler de ce... de ce... oh, mon Dieu[2] !

En lui imposant cette fellation dans laquelle le sang qu'elle doit ingérer remplace le sperme, Dracula apparaît vraisemblablement comme un sadique enjoignant à Mina d'assouvir ses pulsions. La jeune femme, « ligotée » par la puissance du vampire, ne peut qu'obtempérer malgré sa répugnance.

En outre, plusieurs actes renvoyant à une sexualité dépravée émaillent le *Dracula* de Bram Stoker, à commencer par la polygamie. Le comte vit avec trois belles « épouses » dans son château, et Jonathan Harker

---

1. Clive Leatherdale, *op. cit.*, p. 181.
2. Bram Stoker, *op. cit.*, p. 380.

lui-même passera de voluptueux moments en leur compagnie. Harker, épouvanté par ces femmes, mais désirant néanmoins connaître leurs caresses, cède à la tentation, semblant ainsi oublier la sage Mina qui, elle, ne peut lui faire goûter les plaisirs du sexe avant le mariage. À ces trois femmes vampires correspondent les trois prétendants de Lucy (Arthur, John et Quincey). Cette jeune fille de bonne famille doit bien sûr faire un choix conformément à la tradition monogamique de la civilisation occidentale. Toutefois, une fois vampirisée par Dracula, elle se présente sous les traits d'une créature lascive, impudique, qui tente d'attirer à elle son fiancé, Arthur. N'eût été l'intervention de Van Helsing, Arthur se serait laissé envoûter par les charmes de la morte-vivante.

Bien avant Dracula, la ravissante Clarimonde, de *La Morte amoureuse,* est présentée comme une courtisane se livrant aussi à des actes de débauche. Le vampire ne répugne donc pas à mener une vie de luxure. De plus, si l'on considère que la morsure vampirique symbolise l'acte charnel, le vampire serait par nature bisexuel, puisqu'il peut se nourrir du sang des humains des deux sexes. Certes, une longue tradition semble faire de lui un être davantage attiré par le sexe opposé, mais il n'en demeure pas moins que le vampire peut à l'occasion jeter son dévolu sur un individu du même sexe (pensons à la Carmilla de Le Fanu ou encore à Louis, Lestat et Armand chez Anne Rice).

En psychanalyse, une pulsion vitale, comme celle de se nourrir, est comparée aux pulsions sexuelles. Ainsi, lorsque le vampire a faim, il aspire à combler ce besoin le plus rapidement possible, afin de se sentir rassasié. Sa vie dépend de sa capacité à se sustenter, à l'instar du nouveau-né qui demande le sein. Le besoin de se nourrir, tout comme le désir sexuel, obéit au principe de plaisir. Voilà pourquoi, sans doute, tout dans l'imagerie du vampire romantique renvoie à la sensualité assumée ou même à la sexualité explicite. Freud n'hésiterait certainement pas non plus à voir un symbole phallique dans le pieu qui s'enfonce profondément dans une poitrine rongée par le mal vampirique.

L'exemple le plus convaincant de cette analyse demeure certainement le cas de Lucy dans *Dracula*. Bien que les deux amoureux n'aient jamais pu s'unir charnellement (Lucy est morte avant de célébrer ses noces), ils vont malgré tout vivre ensemble une communion métaphysique. Même si, dans la tradition folklorique, un seul coup de pieu bien placé dans le cœur suffit pour libérer le vampire de cette malédiction, Arthur, lui, doit s'y prendre à plusieurs reprises. Le professeur Van Helsing insiste pour que ce soit le fiancé de Lucy qui la délivre du mal. Entouré de ses trois compagnons, Arthur frappe alors avec vigueur et de plus en plus profondément, nous dit le texte original (« *deeper and deeper* »), ce qui suggère la répétition des coups, sans oublier la référence au dieu Thor et à son célèbre attribut[1]. Pendant cette scène, les traits de Lucy se déforment et son corps se contorsionne, comme si on pouvait attribuer ces effets à la douleur créée par la succession des coups infligés par le pieu phallique et au plaisir engendré par cette première symbiose physique avec son futur époux. De plus, son repos éternel s'assimile aisément au calme ressenti une fois les secousses orgasmiques passées.

Philosophie et religion

> *La fonction du mythe est de donner*
> *une signification au monde*
> *et à l'existence humaine.*
>
> Mircea Eliade

Toutes les cultures expriment, à travers des récits et des êtres fabuleux, le désir de vaincre la mort. Qu'il s'agisse d'Orphée qui descend aux Enfers afin de ramener sa tendre Eurydice, de la résurrection d'Osiris dans la mythologie égyptienne ou du Christ dont le trépas n'excède pas trois jours, tous ces personnages rassurent l'homme sur la possibilité d'échapper à l'échéance fatale.

Les revenants sont aussi la preuve que la mort n'est qu'un passage vers une autre forme d'existence, mais cette immortalité s'inscrit en marge de celle promise par les religions. Par conséquent, les esprits sont des âmes en peine à qui est refusé l'accès à un monde céleste où sont réunis les disparus. Pour les vivants, le revenant suscite certes l'effroi mais, quand il s'agit du fantôme d'un proche, le sentiment se

---

1. Voir les lignes 374 à 377 de l'extrait du roman *Dracula*, aux pages 144 et 145.

révèle souvent plus ambigu. En manifestant sa présence auprès de ceux qui le pleurent, l'esprit du défunt apporte un réconfort relatif, dont le degré varie en fonction de son interaction avec les vivants. À ce titre, le vampire occupe une place de choix parmi les créatures d'outre-tombe. Contrairement au fantôme intangible, il bénéficie d'une matérialité qui permet le contact physique. Alors que le zombie ne garde aucune trace de son humanité passée et que sa décomposition avancée le rend repoussant, le vampire moderne conserve l'aspect qu'il avait de son vivant, à quelques détails près. Il demeure un être doué de raison et, parfois même, de sentiments. Il représente ainsi le mort dangereux certes mais, au premier abord, il semble la résurrection parfaite de l'être aimé.

Quand nous regardons un proche dans un cercueil, nous avons l'impression de voir un individu qui nous est à la fois familier et étranger. Bien sûr, ce sentiment paradoxal est dicté par plusieurs facteurs — dont le maquillage de la dépouille — mais c'est principalement la conscience d'être en présence d'un cadavre qui crée cette altérité dans l'esprit de celui qui le regarde. Par contre, dès qu'apparaissent les premiers signes de décomposition, spectacle qui est heureusement épargné à la majorité, le trépassé devient progressivement un inconnu, un être qui s'éloigne de l'image que nous avions de lui de son vivant.

Étant préservé de cette décrépitude de la chair, le vampire, contrairement au zombie, nous semble par conséquent plus humain, du moins sur le plan de l'aspect physique. Bien sûr, il doit se nourrir de sang pour «vivre» mais, dès l'instant où il peut contrôler ses instincts nourriciers avec un substitut analeptique[1] (à l'instar de l'héroïne de bande dessinée *Vampirella* ou encore des vampires côtoyant les humains dans *True Blood*), le vampire devient alors un être dont la vie est une promesse d'éternité. De plus, il se distingue des autres créatures des ténèbres par plusieurs pouvoirs qui lui confèrent une puissance redoutable. Dans *Dracula*, le professeur Van Helsing dresse d'ailleurs l'inventaire des aptitudes surhumaines du vampire. En d'autres mots, il est peut être tentant de se laisser transformer en une telle créature.

C'est sans doute pour toutes ces raisons que la croyance aux vampires a déjà, à tort ou à raison, été perçue comme une hérésie potentielle pour

---

1. Analeptique : qui redonne force et vigueur.

certaines religions. Leur promesse de vie éternelle ne préserve en rien le cadavre du fidèle de la décomposition. Bien sûr, la Bible cite des épisodes où Jésus ressuscite des morts, comme Lazare, et le christianisme (et de manière moins évidente le judaïsme et l'islam) promet la résurrection de la chair lors du Jugement dernier (où l'âme et le corps seront jugés indistinctement), mais cette perspective repose sur une échéance inconnue, une éventualité qui n'est probablement pas imminente. Et quand la religion chrétienne proclame que l'âme survit à la mort physique, les philosophes matérialistes répondent, depuis le xviiie siècle, que celle-ci forme un tout indissociable avec le corps[1]. Selon eux, l'âme ou l'esprit ne constitue qu'un rouage de la machine humaine, localisé dans le cerveau, qui explique notre faculté de raisonner et de goûter aux sensations et aux émotions. Si le corps meurt, l'âme en fera autant. L'immortalité passe donc par la préservation du corps et de sa mécanique complexe. Le vampirisme permet une telle survie, d'où l'irrésistible attrait que peut exercer sa condition sur les simples mortels.

Ce n'est donc pas un hasard si l'Église a essayé de reléguer le vampirisme au rang de simples superstitions[2], elle qui admettait pourtant l'existence des fantômes, des démons et des sorcières. La reconnaissance officielle des vampires aurait représenté une menace séditieuse pour elle. Selon le dogme chrétien, seul Dieu peut ressusciter les morts et dom Calmet, dans son fameux traité, insiste sur cette prérogative divine :

> Je pose d'abord pour principe indubitable que la résurrection d'un mort vraiment mort est l'effet de la seule puissance de Dieu. Nul homme ne peut se ressusciter ni rendre la vie à un autre homme sans un miracle visible[3].

Mais le vampire, lui, n'a pas besoin d'attendre le Jugement dernier ou de s'en remettre à Dieu pour revenir d'entre les morts. Il échappe à la corruption de la chair et retourne auprès des siens. On peut sans peine imaginer la joie de la mère qui ouvre imprudemment la porte à son fils dans *La Famille du Vourdalak*. Elle est certes vampirisée à son tour, mais ne

---

1. Pour étudier le thème du vampire selon certaines approches philosophiques, voir la page 243 de la section « Plongée dans l'œuvre ».
2. Le pape Benoît XIV a notamment condamné la croyance aux vampires.
3. Dom Augustin Calmet, *op. cit.*, p. 4.

rejoint-elle pas ainsi son cher petit garçon pour l'éternité ? Vaut-il mieux être réuni dans la mort avec celui qu'on chérit ou passer le reste de sa vie à pleurer sa perte ? N'est-ce pas ce même désir d'arracher l'être aimé au trépas qui a incité, consciemment ou non, l'auteure Anne Rice à ressusciter sous forme romanesque sa fille Michele, décédée de leucémie à cinq ans, sous les traits de Claudia, la petite fille vampire d'*Entretien avec un vampire* ? Avec le vampire, la survie du corps et de l'âme est assurée.

Par ailleurs, dans la tradition cinématographique et celle de la bande dessinée, le corps du vampire, même réduit en poussière une fois percé d'un pieu, peut se régénérer au contact du sang ou tout simplement si le pieu est retiré. Une telle résurrection n'est pas sans évoquer la vision du prophète Ézéchiel qui voit les morts se reconstituer en décrivant que leur chair repousse sur les os, puis les nerfs sur la peau (Ézéchiel, 37, 1-14). En accomplissant pareille prouesse, le vampire devient un sérieux usurpateur du pouvoir divin. De nos jours, il est sans doute plus que jamais une représentation fantasmatique de notre désir d'immortalité et un substitut imaginaire aux promesses réconfortantes des religions.

La peur des objets sacrés : un réflexe conditionné

L'aversion des symboles religieux, éprouvée pas les vampires de jadis, est expliquée de manière fort originale par le héros de *Je suis une légende* de Richard Matheson. Il en vient à la conclusion que la croix, par exemple, n'a aucune raison d'effrayer un vampire qui a été juif, hindou, musulman ou athée[1]. Il raconte même être parvenu à repousser son voisin, juif de confession, non pas avec une croix mais avec la Torah :

> Ainsi, comme vous le voyez, la croix n'a pas le pouvoir que lui attribue la légende. Le fait que cette légende soit née en Europe, un continent marqué par une prédominance catholique, explique selon moi que la croix soit devenue le symbole de la lutte contre les puissances des ténèbres[2].

Le pouvoir protecteur de la religion à l'égard des vampires découlerait en fait de la peur de la damnation éternelle qu'on leur inculquait de leur vivant. Voyant en l'épidémie de vampirisme une manifestation

---

1. Richard Matheson, *op. cit.*, p. 178.

2. *Ibid.*, p. 185-186.

de la colère divine, les éventuelles victimes de toutes obédiences confondues ont entretenu une crainte obsessionnelle d'un châtiment infligé par leur Dieu, au point d'en voir leur raison irrémédiablement affectée. Le Dieu vénéré par le fidèle devient le dieu vindicatif pour le damné. Dès lors, une fois le croyant transformé en vampire, toutes les représentations relatives à son ancienne foi se muent en objets de peur et de répulsion. En suivant l'explication psychologique du personnage de Matheson, on se rend compte que les résidus inconscients d'une trop grande ferveur religieuse, voire d'un certain fanatisme, constitue l'une des faiblesses du vampire.

Dans la société d'aujourd'hui, nul doute que les revenants qui étaient de leur vivant des chrétiens évangéliques seraient littéralement mis en déroute par le crucifix et qu'il suffirait de brandir le Coran pour échapper aux vampires islamistes. Il faut donc croire que le suceur de sang athée ou agnostique jouit d'un avantage appréciable sur ses congénères qui étaient trop dévots durant leur vie de mortels.

Dante et Virgile, William Bouguereau, 1850.

Dans *La Divine Comédie*, l'écrivain italien Dante Alighieri et le poète romain Virgile assistent au combat féroce entre deux rivaux alors qu'ils visitent les différents cercles de l'Enfer.

PLONGÉE DANS L'ŒUVRE

QUESTIONS SUR LES ŒUVRES

Dom Calmet – *Dissertation sur les revenants* (p. 5-11)

COMPRÉHENSION

1. Dans la préface, dom Calmet prédit que son ouvrage fera certainement l'objet de critiques de part et d'autre. Quels sont les deux types de lecteurs qui pourraient lui adresser des reproches ? Analysez ce phénomène en sachant que l'œuvre est publiée en 1746, en France.

2. Pour quelle raison le fait de savoir si les vampires existent ou non peut-il être important pour ceux qui adhèrent à la foi catholique ?

3. Quelles peuvent être les « très dangereuses suites » dont parle dom Calmet aux lignes 27 et 28 ?

4. Quelle est l'utilité, pour le lecteur, de voir défiler autant de noms, de titres et de lieux aux lignes 29 à 32 ?

5. Comparez la scène 5 de l'acte III de la pièce de Molière, *Dom Juan ou le Festin de pierre* (1665), et le passage des lignes 29 à 37. Quelle déduction pouvez-vous faire ?

6. Quelle est la particularité du « berger-vampire » (lignes 74 à 89) ?

7. Quelles sont les preuves de vampirisme reconnues par le système judiciaire du XVIIIᵉ siècle ?

ÉCRITURE

8. Même s'il écrit un essai, une dissertation qui se veut objective, l'auteur emploie certains effets rhétoriques pour étayer son argumentation. Repérez les principales figures de style et expliquez-les dans le contexte.

9. Expliquez le sens des termes « témérité » et « présomption » (ligne 18) ainsi que le sens de l'expression « les avoir révoqués en doute » (ligne 19) dans ce contexte particulier.

10. Quel procédé rhétorique permet à l'auteur d'employer l'unique nom « Rome » à la ligne 40 ? Quel effet est ainsi produit ?

11. Quelle importance revêt l'emploi du verbe « munir » dans l'expression « munie de tous ses sacrements » (lignes 52 et 53) ?

12. Que signifie « raisonne beaucoup sur le fait et sur le droit » (ligne 69) ?

13. Expliquez pourquoi la double comparaison des lignes 64 à 66 est paradoxale.

ENQUÊTE SUR INTERNET

14. Le livre *Magia Posthuma* est-il réel ou fictif ? Pourquoi ? Quel objectif poursuit dom Calmet en citant un autre auteur à propos des cas de vampirisme ?

ENQUÊTE CULTURELLE

15. En cherchant dans des volumes de contes et légendes du Québec ou de l'Europe, trouvez des récits où des créatures surnaturelles (lutins ou feux follets, par exemple) malmènent certains animaux. Que pouvons-nous conclure de ces analogies évidentes ?

Goethe – *La Fiancée de Corinthe* (p. 13-18)

COMPRÉHENSION

1. À quelle époque se situe l'histoire narrée dans le poème ? Quels sont les indices qui nous en informent ?

2. Pourquoi le jeune Athénien se considère-t-il comme moins respectable que la famille de Corinthe (vers 1 à 12) ?

3. Selon lui, pour quelle raison l'amour et la religion ne font-ils pas bon ménage (vers 9 à 12) ?

4. Relevez tous les termes qui décrivent la « fiancée » de Corinthe. Quel portrait peut-on faire d'elle ?

5. Quels sont les indices, dans le poème, qui suggèrent que la jeune fille est morte ?

6. Quelles sont les deux explications possibles pour comprendre le sens des vers 44 à 48 ? S'éclairent-ils à la lecture des vers 135 à 138 ?

7. Dans le neuvième sizain[1], pourquoi la jeune fille parle-t-elle du christianisme en des termes aussi péjoratifs ?

---

1. Sizain : strophe de six vers.

8. Relevez toutes les références à la religion païenne du jeune homme. Quand arrête-t-il de les employer ?

9. Que symbolise l'échange mutuel de cadeaux (vers 73 à 78) ? Quel impact aura-t-il dans la finale de l'œuvre ?

10. Pourquoi la jeune fille refuse-t-elle toute étreinte du jeune homme (vers 87 à 90) ?

11. Quelle caractéristique des vampires apparaît clairement aux vers 130 à 132 ? Quel changement s'opère alors chez la jeune fille ?

ÉCRITURE

12. Dressez le champ lexical de l'érotisme aux vers 85 à 120.

13. Repérez les nombreuses figures d'opposition aux vers 103 à 108. Pourquoi le moment est-il bien choisi pour utiliser des oxymores et des antithèses ?

14. Pourquoi le mot « Dieu » est-il au singulier aux vers 47, 52, 91, 126 et 149, alors qu'il est au pluriel aux vers 42, 49, 71 et 168 ?

15. Analysez la narration dans le poème et expliquez-en les effets les plus évocateurs. Parfois, le poète cède la parole aux personnages du récit : le jeune homme, la jeune fille-vampire et sa mère. À quoi cette façon de faire vous fait-elle penser ?

Lord Byron – *Le Giaour* (p. 21-22)

COMPRÉHENSION

1. Ce poème traduit toute la haine ressentie par le Turc pour le Chrétien. Repérez-en toutes les manifestations dans l'extrait proposé, autant dans la forme[1] que dans le fond (idées).

2. Quels vers mettent en évidence l'impuissance du Giaour devant cette malédiction proférée par le Turc ?

3. Pourquoi, dans les circonstances, la plus jeune des enfants reconnaît-elle tout de même son père ?

4. Expliquez l'importance des thèmes du regard (vers 29 à 32) et de la chevelure (vers 33 à 38).

---

1. La forme d'un texte poétique comprend l'étude de nombreux éléments : sa structure, dans l'ensemble et dans ses parties, sa tonalité ou son rythme, de même que ses procédés stylistiques, par exemple.

ÉCRITURE

5. Relevez toutes les occurrences du futur et expliquez les différents effets que ce temps de verbe produit dans le texte.

6. Quelle image est choisie par le poète pour traduire l'intensité de la douleur qu'endurera le Giaour ?

7. Que signifie l'expression « enfer du cœur » (vers 10) ?

8. Dressez les champs lexicaux de la violence, de la souffrance et de la mort. Ces termes renvoient-ils à la notion de vampire ? Pourquoi ?

9. Précisez le sens des vers 39 et 40.

10. Les vers 42 à 44 cachent-ils une hyperbole ? Expliquez votre réponse.

Nodier – *Le Vampire, mélodrame en trois actes* (p. 24-31)

COMPRÉHENSION

1. Dans la description du décor, relevez les termes spécifiques à l'univers gothique.

2. En quoi la sœur d'Aubray, Malvina, correspond-elle au profil des victimes du vampire aristocratique ?

3. Dans le prologue, quel rôle joue l'ange de la lune, Oscar, et le génie des mariages, Ituriel ?

4. Selon Oscar, qui sont les deux types de victimes préférés des vampires ?

5. Quels sont les traits de personnalité donnés à lord Rutwen dans cette version de Nodier ?

6. Comparez la finale de ce mélodrame de Nodier avec celle du *Dom Juan* de Molière (Acte V, scène 6).

ÉCRITURE

7. Pour quelle raison la « naissance » des vampires repose-t-elle sur un paradoxe (lignes 44 à 53) ? Quel oxymore l'illustre bien ?

8. Quelle anaphore traduit l'immortalité de Lord Rutwen ?

9. Quelle phrase explique ce qu'est le « néant » ?

10. Expliquez les effets produits par les parallélismes aux lignes 103, 125 et 126.

Hoffmann – *La Femme vampire* (p. 33-37)

Compréhension

1. Pourquoi le bonheur d'Aurélia serait-il chimérique selon sa propre mère ?

2. La nature exacte de la mère et de la fille demeure un mystère. Quelles hypothèses suggèrent les lignes 9 à 14 ? Quels termes apparaissent comme les clés de compréhension du texte ?

3. Quels sont les symptômes de l'étrange maladie d'Aurélia (lignes 27 et 28) ?

4. Le comte Hypolite demande conseil à un médecin. Quel est le diagnostic de celui-ci ? Il suffit de comprendre la métaphore de la ligne 42.

5. Quelle preuve scientifique pourrait bien expliquer l'état d'Aurélia, aux lignes 66 à 79 ?

6. Quel événement constitue un moment décisif dans le déroulement du récit ?

7. Quel subterfuge employait la jeune comtesse pour tromper son mari ?

8. À quelle image renvoie la description des lignes 121 à 126 ?

9. Pourquoi Aurélia dort-elle d'un « sommeil doux et paisible » à ce moment-là (ligne 133) ?

Écriture

10. Aux lignes 15 à 25, quelles expressions préfigurent le dénouement tragique et surnaturel du récit ?

11. Le narrateur omniscient sait déjà tout de l'histoire, du début à la fin. Quels sont les indices dans le texte qui le prouvent ?

12. Expliquez le sens des lignes 99 et 100.

13. Quels sont les deux termes habituellement contraires qui sont rapprochés ici (lignes 150 et 151), créant une certaine répugnance ?

14. Que signifie l'emploi de caractéristiques animales pour décrire Aurélia (lignes 126 et 154) ?

15. Quel verbe utilise le narrateur pour résumer à lui seul le combat ultime opposant le comte à son épouse ?

ATELIER DE CRÉATION

16. Décrivez en plusieurs phrases tout ce que ce verbe (*voir la question 15*), employé par Hoffmann, peut sous-entendre.

Mérimée – *Cara-Ali, le vampire* (p. 39-41)

COMPRÉHENSION

1. Qui est Cara-Ali pour Basile Kaïmis, au tout début du récit ?
2. Quel portrait de la femme brosse ici Mérimée ? Quels extraits contribuent à en dresser le portrait ?
3. Pourquoi le poète traite-t-il Cara-Ali d'« infidèle » (ligne 12) ?
4. Pour quelle raison Basile Kaïmis veut-il tuer sa femme ?
5. Analysez l'importance du choc des religions dans la thématique du vampire chez Mérimée.
6. Expliquez l'importance de la précision apportée au chapitre xxiv dans le contexte.

ÉCRITURE

7. Analysez les temps de verbe dans le poème. Quelles conclusions pouvez-vous en tirer ?
8. Expliquez l'euphémisme de la ligne 9.
9. Quel effet crée l'intrusion du narrateur au chapitre viii ?
10. Quelle expression décrit Cara-Ali le vampire, une fois qu'il a été tué ?

Mérimée – *Constantin Yacoubovich* (p. 42-44)

COMPRÉHENSION

1. Analysez le choix du titre du poème. Pourquoi Mérimée l'a-t-il choisi ?
2. Quelle phrase prononcée par l'étranger annonce son état de vampire ?
3. Quel rôle le vieil ermite joue-t-il ?
4. Quels sont les pouvoirs du vampire ?
5. Pourquoi ne meurt-il pas lorsqu'il est transpercé par un pieu ?
6. Pourquoi le romarin produit-il un effet sur le vampire ?

7. Qu'est-ce qui prouve que la famille de Constantin et l'ermite sont bien chrétiens?
8. Analysez toutes les étapes qui mènent à la destruction du vampire. Qu'en déduisez-vous?
9. Selon vous, pourquoi le vieil ermite doit-il conjurer le vampire trois fois avant de pouvoir s'en débarrasser?

ÉCRITURE

10. Repérez et expliquez les principales figures de style employées par Mérimée ici.

Gautier – *La Morte amoureuse* (p. 46-77)

COMPRÉHENSION

1. Quel mot-clé est à l'origine du problème vécu par le prêtre (ligne 9)?
2. En quoi le passage des lignes 19 à 25 constitue-t-il une preuve que la liaison du prêtre avec Clarimonde était bien réelle? Est-ce que cela prouve qu'elle était une vampire? Pourquoi?
3. Comment est-il possible que Romuald ne connaisse pas le monde ni d'autres femmes que sa mère (lignes 36 à 40)?
4. Analysez l'état d'esprit du futur prêtre, aux lignes 41 à 55. Que constatez-vous?
5. Le portrait de Clarimonde, esquissé par Romuald, laisse entrevoir une femme d'une beauté saisissante. Quelles sont les caractéristiques qui évoquent la perfection de ses traits humains? Et quelles sont celles qui laissent présager sa nature surnaturelle?
6. Pourquoi Romuald s'extasie-t-il encore sur la beauté de Clarimonde (ligne 79) en se remémorant cet événement à l'âge de 66 ans, et ce, même après avoir appris la vérité à son sujet?
7. Malgré son attirance soudaine pour la jeune femme dans l'assistance (lignes 118 à 138), Romuald ne renonce pas à devenir prêtre. Pourquoi? Quelles images choisit-il pour expliquer sa décision?
8. Quel sentiment Romuald exprime-t-il dans l'expression: « C'en était fait, j'étais prêtre » (ligne 171)?
9. À quel personnage de la mythologie grecque l'image choisie par Romuald peut-elle se référer (lignes 182 à 185)?

10. Pour quelle raison la chambre funèbre de Clarimonde paraît-elle devenir, pour Romuald, une chambre nuptiale ?

11. Que signifie l'expression : « les tombeaux ne sont pas toujours fidèles » (ligne 628) ?

12. Expliquez l'allusion mythologique des lignes 785 à 788.

13. Précisez le sens du terme « spadassins » dans le contexte (ligne 831).

14. Comment Romuald réagit-il lorsqu'il découvre que Clarimonde est un vampire (lignes 916 à 939) ?

15. Analysez le rituel d'exorcisme pratiqué sur le tombeau de Clarimonde (lignes 963 à 999).

16. Quels sont les passages qui évoquent la double vie menée par Romuald ?

17. Quels extraits de la nouvelle renvoient au caractère surnaturel du récit ?

18. Quels sont les sentiments qui tiraillent Romuald le prêtre ? Illustrez votre réponse en donnant des preuves tirées du texte.

19. Recensez tous les passages évoquant l'amour-passion vécu par Clarimonde et Romuald. En quoi ce couple fictif peut-il bien représenter l'amour au temps du romantisme ?

20. Que reproche Clarimonde au « Dieu » de Romuald ?

21. Dans cette nouvelle, Théophile Gautier fait habilement de Romuald le vampire vêtu de noir, isolé et voué à une triste vie. Quels sont les passages qui le prouvent ?

22. Quelles expressions sont caractéristiques de la tonalité fantastique ?

23. Repérez toutes les preuves, dans le texte, de la nature vampirique de Clarimonde. Analysez-les du point de vue de la narration.

24. Décrivez le rôle de l'abbé Sérapion et analysez ses paroles ainsi que les actes qu'il pose.

25. Quels sont les éléments du récit (personnages, décors, descriptions) qui sont empruntés au roman gothique ?

ÉCRITURE

26. Expliquez l'emploi de la métaphore : « remuer la cendre de ce souvenir » (lignes 2 et 3).

27. Analysez l'effet créé par la gradation se trouvant aux lignes 7 à 9.

28. Que suggère le narrateur par l'emploi de la répétition et des points d'exclamation dans l'expression : « Ah ! Quelles nuits ! Quelles nuits ! » (ligne 28) ?

29. Analysez le discours muet de Clarimonde, aux lignes 152 à 162. Soyez attentif aux figures de style (relevez-en au moins trois). Ces paroles sont-elles bien de Clarimonde ou de Romuald?

30. Expliquez l'hyperbole des lignes 168 à 170.

31. L'abbé Sérapion met en garde Romuald contre les changements qui semblent l'accabler (lignes 274 à 287). Quelle métaphore filée[1] emploie-t-il pour encourager le nouveau prêtre?

32. Quelle importance revêt la gradation des lignes 617 et 618 pour la suite du récit?

33. Expliquez la métonymie suivante: «toucher le Christ» (ligne 931).

34. Repérez dans la nouvelle toutes les oppositions liées au combat du Bien contre le Mal (personnages, expressions, figures de rhétorique, etc.) et analysez-les brièvement.

35. Analysez les temps de verbe de la nouvelle. Quelles conclusions pouvez-vous tirer de cet examen?

36. L'auteur emploie bon nombre de figures de style par l'entremise de son narrateur. Relevez dans le texte les plus évocatrices et montrez en quoi elles contribuent à créer une écriture éminemment romantique.

TEMPS ET NARRATION

37. Qui est le narrateur et à qui s'adresse-t-il?

38. La description de la Clarimonde morte (lignes 517 à 535) s'oppose-t-elle au portrait que le narrateur fait d'elle lors de son ordination (lignes 79 à 112)? Expliquez votre point de vue en l'étayant par des preuves trouvées dans le texte.

39. Relevez dans la nouvelle les principales marques d'énonciation[2] et expliquez-en les effets. Que permet la narration à la première personne ici?

40. Établissez une ligne du temps en y situant les différents événements du récit, rapportés par le narrateur.

---

1. Métaphore filée: suite de métaphores ayant pour sujet le même thème.
2. Ce sont les indices qui révèlent qui «parle» dans le texte. Il peut s'agir de pronoms (je – tu – nous – vous), d'adverbes, d'adjectifs et même de signes de ponctuation qui trahissent la présence du narrateur dans le récit.

Tolstoï – *La Famille du Vourdalak* (p. 79-107)

COMPRÉHENSION

1. Le contexte politique du récit semble authentique. Pourquoi est-ce important dans un texte fantastique ?
2. Expliquez la référence historique des lignes 4 à 9.
3. À quelle figure traditionnelle le marquis d'Urfé ressemble-t-il dans cette rencontre aristocratique ?
4. Quel est le métier du marquis ?
5. Quelle est l'importance du cadeau donné par la duchesse de Gramont (lignes 70 à 76) dans la finale du récit ?
6. Pour quelle raison le marquis d'Urfé voudrait-il taire le nom du village où ces événements étranges ont eu lieu (ligne 87) ?
7. Quels sont les membres de la famille serbe chez qui réside le narrateur ?
8. Quelle est la différence entre un vampire et un vourdalak ?
9. Qu'est-ce qui, *a priori,* a provoqué l'arrivée de Gorcha le dixième jour ?
10. Sur quoi repose le suspense — à savoir s'il est devenu vampire ou non ?
11. En quoi le commentaire de la femme de Georges, aux lignes 240 et 241, est-il si important pour le lecteur ?
12. Quel double sens peut suggérer Gorcha, à la ligne 264 ?
13. Pourquoi la femme de Georges n'est-elle jamais désignée par son prénom ?
14. En quoi l'attirance du héros pour la jeune Serbe est-elle importante pour la suite des événements ?
15. Quels rôles la chanson fredonnée par Sdenka joue-t-elle ici (lignes 491 à 507) ?
16. De quel nom Georges affuble-t-il son père lorsqu'il le soupçonne d'être devenu un vourdalak ?
17. Que nous apprend le passage des lignes 802 à 811 sur le siècle des Lumières en France ?
18. Pourquoi Tolstoï se plaît-il à intégrer dans son texte de fiction autant de noms de personnes réelles ?
19. Sous quel jour sont présentés les Turcs dans cette nouvelle ?

20. Relevez tous les indices dans le texte qui peuvent révéler la nature surnaturelle du vieux père.

21. Dans un tableau, indiquez, pour chacun des événements étranges (fantastiques), son explication rationnelle et son explication surnaturelle.

22. Analysez le rôle des symboles religieux dans cette nouvelle.

ÉCRITURE

23. Quelle phrase révèle que le marquis pourrait facilement tomber amoureux de Sdenka dans l'extrait des lignes 138 à 155 ?

24. Analysez les conversations en miroir entre le marquis et Sdenka. Montrez comment la composition de ce dialogue et le renversement des rôles dans une situation amoureuse (lignes 508 à 541) et dans une situation tragique (lignes 773 à 782, 829 à 845 et 925 à 931) se révèlent ingénieux.

25. Comment pouvez-vous qualifier le style d'écriture de Tolstoï, comparativement aux auteurs français de ce recueil ?

26. Pourquoi les principales figures stylistiques se retrouvent-elles à la fin du récit ?

TEMPS ET NARRATION

27. À quelle ligne commence la narration du marquis d'Urfé ?

28. Établissez le schéma de la narration en relevant toutes les marques d'énonciation. Le lecteur peut-il parfois oublier qu'il lit le récit oral d'un invité au château de Schwarzenberg ? Pourquoi ?

29. Consignez dans une ligne du temps tous les éléments disséminés dans le texte qui permettent d'en suivre l'évolution.

30. Même s'il s'agit d'un récit au « je », le narrateur dispose de nombreux renseignements qui ne le concernent pas nécessairement. Comment est-ce possible ?

Dumas – *Histoire de la dame pâle* (p. 109-117)

COMPRÉHENSION

1. Lequel des deux frères est le vampire ? Quel rôle l'autre frère joue-t-il dans ce cas ?

2. Relevez toutes les preuves dans le texte qui illustrent le pouvoir de la foi et de ses symboles sur les manifestations du Mal.

3. Déterminez toutes les étapes menant à l'ultime défaite du vampire et analysez le processus mis en place par Alexandre Dumas.

4. Analysez la description du vampire aux lignes 133 et 134.

5. Expliquez le fait que la narratrice puisse tout comprendre des paroles du vampire, et ce, même s'il s'exprime dans une langue qu'elle ne connaît pas (lignes 143 et 144).

6. Pourquoi Grégoriska était-il destiné à mourir ?

7. Comment la mère des deux frères explique-t-elle la malédiction qui pèse sur sa famille, les Brankovan ?

8. Quels indices laissent sous-entendre que cette famille est d'origine noble ?

9. Comment peut-on expliquer le fait qu'il existe des pays où ces événements inusités n'arrivent jamais ?

10. Quelle trace la narratrice a-t-elle conservée de cette sinistre aventure ?

ÉCRITURE

11. Relevez tous les passages évoquant le surnaturel dans cette lutte fratricide. Montrez comment l'écriture de Dumas est presque cinématographique.

12. Quelle phrase employée par Grégoriska laisse présager la finale du récit ?

13. Par quelles expressions le père Bazile évoque-t-il les vampires ?

14. Commentez l'emploi des figures d'opposition dans la finale du récit.

NARRATION

15. Comment se prénomme la narratrice ? Pourquoi est-ce elle qui raconte cette histoire ?

Baudelaire – *Les Métamorphoses du vampire* (p. 119)

COMPRÉHENSION

1. Quels sont les actes posés par cette femme, qui traduisent une attitude de séductrice ?

2. Son discours révèle les traits de sa personnalité. Quels sont-ils ?

3. Donnez un synonyme du verbe « savoir » (vers 5).

4. Expliquez l'expression « perdre [...] l'antique conscience » (vers 6).

5. Que sous-entend le vers 8?
6. Qui interpelle la femme au vers 11?
7. Expliquez le double sens du verbe « étouffer » au vers 12.
8. Que signifie le vers 13?
9. Pourquoi la femme se présente-t-elle sous deux visages au vers 14?
10. Pourquoi les anges se révèlent-ils « impuissants » ici (vers 16)?
11. Examinez la forme du poème. Quelles constatations faites-vous?
12. Résumez en quelques phrases chacune des deux strophes. Que remarquez-vous?
13. Qu'est-ce qui déclenche la métamorphose de la femme en vampire?
14. À quel organe du corps une « outre » (vers 20) correspond-elle symboliquement?
15. Dans la seconde strophe, quels sont les deux termes qui décrivent presque successivement les deux états de la femme?
16. Que se passe-t-il entre les deux strophes, c'est-à-dire entre les vers 16 et 17?

ÉCRITURE

17. Baudelaire compare implicitement la bouche de cette femme à une fraise (vers 1). Quelles sont les caractéristiques du fruit qui peuvent y être associées?
18. Quelle comparaison évoque la nature mystérieuse de la femme, au début du poème?
19. Quel effet la gradation du vers 10 crée-t-elle?
20. En quoi les vers 9 et 10 s'opposent-ils au vers 20? Expliquez cette transformation.
21. Nommez et expliquez dans le contexte la figure de style utilisée au vers 15.
22. Quel adverbe le poète emploie-t-il pour traduire son désir pour cette femme?
23. Pourquoi le poète associe-t-il l'adjectif « froide » à « épouvante » (vers 21)?
24. Quel effet l'enjambement des vers 19 et 20 crée-t-il?
25. Quels sont les principaux champs lexicaux figurant dans le poème?

Le Fanu – *Carmilla* (p. 121-132)

EXTRAIT 1 – UNE ATTIRANCE INQUIÉTANTE
COMPRÉHENSION

1. La narratrice ressent des émotions très partagées à l'égard de Carmilla : entre «l'adoration» et «[l']horreur», précise-t-elle aux lignes 48 et 49. Dressez la liste de toutes les expressions qui en témoignent dans cet extrait et dites pourquoi l'extrait 4 éclaire l'origine de ces sentiments étranges chez la narratrice.

2. Quelle phrase, vers la fin de l'extrait, pourrait prouver que Carmilla est vraiment amoureuse de Laura? Est-il possible que les caresses et les baisers qu'elles s'échangent soient autre chose que les manifestations d'une relation passionnelle?

ÉCRITURE

3. Quel type de vocabulaire la narratrice emploie-t-elle, aux lignes 1 à 19, lorsqu'elle cherche à en savoir davantage sur son invitée? Relevez tous les noms et les verbes associés au désir de percer son mystère et montrez en quoi ils s'opposent à ceux associés à l'attitude fermée de Carmilla.

4. Analysez le discours de Carmilla aux lignes 23 à 32. Relevez particulièrement toutes les oppositions et les champs lexicaux qui font apparaître un paradoxe évident, fondé sur les liens étroits qu'entretiennent l'amour, la souffrance et la mort.

NARRATION

5. La narration au «je» aide le lecteur à croire aux événements qui sont rapportés ici. Quel passage révèle que la narratrice est un témoin direct dans cette histoire? Par conséquent, à quel genre ce récit s'apparente-t-il?

EXTRAIT 2 – UN INVITÉ CLAIRVOYANT
COMPRÉHENSION

1. Pourquoi la salamandre et la mandragore sont-elles qualifiées de «monstres» (ligne 82) par Laura?

2. Pourquoi le chien du bossu agit-il de la sorte ?

3. Expliquez ce qui prouve que « l'amulette contre l'oupire » (lignes 107 et 108), présentée par le bossu, n'a pas de véritable pouvoir.

4. Pourquoi les commentaires du dentiste ambulant déplaisent-ils à Carmilla (lignes 121 à 141) ? Comment est-il possible qu'il ait été le seul à remarquer les dents spéciales de la jeune invitée du château ?

5. En quoi l'attitude de Carmilla est-elle exagérée, aux lignes 136 à 139 ?

6. Quelle croyance oppose le père de Laura à Carmilla (lignes 146 à 204) ?

ÉCRITURE

7. Quels termes Carmilla utilise-t-elle pour décrire le vendeur ?

8. Carmilla compare les étapes de la vie à celles d'une chenille qui devient papillon (lignes 199 à 201). Analysez cette analogie en fonction du vampirisme.

ENQUÊTE SUR INTERNET

9. Qu'est-ce qu'une « lanterne magique » (lignes 80 et 81) ? Quelle utilité pouvait-elle avoir pour le vendeur itinérant ?

ENQUÊTE INTERTEXTUELLE

10. En quoi les théories évolutives du comte de Buffon sont-elles applicables au vampirisme ?

EXTRAIT 3 – LA MÉTAMORPHOSE

COMPRÉHENSION

1. Quelle est la vraie raison pour laquelle Carmilla ferme sa porte à clé ?

2. Pourquoi l'excuse qu'elle donne aux habitants du château peut-elle sembler absurde ?

3. Comment peut-on expliquer le fait que Laura souhaite dormir toutes les nuits à la lueur d'une chandelle (lignes 212 à 213) ?

4. Précisez ici le sens de « fortifiée » (ligne 214).

5. Comment peut-on expliquer que l'animal retrouve momentanément sa forme humaine ?

6. Quelles sont les caractéristiques typiques du vampire figurant dans cet extrait ?

ÉCRITURE

7. Montrez que la description que Laura fait de son rêve paraît confuse. Notez particulièrement l'effet créé par l'emploi fréquent de verbes d'état : « sembler », « voir », « paraître », etc.

8. Quel adjectif met en évidence le fait que l'animal n'est pas amical ?

9. Que représentent les deux « aiguilles » qui piquent la narratrice à la gorge ?

10. Pourquoi le récit de Laura est-il autant imprégné de sentiments et d'impressions ? Quelles comparaisons le prouvent ?

EXTRAIT 4 – UNE SENTENCE MÉRITÉE

COMPRÉHENSION

1. Comment les morts peuvent-ils légalement être « reconnus coupables de vampirisme » (lignes 264 et 265) ? En quoi est-ce paradoxal ?

2. Quels sont les actes à poser pour mettre à mort véritablement un vampire ?

3. Précisez le sens de l'expression « vie empruntée » (ligne 270) dans le contexte.

4. Selon vous, pourquoi le vampire a-t-il besoin de son suaire pour retourner à son tombeau ?

5. Pourquoi le général semble-t-il remercier le ciel lorsqu'il découvre la tombe de Mircalla, la comtesse de Karnstein (lignes 302 à 304) ?

6. Pourrait-on affirmer que le vampire est un être biologiquement vivant dans cet exemple (lignes 310 à 319) ?

7. Combien trouve-t-on de preuves de vampirisme sur le corps de Mircalla, alias Carmilla ? Quelles sont-elles ?

8. Quelles sont toutes les précautions qui sont prises pour empêcher le retour des vampires ?

ÉCRITURE

9. Expliquez le sens connoté[1] du verbe « tourmenter » (ligne 279).

10. Formez le champ lexical de la justice et dites en quoi ces termes sont directement associés au vampirisme.

---

1. Le sens connoté d'un mot correspond de manière générale à son sens figuré. Il comprend tous les sous-entendus que l'on peut donner à une expression. Il s'oppose donc au sens dénoté du terme qui renvoie à sa définition première, celle que donne le dictionnaire.

Stoker – *Dracula* (p. 134-147)

COMPRÉHENSION

1. À quels moments le texte présente-t-il Van Helsing comme le chef de la bande improvisée ?

2. Pourquoi les victimes de Lucy sont-elles des enfants ? Ce faisant, à quel monstre de la mythologie grecque s'apparente-t-elle ? (*voir la présentation du thème à la page 150*)

3. Comment Van Helsing appelle-t-il les vampires ?

4. Qu'est-ce qu'une hostie ? Pourquoi le Dr Seward précise-t-il que c'est « la chose la plus sacrée » (lignes 107 et 108) ?

5. Pourquoi le noir est-il de mise dans ce contexte (lignes 251 à 254) ?

6. Précisez le sens de l'expression « corps sensuel » à la ligne 286.

7. Quelles preuves tirées du texte soutiennent l'idée que les vampires pourraient devenir une race à part, bien plus puissante que les humains ?

8. D'après la théorie de Van Helsing, le vampire est dénué d'âme mais, si on le libère de sa malédiction en le faisant périr, on la lui restitue. Comment expliquer cette contradiction ?

9. Pourquoi tuer Lucy-la-morte en lui enfonçant un pieu dans le cœur constitue-t-il un « privilège » (ligne 334) selon Van Helsing ?

10. Pour quelle raison la nature semble-t-elle bienveillante tout d'un coup (lignes 431 à 435) ?

11. Établissez le plan de ce chapitre. Pour ce faire, résumez en une phrase chaque étape du déroulement de l'histoire. Que remarquez-vous ?

ÉCRITURE

12. Quel effet l'alternance entre l'imparfait et le passé simple crée-t-elle ?

13. Quelle tonalité transparaît dans l'extrait des lignes 67 à 75 ?

14. Repérez et expliquez les figures de style qui expriment la correspondance entre les éléments de la nature et les événements ayant lieu au cimetière (lignes 113 à 123).

15. Relevez toutes les expressions qui dénotent les changements survenus chez Lucy après sa mort. Attardez-vous également aux figures de style choisies pour en rendre compte. Que remarquez-vous ?

16. Pourquoi les figures d'opposition se révèlent-elles si nombreuses dans ce chapitre de *Dracula* ?

17. Que suggère la comparaison entre Arthur et le dieu Thor (lignes 374 et 375) ?

18. Relevez les expressions qui font de cet acte d'une violence inouïe un moment pourtant solennel (lignes 363 à 430).

ENQUÊTE SUR INTERNET

19. Pourquoi Van Helsing se fait-il appeler « professeur » ?

ATELIER DE CRÉATION

20. Ces événements sont rapportés par le narrateur, le Dr Seward. Relatez-les dans un journal en adoptant la perspective des autres témoins de cette aventure : le professeur Van Helsing, Quincey, Arthur ou, pourquoi pas, Lucy elle-même.

CHASSÉS-CROISÉS

1. Comparez la femme-vampire chez Baudelaire, Goethe et Gautier. Quels points communs voyez-vous ?

2. Qu'ont en commun les mises à mort de Clarimonde, de Carmilla et de Lucy ?

3. Les procédés judiciaires pour exterminer Carmilla respectent-ils la tradition folklorique telle que rapportée par dom Calmet ?

4. À l'évidence, Alexis Tolstoï était un lecteur de dom Calmet. Qu'est-ce qui le prouve ?

5. Observez les différences entre les personnages de l'étranger chez Mérimée et Le Fanu. Que remarquez-vous ?

6. En quoi le fait d'avoir des droits légitimes sur l'être aimé (fiançailles, mariage, liens de sang) permet-il à Arthur et à Lucy chez Stoker, à Grégoriska et à Hedwige chez Dumas ainsi qu'à Aubray et à Malvina chez Nodier de vaincre les forces du Mal ?

7. Quelle est la fonction du cercueil de plomb que l'on trouve dans les tombeaux de Carmilla (*Carmilla*) et de Lucy (*Dracula*)?

8. Faites l'étude comparative des changements subis par les personnages de Lucy (*Dracula*) et de Sdenka (*La Famille du Vourdalak*) après leur métamorphose en vampire.

9. Ce recueil présente plusieurs vampires féminins et masculins. Quels aspects de cette figure surnaturelle varient selon le sexe?

10. Dans un tableau-synthèse, recensez toutes les informations pertinentes sur les œuvres de ce recueil : titre, auteur, année, personnages, vampire, victimes, chasseur ou tueur, péripéties, finale, etc. Quelles hypothèses de lecture pouvez-vous formuler en observant les données recueillies?

SUJETS D'ANALYSE ET DE DISSERTATION

1. Montrez l'ambivalence des sentiments de la jeune morte dans *La Fiancée de Corinthe* de Goethe.

2. Prouvez que le vampire, dans *Le Giaour* de Lord Byron, semble dégoûté par sa condition.

3. *La Femme vampire,* de Hoffmann, permet d'associer le vampirisme au satanisme. Expliquez pourquoi.

4. Les poèmes de Mérimée (*Cara-Ali, le vampire*) et de Byron (*Le Giaour*) fondent tous deux le personnage du vampire sur les hostilités entre chrétiens et musulmans. Prouvez-le.

5. Le vieil ermite chez Mérimée (*Constantin Yacoubovich*), Grégoriska chez Dumas (*Histoire de la dame pâle*) et Van Helsing chez Stoker (*Dracula*) incarnent le type même du tueur de vampire inspiré et guidé par sa foi. Justifiez cette affirmation par une étude comparative de ces trois œuvres.

6. Prouvez que, malgré les circonstances, Romuald n'a jamais regretté sa relation amoureuse avec Clarimonde dans *La Morte amoureuse* de Gautier.

7. Montrez que le récit fantastique de Dumas, *Histoire de la dame pâle,* présente un homme et une femme dans des rôles plutôt traditionnels.

8. Le poème de Baudelaire, *Les Métamorphoses du vampire,* repose sur une succession de contradictions. Commentez-les.

9. Faites la démonstration que le pouvoir exercé par Carmilla sur Laura relève de trois influences différentes.

10. Le vampire est généralement perçu comme le double maléfique d'un individu, thème important de la littérature fantastique. Montrez en quoi Lucy incarne ce dualisme dans le chapitre XVI de *Dracula.*

QUESTIONS SUR LES APPROCHES CRITIQUES

1. Quelles lectures philosophiques peut-on faire des récits vampiriques formant ce recueil? Inspirez-vous tout particulièrement des théories de René Descartes (1596-1650), de Karl Marx (1818-1883) et de Friedrich Nietzsche (1844-1900).

2. Quels textes de ce recueil se prêtent davantage à la critique psychanalytique? Pourquoi?

3. Quels textes de ce recueil se prêtent davantage à la critique sociocritique? Pourquoi?

MÉDIAGRAPHIE

Ouvrages de référence

ANDREESCO, Ionna. *Où sont passés les vampires?,* Paris, Payot & Rivages, 2004.

BERESFORD, Matthew. *From Demons to Dracula: the Creation of the Modern Vampire Myth,* Londres, Reaktion, 2008.

BUICAN, Dennis. *Les Métamorphoses de Dracula, l'histoire et la légende,* Paris, Éditions du Félin, 1993.

BUTLER, Erik. *Metamorphoses of the Vampire in Literature and Film: Cultural Transformations in Europe, 1732-1933,* Rochester, NY, Camden House, 2010.

CAZACU, Matei. *Dracula,* Paris, Tallandier, 2004.

FRAYLING, Christopher. *Vampyres: Lord Byron to Count Dracula,* Londres, Boston, Faber and Faber, 1991.

GIBSON, Matthew. *Dracula and the Eastern Question: British and French Vampire Narratives of the Nineteenth-Century Near East,* New York, Palgrave Macmillan, 2006.

HÉBERT, Anne. *Héloïse,* Paris, Éditions du Seuil, 1980.

JARROT, Sabine. *Le Vampire dans la littérature du xixe au xxe siècle,* Paris, L'Harmattan, 2000.

LACASSIN, Francis. *Vampires de Paris,* Paris, UGE, 1981.

LEATHERDALE, Clive. *Dracula: du mythe au réel,* Paris, Dervy, 1996.

LECOUTEUX, Claude. *Histoires des vampires,* Paris, Éditions Imago, 2009.

MARIGNY, Jean (dir.). *Histoires anglo-saxonnes de vampires,* Paris, Librairie des Champs-Élysées, 1978.

MARIGNY, Jean. *Sang pour sang: le réveil des vampires,* Paris, Gallimard, 1993.

MARIGNY, Jean (dir.). *Les Vampires,* Colloque de Cerisy, Paris, Albin Michel, 1994.

MARIGNY, Jean (dir.). *Dracula,* Paris, Éditions Autrement, 1997.

MARIGNY, Jean. *Le Vampire dans la littérature du xxe siècle,* Paris, Champion, 2003.

MILLER, Elizabeth et Dacre STOKER. *Le Journal perdu de Bram Stoker,* Paris, J'ai lu, 2012.

MONTACLAIR, Florent. *Le Vampire dans la littérature romantique française, 1820-1868: textes et documents,* Besançon, France, Presses universitaires de Franche-Comté, coll. « Didactiques », 2010.

NOYARET, Nathalie (dir.). *Le Vampirisme et ses formes dans les lettres et les arts,* Paris, L'Harmattan, 2009.

PENROSE, Valentine. *La Comtesse sanglante,* Paris, Gallimard, 2004.

PIRIE, David. *Les Vampires du cinéma,* Paris, Oyez, 1978.

PORSET, Charles. *Vampires & Lumières,* Paris, A l'Orient, 2007.

POZZUOLI, Alain. *Bram Stoker, prince des ténèbres,* Paris, Librairie Séguier, 1989.

SADOUL, Barbara. *Les Cent ans de Dracula,* Paris, Librio, 1997.

SADOUL, Barbara (dir.). *Visages du vampire,* Paris, Dervy, 1999.

SADOUL, Barbara. *La Solitude du vampire,* Paris, Librio, 2003.

SILHOL, Léa (dir.). *Vampire, portraits d'une ombre,* Paris, Oxymore, 1999.

SOLOVIOVA-HORVILLE, Daniela. *Les Vampires : du folklore slave à la littérature occidentale,* Paris, L'Harmattan, 2011.

STANZICK, Nicolas. *Dans les griffes de la Hammer,* Paris, Éditions Le Bord de l'Eau, 2010.

VADIM, Roger. *Histoires de vampires,* Paris, Éditions Robert Laffont, 1961.

VADIM, Roger. *Nouvelles Histoires de vampires,* Paris, Éditions Robert Laffont, 1961.

Filmographie sélective

1922 — *Nosferatu, eine Symphonie des Grauens* (*Nosferatu*), F. W. Murnau, Allemagne, n/b, 94 min.

1931 — *Dracula,* Tod Browning, États-Unis, n/b, 75 min.

1932 — *Vampyr* (*Vampyr ou l'étrange aventure de David Gray*), Carl Theodor Dreyer, Allemagne/France, n/b, 70 min.

1958 — *Horror of Dracula* (*Le Cauchemar de Dracula*), Terence Fisher, Grande-Bretagne, coul., 82 min.

1960 — *The Brides of Dracula* (*Les Maîtresses de Dracula*), Terence Fisher, Grande-Bretagne, coul., 85 min.

1963 — *I tre volti della paura* (*Les Trois Visages de la peur*), sketch *Le Vourdalak,* Mario Bava, Italie, coul., 92 min.

1966 — *Dracula, Prince of Darkness* (*Dracula, prince des ténèbres*), Terence Fisher, Grande-Bretagne, coul., 90 min.

1967 — *Dance of the Vampires* (*Le Bal des vampires*), Roman Polanski, Grande-Bretagne, coul., 108 min.

1968 — *Dracula Has Risen from the Grave* (*Dracula et les femmes*), Freddie Francis, Grande-Bretagne, coul., 92 min.

1969 — *Taste the Blood of Dracula* (*Une messe pour Dracula*), Peter Sasdy, Grande-Bretagne, coul., 91 min.

1970 — *Scars of Dracula* (*Les Cicatrices de Dracula*), Roy Ward Baker, Grande-Bretagne, coul., 96 min.

1970 — *The Vampire Lovers,* Roy Ward Baker, Grande-Bretagne, coul., 91 min.

1971 — *Daughters of Darkness* (*Les Lèvres rouges*), Harry Kümel, Belgique, coul., 87 min.

1976 — *Martin,* George A. Romero, États-Unis, coul., 95 min.

1979 — *Dracula,* John Badham, États-Unis, coul., 109 min.

1979 — *Nosferatu, Phantom der Nacht* (*Nosferatu, fantôme de la nuit*), Werner Herzog, Allemagne/France, coul., 107 min.

1983 — *The Hunger* (*Les Prédateurs*), Tony Scott, États-Unis, coul., 97 min.

1985 — *Fright Night* (*Vampire, vous avez dit vampire?*), Tom Holland, États-Unis, coul., 106 min.

1987 — *The Lost Boys* (*Génération perdue*), Joel Schumacher, États-Unis, coul., 97 min.

1987 — *Near Dark* (*Aux frontières de l'aube*), Kathryn Bigelow, États-Unis, coul., 94 min.

1992 — *Bram Stoker's Dracula* (*Dracula d'après Bram Stoker*), Francis F. Coppola, coul., 128 min.

1994 — *Interview with the Vampire* (*Entretien avec un vampire*), Neil Jordan, États-Unis, coul., 123 min.

1996 — *From Dusk till Dawn* (*La Nuit la plus longue*), Robert Rodriguez, États-Unis, coul., 108 min.

1998 — *John Carpenter's Vampires* (*Vampires*), John Carpenter, États-Unis, coul., 108 min.

2002 — *Blade 2,* Guillermo del Toro, États-Unis, coul., 117 min.

SOURCES ICONOGRAPHIQUES

Couverture: The Munch Museum, Oslo • P. 2: RMN-Grand Palais/Art Resource, NY • P. 5: Mary Evans Picture Library • P. 12: Goethe-Nationalmuseum (Weimar) • P. 19: National Portrait Gallery, London: NPG 4243/Wikipedia Commons • P. 20: Private Collection/Photo © Christie's Images/The Bridgeman Art Library • P. 23: Private Collection/Ken Welsh/The Bridgeman Art Library • P. 25: Science Museum, London, UK/The Bridgeman Art Library • P. 32: Wikimedia Commons • P. 38: Gallica.bnf.fr/Bibliothèque nationale de France • P. 45: Alfredo Dagli Orti/ The Art Archive/Corbis • P. 63: Bibliothèque nationale de France • P. 78: The State Literature Museum. Moscow • P. 108: Museum of Fine Arts, Houston • P. 118: Wikimedia Commons • P. 120: Hulton-Deutsch Collection/Corbis • P. 123: Private Collection/© Whitford Fine Art, London, UK/The Bridgeman Art Library • P. 133: Private Collection/Prismatic Pictures/The Bridgeman Art Library • P. 148: Mary Evans Picture Library • P. 178: Private Collection/The Bridgeman Art Library • P. 183: Wikimedia Commons • P. 193: Atkinson Art Gallery, Southport, Lancashire, UK/The Bridgeman Art Library • P. 208: John Springer Collection/Corbis • P. 222: Wikipainting.

PARCOURS

UNE COLLECTION QUI SE DISTINGUE

MOYEN ÂGE ET RENAISSANCE

Adaptation de
Joseph Bédier

Tristan et Iseut
ISBN 978-2-7616-5128-8

Chrétien de Troyes

Yvain ou le chevalier au lion
ISBN 978-2-7616-5131-8

Recueil de textes

Poètes et prosateurs de la Renaissance
ISBN 978-2-7616-6083-9

XVIIᵉ SIÈCLE

Corneille

Le Cid
ISBN 978-2-7616-5150-9

Molière

Dom Juan
ISBN 978-2-7616-5124-0

L'Avare
ISBN 978-2-7616-5118-9

L'École des femmes
ISBN 978-2-7616-1596-9

Le Bourgeois gentilhomme
ISBN 978-2-7616-5119-6

Le Malade imaginaire
ISBN 978-2-7616-5120-2

Le Médecin malgré lui
ISBN 978-2-7616-5381-7

Le Misanthrope
ISBN 978-2-7616-1572-3

Les Fourberies de Scapin
ISBN 978-2-7616-6079-2

Tartuffe
ISBN 978-2-7616-1583-9

Beauchemin

CHENELIÈRE ÉDUCATION

XIXe SIÈCLE (*suite*) ▬▬▬▬▬▬▬

Gautier ▬▬▬▬▬▬ **Nouvelles fantastiques**
ISBN 978-2-7616-5582-8

Hugo ▬▬▬▬▬▬ **Le Dernier jour d'un condamné**
ISBN 978-2-7616-5123-3

Maupassant ▬▬▬▬▬ **Contes réalistes et contes
fantastiques**
ISBN 978-2-7616-5122-6

La Maison Tellier et autres contes
ISBN 978-2-7616-1339-2

Pierre et Jean
ISBN 978-2-7616-1215-9

Mérimée ▬▬▬▬▬ **La Vénus d'Ille et Carmen**
ISBN 978-2-7616-1182-4

Musset ▬▬▬▬▬ **Lorenzaccio**
ISBN 978-2-7616-1574-7

Poe ▬▬▬▬▬▬ **Le Chat noir et autres contes**
ISBN 978-2-7616-5116-5

Rostand ▬▬▬▬▬ **Cyrano de Bergerac**
ISBN 978-2-7616-6080-8

Shelley ▬▬▬▬▬ **Frankenstein ou le Prométhée
moderne**
ISBN 978-2-7616-5448-7

Verne ▬▬▬▬▬ **Le Tour du monde en 80 jours**
ISBN 978-2-7616-6124-9

Zola ▬▬▬▬▬ **L'Inondation et autres nouvelles**
ISBN 978-2-7616-5379-4

La Bête humaine
ISBN 978-2-7616-1976-9

Thérèse Raquin
ISBN 978-2-7616-6082-2

Recueil de textes ▬▬▬ **Poètes romantiques**
ISBN 978-2-7616-6081-5

Poètes symbolistes
ISBN 978-2-7616-6084-6

Contes et nouvelles romantiques
De Balzac à Vigny
ISBN 978-2-7616-4622-2

Le Vampire
Anthologie des textes fondateurs
ISBN 978-2-7616-6121-8

Nouvelles réalistes et naturalistes
De Balzac à Zola
ISBN 978-2-7616-6122-5